온작품을 만났다
낭독극이 피었다

온작품을 만났다
낭독극이 피었다

박지희 · 차성욱 지음

휴먼에듀

한 방송에서 중학생들이 마을 사람들을 인터뷰하는 장면이 나왔다. 아이들에게 기꺼이 인터뷰를 해주며 자기 이야기를 열심히 들려주는 아저씨가 눈에 띄었다. 왜 그렇게 인터뷰를 자세히 해주냐는 질문에 아저씨는 "어릴 때 다른 사람들의 삶을 보지 않으면 자라서 세상 사람들이 모두 자기와 같은 입장에 있다고 생각할 겁니다. 저렇게 이웃들의 삶을 들여다보는 공부를 한다는 것만으로 희망이 보여요."라고 답했다. 그렇다. 어릴 때만 배울 수 있는 것들이 있다. 어리고 약하고 작고 사소한 것에 대한 공감 능력이다.

1학년 아이들에게 '엄마'라는 낱말이나 주제가 있는 작품을 읽어주다가 엄마를 일찍 잃은 아이가 울음을 터뜨렸다. 그리고 며칠 후 낱말카드를 붙여놓고 읽을 수 있는 카드를 집어가는 놀이를 할 때다. 한 아이가 "얘들아, '엄마' 카드 아무도 가져가지 마. 시현이가 가져가게 하자." 하고 외쳤다. 아이들은 가장 자신 있게 읽을 수 있는 '엄마' 카드를 애써 못 읽는 척 양보했다. 아이들이 이럴 수 있었던 것은 교실의 배움 과정에서 서로의 삶을, 자기 이야기를 충분히 나눈 까닭이다. 다양한 그림책과 작품을 함께 읽으며 교육과정의 학습목표나 성취기준을 넘어서는 배움이 일어나게 된 것이다.

아이들이 교사에게 자주 하는 말 중에 하나가 "선생님, 이거 배워서 뭐해요?"이다. 왜 배움이나 학습은 필요성과 맞닿아 있지 않을까? 필요성을 아주 좁게 해석하면 당장의 쓸모이지만 내 삶의 욕구와 답을 찾아가는 과정이라고 생각한다. 공부란 먼 미래를 위해 쌓아두는 어떤 행위가 아니라 지금 나의 필요를 만족시키며 나를 조금씩 나아가게 하는 성장의 과정이어야 한다. 그러려면 아이들이 맥락이나 서사 속에 들어가보는 것이 필요하고 따라서 맥락이나 서사가 충분히 있는 작품들을 가지고 오는 것이 필요하다. 온작품을 수업에 도입해야 하는 이유도 여기에 있다.

모든 교실에 모두 다른 아이가 있고, 모두 다른 삶을 살아가며, 그 삶에서 나온 이야기도 모두 다른데 똑같은 교과서로 똑같은 바탕글을 읽고 이미 제시된 똑같은 질문을 받아 답을 쓴다는 것은 아이러니다. 그래서 이 책에서는 특정 도서 위주로 이야기를 자세히 하지 않았다. 아이들이 깊이 읽고 흥미 있어 하고 사고를 넓히는 계기를 마련하는 책이 있을 뿐, 특정한 책 자체가 진리는 아니다.

이 책을 쓰며 서점에 나와 있는 여러 온작품 읽기 관련 도서와 비슷한 말의 반복이 되지 않을까 망설였다. 하지만 내가 온작품을 통해 아이들의 삶과 깊이 만난 경험, 또 아이들 스스로 자신의 내면을 깊이 들여다본 경험들을 이야기하고 싶었다. 그리고 그 시간들이 교사와 아이들에게 어떤 성장을 가져왔는지 이야기하고 싶었다. 누구나 그런 경험을 했으면 하는 마음으로 온작품을 통한 다양한 마주침과 아이들 삶의 이야기를 세상에 내놓는다.

2019년 2월

박지희

"차쌤이랑 공부한 건 하나도 생각이 안 나요!" 10여 년 전 6학년이었던 제자들을 다시 만나 들은 말이다. 아이들은 교과서에서 배운 내용 대신 체육시간에 운동장 다섯 바퀴를 오리걸음 한 일, 교장선생님 몰래 기차여행 다녀온 일, 지리산 2박 3일 종주한 일, 눈 오는 날 하루 종일 축구한 일 등 하나같이 공부와는 동떨어진 이야기들만 기억하고 있었다. 사람은 누구나 그 당시 자기의 삶과 가장 맞닿은 부분을 기억하기 때문이다.

우리들의 삶은 모두 직선이나 완만한 곡선이 아니다. 아이들의 삶이라고 다를 것이 없다. 가난으로, 부모의 결핍으로, 친구 관계로, 학원 문제나 학교폭력 등의 문제로 아이들 역시 삶의 테두리 안에서 분명 고단함을 느낄 것이다. 교사가 다 알지 못하는 수많은 상황과 울퉁불퉁한 사연들이 모여 학교라는 바구니에 담기는 것이다.

온작품 읽기를 접하면서 내가 느낀 교과서의 내용은 잘려진 나무 같았다. 학습목표와 성취기준을 위해 잘라낸 문학작품들이 생명을 잃은 메마른 나무토막처럼 애처로웠다. 물론 학습목표 달성을 위해 잘린 작품을 둘러보는 것도 분명 의미가 있을 것이다. 하지만 잘린 나무 말고 온전한 나무를 천천히 살펴보면 어떨까. 온전한 나무를 보면 그 나무의 질감과 냄새처럼 눈에 보이는 것에서부터 나무의 습성과 생태, 또 그 주변의 환경과 숲 전체 모습처럼 보이지 않는 부분까지도 짐작해낼 수 있다. 학교에서는 볼 수 없는 아이들의 울퉁불퉁한 삶의 질감을 마음으로 쓰다듬을 수 있다. 그리고 그런 갈등과 굴곡진 삶에서 주고받은 말 한마디와 작은 행동들은 오랫동안 기억에 남을 것이다.

처음 낭독극을 만들어보면서 아이들은 자기가 쓰거나 고른 시를 낭독극 안에서 읽었다. 그중 아무에게도 주목받지 못했던 아이가 읽은 〈내 짝꿍과 친해졌으면 좋겠다〉라는 시는 아직도 기억에 생생하다. 내용은 평범했지만 아이의 낭독은 인상적이었다. 듣는 아이들도 친구의 낭독 소리에 모두 귀 기울여주었다. 그 아이의 진심이, 함께 낭독극을 보는 모든 사람에게 전해졌던 것이다.

온전한 작품을 함께 본다는 것, 아울러 그것을 낭독이라는 삶의 파장으로 피어나도록 하는 일은 참으로 가치 있는 일이다. 책 속에 누워 있는 문장을 소리로 일으켜 세운다는 것이 넓은 교육현장에서 어느 한 부분 의미 있는 일이 되지 않을까 싶어 이렇게 책을 쓰게 되었다.

끝으로 부족한 글을 함께 엮어보자고 권유해주신 박지희 선생님, 책이 널리 퍼질 수 있도록 도움 주신 정미영 편집주간님, 박민영 팀장님에게 깊은 감사의 말을 전하고 싶다.

2019년 2월
차성욱

차례

1부 책이 아이들 삶 속으로 들어오다

3부   책을 통해 아이들의 마음이 퍼져나가다

1부

책이
아이들
삶 속으로
들어오다

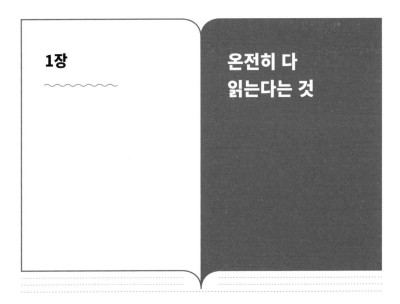

1장

온전히 다
읽는다는 것

온작품이란 온전한 코끼리 전체를 만나는 일

온작품이 뭐냐는 질문을 많이 받는다. 그럴 때마다 가장 먼저 떠오르는 것이 《일곱 마리 눈먼 생쥐》(에드 영, 시공주니어) 이야기다. 어느날 일곱 마리의 눈먼 생쥐들이 연못가에서 아주 이상한 것을 만났다. 그게 무엇인지 궁금해서 월요일부터 토요일까지 생쥐 한 마리씩 차례로 알아보러 다녀온다. 하지만 생쥐마다 하는 말이 달랐다. 미끄럼틀, 기둥, 뱀, 창, 낭떠러지, 부채, 밧줄……. 7일째 되는 날, 하얀 생쥐가 연못가로 가서 전체를 살피다가 깨닫는다. 그동안 부분적으로 보아온 것이 코끼리였다는 사실을 말이다.

나는 이 그림책이 꼭 우리의 교육과 수업의 모습을 보여준다는 생각에 마음이 찔렸다. '온'은 '전체'이기도 하고 '더 온전한 것'이기도 하다. 교과서의 작품들은 그림책, 동화, 시를 불문하고 학습목표를 위해 편집되어 있는 것이 대부분이다. 이처럼 학습목표만을 위해 편집된 것이 아닌 온전한 작품을 온작품이라 한다. 또 교과서나 교육과정에서 제시하는 목표만 달성하기 위해 실린 바탕글보다 학습목표를 넘어서는 활동을 할 수 있도록 하는 대체작품이 온작품이 될 수 있다.

'온책'이라 하지 않고 '온작품'이라 하는 이유도 있다. 시는 한 편이 온작품이 되고, 만화나 영화도 학습목표를 위해 맥락 없이 잘리지 않고 온전한 작품으로 있을 때 온작품이라 말할 수 있기 때문이다. 하지만 이 책에서는 동화나 동시 작품에 한정하여 온작품을 이야기하려 한다.

일곱 마리의 생쥐는 코끼리의 일부분을 놓고 각각 미끄럼틀, 기둥, 창이라고 했다. 하지만 다행히 생쥐들은 코끼리라는 하나의 대상을 놓고 부분을 살펴서 무엇인지 이야기한다. 하지만 우리 교과서는 그것도 아니다. 하루는 코끼리의 다리를 보고 생김새를 묘사하라는가 하면, 다른 날은 생쥐의 꼬리를 보고 무슨 동물일지 추론하라는 꼴이다. 묘사 능력과 추론 능력을 키울 수는 있지만 결국 코끼리라고 하는 하나의 목적을 향해 가진 못한다. 그냥 하루 한 차시의 기능이나 활동들이 연관성이나 일관성 없이 각자 따로따로 이루어지는 것이다.

물론 이러한 기능들도 분명 아이들이 익혀야 할 국어 능력인 것은 맞다. 하지만 묘사나 추론이라는 구체적인 능력도 아이들이 작품을 이해하고, 자신이 맞닥뜨린 삶의 과제 해결에 필요하다고 느낄 때 훨씬 주체적인 학습 상황이 만들어진다.

3학년 1학기 교과서에 실린 《리디아의 정원》(사라 스튜어트, 시공주니어)을 보자. 리디아는 아버지가 직장을 잃으면서 가족들이 같이 살 수 없을 정도로 형편이 어려워지자 시골 삼촌 집으로 살러 간다. 하지만 리디아는 할머니가 보내준 꽃씨로 삼촌 제과점의 옥상을 아름다운 정원으로 바꿔내고, 무뚝뚝한 삼촌과의 관계도 아름답게 만든다. 마침내 아버지의 직장이 다시 생기면서 리디아는 집으로 돌아온다. 이 모든 내용은 편지글로 이루어져 있다.

리디아가 집을 떠나 삼촌네로 가면서 엄마와 할머니에게 남긴 편지의 내용이나 무뚝뚝한 삼촌과의 관계를 모른다고 가정해보자. 그리고 정원을 가꾸면서 가족과 만날 날을 기다리는 리디아의 이전 상황을 모르거나 그 감정에 이입되지 못했다고 생각해보자. 그렇다면 리디아가 집에 돌아갈 수 있게 된 날 부모님께 쓴 편지 또한 아이들에게 어떤 감동도 주지 못한다.

그런데 교과서에서는 편지를 쓰는 단원에 리디아가 집으로 돌아가기 전날 밤에 쓴 편지 하나만 달랑 제시하고 있다. 그러고는 편지에서 리디아의 마음이 잘 드러난 부분을 찾고, 대상을 정해 누군가에게 편지를 써보는 활동을 하라고 한다.

아이들에게 편지를 감동적으로 쓰는 기능을 가르치려고 이 글을 제시했다면 먼저 아이들 마음에 감동이 일어날 수 있도록 하는 맥락이 필요하다. 리디아의 상황에 대한 몰입도 필요하다. 이것이 이루어진 상황에서 리디아가 되어 편지를 써본다든지, 가족에게 돌아가게 된 리디아에게 축하 편지를 쓴다면 아이들은 편지 쓰기 기능을 익힐 뿐더러 작품에서 다양한 감동도 느낄 것이다.

외롭고 쓸쓸했고 두려웠던 리디아가 불행하다고 느끼지 않도록 도와준 것은 가족과 연결된 편지였다. 이 작품에 몰입하면 편지라는 것이 사랑하는 누군가와 연결되어 있음을 느끼게 해주는 매체라는 걸 깨닫게 된다. 굳이 편지 쓰기에 대해 따로 가르치지 않아도 누군가와 연결되고 싶을 때 편지라는 것을 떠올릴 수 있다.

하지만 교과서에서는 글 한 조각 속 문장의 표현만으로 감동적인 장면을 찾아야 하고, 감동적인 편지를 써야 하는 공부를 하고 있다. 그런 활동만 초등학교 6년 내내 한다고 했을 때, 국어수업을 통해 아이들이 무엇을 느끼고 생각하며 성장할 수 있을까?

'온작품'이란 코끼리의 온전한 그 자체를 말한다. 코끼리가 배움의 주제라면 코끼리의 생태부터 습성, 먹이, 생김새, 코끼리들이 처해 있는 환경과 주변 동물원의 코끼리에 대한 생각까지 더해져야 한다. 그리고 인간과 동물이 어떻게 관계 맺어야 하는가까지 생각할 수 있어야 한다. 이것이 공부와 교육의 주요 알맹이여야 한다.

그래서 온전한 한 마리의 코끼리가 필요하다. 온전한 한 마리의 코끼리가 바로 온작품이다.

온작품 읽기의 등장

"엥? 겨우 한 학기에 한 권?"

"평소에 책 읽히니까 건너뛰지 뭐."

"집에서 책 한 권씩 가져오라고 해서 1주일 동안 읽으라고 하면 되겠지."

"애들이 책을 읽는 동안 교사는 뭘 하라는 거지?"

"이게 뭔지 설명해주세요."

"같은 책을 20권 사달라니 교장선생님이 펄쩍 뛰시던데요."

"같은 책을 사려니 아이들 호불호가 강해서 각자 읽고 싶은 책으로 독서시간 가질 거예요."

"어떤 책이 좋은지 추천해주세요."

"아, 그동안 했던 독서교육이 교실로 들어온 건가요?"

"아이들이 원하는 책 한 권씩 사서 선물하면 되지 뭐."

'한 학기 한 권 읽기'를 대하는 교사들의 반응은 다양했다. 2018년 3월, 교사들은 새로운 용어에 적잖이 당황했다. 여태 봐왔던 교과서 내용과 달랐고 독서단원이라고만 안내가 되어 있어 낯설기도 했다. 그래서일까. 그동안 《초등국어수업》,《1학년 첫 배움책》 같은 초등 국어수업 관련 책을 펴내고 초등국어교과모임을 꾸려오면서 국어수업 강의를 오랫동안 해온 내게, 강의 요청이 빗발쳤다.

교사들을 더 당황시킨 것은 '온작품 읽기'라는 말이었다. '한 학기 한 권'과 '온작품'은 무슨 상관인지, 왜 헷갈리게 그런 용어를 쓰는지 교사들은 더욱 혼란스러워했다. 그런데 '한 학기 한 권 읽기'가 나온 배경을 생각해보면 '온작품 읽기'라는 말을 훨씬 이해하기 쉬워진다. 낱개로 나누어진 여러 개의 바탕글보다 제대로 된 한 권으로 학습목표나 핵심 성취기준에 충분히 도달할 수 있을 뿐만 아니라 그것을 넘어서는 감동과 성찰이 가능하다는 꾸준한 문제제기로 '한 학기 한 권 읽기'가 등장했다. 한 학기에 한 권이라도 제대로 읽히면 학습 성취기준을 달성할 수 있으니 조각난 바탕글로 조각난 목표들에 도달하는 분절된 교육을 넘어서자는 생각에서 '한 학기 한 권 읽기'가 제기된 것이다.

'온작품 읽기'는 동화든 동시든 그림책이든 교과서에 편집되어 제시된 부분적인 작품을 온전한 형태로 수업에 가져오자는 것이다. 이를 통해 교육과정의 학습 성취기준이나 학습목표를 이룰 뿐만 아니라 아이들의 삶을 이야기하는 수업으로 더 나아가는 것을 말한다.

그러므로 '한 학기 한 권 읽기'라 했을 때는 한 학기에 한 권이라도 온작품으로 온전히 함께 읽으며 제대로 맛보라는 의미로 받아들여야 한다. 한 단원으로 한 권이 끝나는 것이 아니라 그 단원을 중심으로 다른 단원과 통합하거나 기타 작품 읽기 활동을 더해가는 것으로 이해되어야 한다. 연극이 교과서의 한 단원으로 들어오는 것도 마찬가지다. 2019년 봄은 '연극'이 교사들을 당혹스럽게 할 것이다. 연극을 한 단원으로 배울 수 있는 것인가 하는 문제도 생길 것이다.

연극이란 문학, 미술, 음악, 표현 활동 등의 종합예술이다. 온작품을 가지고 다양한 단원의 성취기준에 맞는 활동이나 다양한 읽기를 한 후에 그것을 연극이란 형식으로 종합적으로 표현하는 것이다. 그러지 않고 연극 단원을 위해 대본을 따로 만들고, 연기하고, 그 외의 준비까지 한다는 것은 국어 학습과도 동떨어져 있고 사실 불가능한 일이다.

 '한 학기 한 권 읽기'와 '온작품 읽기'가 공부의 바탕이 되는 자료를 온전한 것으로 가져가자는 운동이라고 한다면, 연극은 국어수업이나 공부를 통해 배운 것들을 연극이란 방식으로 표현하는 것이라 생각해야 할 것이다. 그렇지 않으면 국어시간에 동화 작법, 시 작법만 배우는 것처럼 국어시간에 연기라는 기능만 가르치는 꼴이 될 수도 있다.

 특히 초등학교에서는 아이들을 문인으로 키우려고 문학을 다루는 것이 아니고, 연기자로 키우려고 연극을 가르치는 것도 아니다. 제대로 된 작품을 통해 국어수업에서 익혀야 할 다양한 표현과 문장의 구성, 글 속에서 파악할 수 있는 사상과 감정, 역사와 삶의 태도를 배우고 자신을 성찰하며 성장하는 기회를 갖도록 해주는 것이다.

목표만 있고 목적은 없는 수업

매일 같은 시간에 같은 길을 걸어서 학교에 간다. 걷다 보면 자주 마주치는 사람들이 있다. 원어민 강사로 보이는 외국인, 구청버스를 타려고 기다리는 아저씨, 아이들 손님을 맞이하려고 부지런히 문을 열고 있는 문구점 아저씨, 폐품을 정리하는 할아버지, 꽃집 할머니 같은 동네 사람들이다.

아이들을 가르치는 일을 해서일까, 제일 눈에 띄는 사람들은 아이를 학교에 데려다주는 엄마들이다. 곁에서 걷다 보면 그들이 하는 이야기를 듣게 된다. 이를테면 엿듣게 되는 셈이다. 엿듣는 재미가 쏠쏠하다. 들려오는 이야기에 귀를 기울이다 보면 서로 다른 대화 방식에 혼자 웃을 때도 있고 생각이 깊어질 때도 있다.

웃게 되는 쪽은 늘 대화를 나누고 있다. 가끔 심각하고 자주 웃는다. 교문 앞에서 헤어질 때 아이의 얼굴엔 아쉬워하는 표정이 없다. 생각이 깊어지는 쪽은 서로 말을 주고받지 않는다. 거의 말이 없다. 아이는 제 책가방을 엄마에게 떠맡긴 채 빈손으로 걸어가고, 엄마는 아이의 책가방을 대신 메고 간다. 때로는 신발주머니까지 들고 간다. 엄마는 늘 조금 앞서 걷다가 아이를 돌아보며 재촉한다. 교문 앞에서 헤어질 때 아이의 얼굴엔 아쉬움이 가득하다. 학교에 들어가기 싫어한다. 그런 아이에게 엄마는 채근하듯 엄한 눈빛을 보낸다.

두 아이 모두 2학년이다. 앞의 아이는 윤아다. 윤아는 학교에서 소문난 책쟁이다. 늘 도서관에 있고 오후엔 거의 도서관에서 살다시피 한다. 사서선생님과 같이 퇴근할 정도다. 그렇다고 책만 보는 건 아니다. 놀이마당이나 학교에서 벌이는 각종 행사에 누구보다 적극적으로 참여하고 아이들과도 잘 어울려 논다. 뒤의 아이는 진경이다. 저학년인데도 매사에 의욕이 없다. 내가 담임이 아니기 때문에 학급에서의 구체적인 태도나 가정환경을 알 순 없지만 진경이를 보면 안타깝다.

학교 오는 풍경으로만 짐작해보아도 윤아네는 함께 걸어오는 시간을 즐긴다. 반대로 진경이네는 오기 싫은 아이를 억지로 데려다놓는 느낌이다. 아이는 누군가가 옆에서 같이 걸어준다는 것만으로 충분히 행복할 것이다. 그런데 그 길을 즐겁고 기쁘게 걷는다면 얼마나 더 행복할까? 아이와 즐거운 시간을 보내고 스스로도 그 행복을 즐길 수 있는 부모가 가장 훌륭한 부모라고 하지 않던가? 하지만 등굣길이나 하굣길의 짧은 시간에도 목표만 생각하고, 쉴 새 없이 가르치려 하고, 당부만 하는 부모들이 있다.

우리 학급이나 교육의 모습도 이와 닮아 있다. 지금 함께 가는 길에서 나눌 것들을 다 버리고 목표만 향해 가다 보면 얼마나 많은 것을 놓치고 잃게 되는지 모른다. 목표를 향해 가는 길이 즐거워야 설사 목표에 도달하지 못했더라도 충분히 행복했다고 말할 수 있지 않을까? 우리가 하는 공부도 그렇다. 삶을 풍부하게 하려는 목적을 상실하고 작은 목표만 가득 채우는 수업이나 공부는 대화도 즐거움도 잃어버린 등굣길이나 마찬가지다.

목표란 목적지를 향해 가는 작은 디딤돌이다. 디딤돌 너머에 무엇이 있는지를 알고 디딤돌이 잘 놓여 있는지, 디딤돌을 어떻게 디디며 목적지까지 갈 것인지 생각해보는 수업이 필요하다. 우리 국어수업에서 교과서의 바탕글이나 학습 성취기준은 목표점이다. 목표점에 도달하는 것도 필요하고 목표점을 향해 가는 과정도 의미 있어야 한다. 하지만 그 목표점을 넘어서서 아이들이 배워야 할 것, 즉 배움의 목적이 무엇인지에 대한 성찰이 있어야 한다.

《살아 있어》(나카야마 치나쓰, 보물상자)라는 그림책에서 "아, 살아 있다는 건 자라는 거네."라고 했다. 뭇 생명들은 자라는 본성을 가지고 있다. 그런데 이 '자란다'라는 말에 방향성과 목적성을 특히 강하게 가지는 것이 인간이다. 그래서 제대로 자라고 싶고, 제대로 자라게 하려고 공부하거나 가르친다. 자신이 자라는 것에 대한 의식과 관심에서 배움의 욕구가 일어난다. 또한 남들이 잘 자라도록 돕기 위해서 가르침이 생겨난다. 이런 배움과 가르침이 하나로 이루어질 때 교육도 제대로 자리 잡을 수 있다.

온작품 읽기는 종합선물세트를 받는 일

나무 한 그루를 통째로 주고 '나무와 나'라는 주제로 이야기를 나눈다고 해보자. 쉼이 필요한 사람은 나무 그늘에서 쉬면서 나무와 나와의 관계를 생각해볼 것이다. 놀이가 필요한 사람은 나무에 줄을 매달아 그네를 탈 것이고, 나뭇잎이 필요한 사람은 그것을 모아 뭔가를 만들어낼 것이다. 이런 과정을 통해 결국 사람은 사소한 것, 일별하고 마는 것들과 깊은 관련을 맺는다는 것을 느낀다. 아울러 나무와 사람이 더불어 생존할 수 있는 사회를 만들어가려는 마음도 생긴다.

개인인 내가 나무와 관계를 다양하게 맺고 있음을 알고, 그 나무 또한 수많은 것과 관계했을 때 생존이 가능함을 아는 것이 진정한 배움이고 배움의 목적이라고 생각한다. 개인이 얼마나 많은 사람과 공간, 시간과 관계를 맺고 있는지 아는 것이 연대의식이고 소통이다. 우리는 소통을 통해 성장한다.

그런데 우리 교육은 맥락이 없다. 어느 날은 나무토막을 쥐어주고 무엇을 만들지 생각해보라고 하고, 어느 날은 나뭇잎을 쥐어주고 나뭇잎의 생김새를 구분 지으라 한다. 나무 그늘이 필요한 사람에게 나무토막은 아무 의미가 없고 그네가 필요한 사람에게 나뭇잎은 아무 의미가 없는데도 말이다.

아이들에게 책이란 무엇이냐는 질문을 던진 적이 있다. 아이들은 '모험', '비행기', '좋은 방어막'이라는 대답들을 했다. 방어막이 되는 이유를 물으니 책에 집중하면 싫은 엄마의 잔소리에도, 동생의 놀아 달라는 공격에도 3미터까지 끄떡없는 방어막이 생긴다고 했다. 늘 만화만 그리는 서진이는 책을 '포털'이라고 했다. 이야기 차원으로 자신을 이끌기 때문이란다.

책을 온전히 읽을 수 있을 때 책 읽는 즐거움을 경험한다. 따라서 책을 몇 권 더 읽히는 독서교육보다 작품 하나라도 함께 읽는 것이 중요하다. 그래야 아이들의 삶을 건드리고 공감대를 형성할 수 있다. 결국엔 아이 삶의 어떤 부분까지도 바꾸게 하는 기회가 될 수 있다.

잘 고르고 잘 읽은 온작품은 학습적 요소를 충족시키면서도 학습을 넘어선 삶의 교육으로 나아가게 한다. 교과서로는 해당 목표를 수월하게 달성할 수 있지만 온전한 책이 주는 메시지나 감동을 얻긴 어렵다. 아이들은 온작품을 통해 자신과 타자의 세계를 좀 더 섬세하게 만난다. 그리고 경쟁보다는 연대, 전쟁보다는 평화와 공존의 가치를 깨닫는다. 또한 소수의 그늘을 발견하며 따뜻한 마음과 아름다운 눈을 가질 수 있다.

예를 들어 6학년 2학기 1단원(문학 영역)의 주요 목표는 시나 동화에서 인물들이 겪는 갈등을 찾는 것이다. 그런데 바탕글로 나온 작품이 《바다 건너 불어온 향기》(한아, 주니어김영사)이다. 이 작품의 문학성 여부를 논할 수는 없지만 이 작품이 인물들 간의 갈등이라는 주제와 어울리는지는 생각해볼 필요가 있다.

《바다 건너 불어온 향기》는 한별이가 베트남 사람인 새엄마를 어떻게 받아들이는지의 과정을 다룬 작품이다. 인물들 간의 갈등보다는 한별이 혼자서 겪는 내적 갈등이 잘 드러난다. 한별이 스스로 마음을 풀어야 갈등이 해결될 수밖에 없는 이야기이다.

우리 교과서에서 제시하는 갈등이란 이처럼 일방적 갈등이 많다. 누군가 한 명이 마음을 풀면 해결되는 문제들이다. 그래서 교과서 속 글을 읽으면 특별한 갈등을 느끼지 못한다. 갈등하는 누군가의 마음이 풀리면 언젠가는 해결될 것이기 때문이다. 하지만 실제 우리 삶에는 이런 단순한 갈등이 별로 없다. 대체로 관계에서 갈등이 생기다 보니 복잡하게 얽힌다.

그렇다면 아이들이 갈등을 배운다는 것은 어떤 의미일까? 갈등을 피하지 않고 해결하려는가, 갈등을 어떻게 해결하는가, 갈등의 결과들을 어떻게 수용하고 책임져나가는가를 배우는 것이다. 아이들을 문학가, 또는 비평가로 키우기 위한 수업이 아니므로 제대로 된 갈등과 갈등 해결 과정을 보여주는 수업자료가 필요하다.

이런 이유로 《바다 건너 불어온 향기》라는 바탕글 대신 《엄마의 마흔 번째 생일》(최나미, 사계절)이라는 작품을 대체작품으로 선정했다. 그리고 '2주 동안 가족 중 누군가와 함께 천천히 읽기'라는 방식으로 온전히 읽었다. 물론 인물이 겪는 갈등만을 파악하기 위해 200쪽이 넘는 책 한 권이 필요치는 않다. 그렇지만 그 목표를 넘어서서 사람들이 갈등을 어떻게 경험하며, 헤쳐나가고, 그 결과들을 어떻게 수용하며 살아가는가 하는 삶에 대한 성찰은 온작품이 아니면 불가능하다. 책을 온전히 이해했을 때만이 받을 수 있는 선물인 것이다. 그리고 온전한 이해란 온전한 맥락이 드러난 온작품이어야 가능하다.

맥락 없이 목표만 좇는 수업의 허망함

5학년 1학기 8단원에는 '추론하며 읽기'라는 학습목표 아래《책과 노니는 집》(이영서, 문학동네어린이)의 일부가 실려 있다.《책과 노니는 집》은 한글과 천주학이 평등사상을 퍼뜨린다는 이유로 탄압받았던 조선 후기를 시대적 배경으로 하는 작품이다. 필사장이였던 장이의 아버지는 천주학 책을 필사했다는 이유로 매를 맞아 죽는다. 장이 아버지에게 책을 공급받던 홍교리와 책 도매상 최서쾌는 인간적인 도리로 장이를 키워낸다. 홍교리네 집에 단속반이 들이닥칠 위기에 처하자, 천주학 책에 '동녘 동(東)' 자가 적혀 있는 것을 알고 있던 장이가 그 책을 미리 없애려 한다.

그런데 교과서에는 장이가 홍교리네 집에 가서 동녘 동을 찾는 대목만 제시되어 있다. 조각글을 통해 장이가 왜 동녘 동을 찾는지, 동녘 동이 무엇을 의미하는지, 왜 일하는 사람들이 장이를 내동댕이치는지 추론하는 것은 사실상 어렵다. 앞뒤 부분에 대한 간단한 줄거리가 소개되어 있다고 해도 여전히 억지스러운 요구이다.

반대로 이 이야기를 온작품을 통해 처음부터 읽다 보면 장이 아버지와 최서쾌, 홍교리 사이의 인간관계를 알게 되고 그들이 왜 장이를 끝까지 책임졌는지를 이해하게 된다. 또한 아버지 대신 자신을 키워준 홍교리를 지키기 위해 홍교리네 서가에서 동녘 동을 찾는 장이의 마음도 알게 된다. 그러면 금세 장이와 똑같은 심정이 되어 얼른 동녘 동을 찾아야 한다는 마음이 든다. 즉 주인공의 심정에 이입이 되는 것이다. 동시에 장이를 훌륭하게 키워냄으로써 장이 아버지에게 마음의 빚을 갚는 최서쾌나 홍교리를 보며 인간관계에 대한 태도도 배운다.

가장 인상에 남은 문장이나 말을 찾는 활동을 할 때 아이들은 "사람을 사귀는 것도 그렇고, 장사도 마찬가지다. 마음을 먼저 헤아려야 해."라는 최서쾌의 말을 찾았다. 이는 낙심이 때문에 상심하는 장이에게 최서쾌가 들려주는 말이다. 장이는 낙심이라는 여자아이와 마음을 트고 지내며 이런저런 이야기를 들려준다. 낙심이도 그런 장이를 오빠처럼 따른다.

낙심이는 딸만 있는 집안에서 태어나 아버지에 의해 기생집에 팔려온 아이다. 그런 낙심이에게 장이가 심청이 이야기를 들려주자 낙심이가 울며 장이를 만나려 하지 않는다. 최서쾌는 어떤 이야기를 할 때 상대의 배경을 알고, 상대의 마음부터 얻어야 한다고 조언하는데, 아이들에게 이 부분이 인상적이었던 것이다.

이렇게 책 한 권을 맥락적으로 깊이 읽으면 학습목표를 넘어서는 것들을 얻는다. 책 속 인물들의 가치관이나 생각, 관계에 대한 태도, 행동에 대해 나누다 보면 나는 어떻게 살 것인가까지 이야기하게 된다. 이런 과정 자체가 아이들의 성장과 직결된다.

가장 감정이 잘 나타난 곳을 찾아보라거나 표지를 보고 왜 그런 표정을 짓고 있는지 짐작해보라는 등의 학습목표를 위해 작품의 일부만을 도려내어 섬처럼 앉혀놓으면, 학습목표 달성도 어려울뿐더러 목표 너머의 감동과 성찰, 성장 등도 얻을 수가 없다.

시는 어떤가? 흉내 내는 말이나 감각적인 표현을 익힌다는 학습목표만을 위해서 골라 배치한 시에서는 흉내 내는 말을 찾거나 감각적인 표현을 찾고 나면 더 이상 이야기가 나오지 않는다. 그럴 때는 학습목표도 달성할 수 있으면서 아이들의 다양한 이야기가 나올 수 있는 시로 대체하는 것이 좋다. 또는 시집을 가지고 흉내 내는 말이 아주 잘 쓰인 시를 찾거나 감각적인 표현이 드러난 시를 찾아 발표해볼 수도 있다.

흉내 내는 말이나 어떤 표현기법을 쓴다는 것은 자신이 드러내고자 하는 바를 가장 효과적으로 표현한다는 뜻이다. 아이들이 시집에서 시를 골라보는 활동을 하다 보면 언젠가 자신의 경험을 효과적으로 흉내 내는 말을 쓰거나 감각적인 표현을 써서 나타내는 데 도움을 받을 것이다.

시라는 것이 결국 생각이나 사상이나 감정, 현상들을 아주 경제적으로 표현한 것이라는, 시의 쓸모와 필요성을 체험하는 것이다. '내가 했던 경험들이 이렇게 표현되니 마음이 후련하구나.', '나도 나중에 이런 식으로 표현하고 싶다.'고 느끼며 내 삶의 중요한 표현방법 하나를 알게 된다. 1년 내내 시집을 가지고 다양하게 활용하면 우리 삶에서 시라는 것이 어떤 가치를 가지는가를 배워나갈 수 있다.

맥락이 없이 바탕글로 제시한 작은 조각 작품에서 목표만 좇는다면, 하나의 작품 속에서 목표뿐만 아니라 다양한 감정과 사상과 삶의 태도들을 배울 수 있는 기회를 놓지게 된다. 그러한 수업은 분주하기만 할 뿐 허망하다.

하나의 좋은 작품을 골라 작품의 시대적 상황을 추론하고, 인물들의 다양한 성격을 살피며, 인물들이 그 시대의 문제들을 어떻게 푸는지 배우고, 좋은 문장이나 어려운 낱말들을 맥락적으로 이해하며, 인물들의 감정에 이입하는 경험들을 하는 등 다채로운 선물을 받을 수 있는 것이 온작품 수업이다.

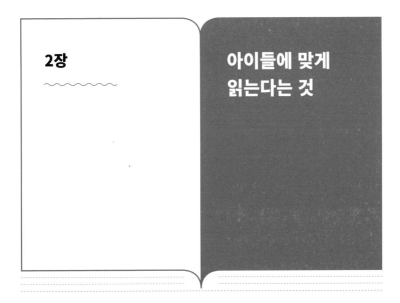

2장

아이들에 맞게
읽는다는 것

온작품으로 교실마다 다른 이야기꽃이 피어난다

"학교에서 한 회사의 어린이신문을 읽게 하고, 몇 명이 읽나 검사하고, 돈을 걷고, 안 내는 애들을 재촉하곤 했었어."

"그것만 했나? 그 신문에 나온 문제를 공책에 베껴 쓰게 하고, 구독 못하는 아이들에겐 남의 것이라도 보고 베끼라고 했었지."

"그것뿐이랴? '폐휴지 걷는 날'이라고 학교에 폐휴지를 들고와야 하는 날도 있었어."

"저금하는 날 때문에 은행 자유출입금 통장을 만들어서 담임이 일일이 아이들 돈을 통장 사이에 끼워 걷어주면 은행 직원이 와서 가져

갔지. 은행 직원들이 하는 일을 참 아무렇지도 않게 시켰어."

교사로 30여 년을 일해온 친구들이 모이면, 말도 안 되는 일을 교육이라는 미명하에 자행했던 시절의 일들을 이야기하며 "우리가 그런 시절을 살았어."라고 입을 모은다. '그런 시절' 이야기는 끝이 없다. 10년 미만 경력의 후배교사는 입을 떡 벌리고 듣고만 있다.

먼 훗날일지, 가까운 날일지 모르지만 지금 우리가 하고 있는 것 중 "학교에서 그런 것도 했어요?"라는 질문이 나올 만한 것이 뭐가 있을까? 난 자신 있게 말하고 싶다. 전국의 초등학교 아이들이 똑같은 교과서로 똑같은 활동을 하고 똑같은 질문에 답을 쓰는 것이라고.

같은 학교에서 같은 학년을 맡아도 학급마다 아이들이 다르고, 같은 반에서도 아이들이 다 다르다. 그런데 똑같은 교과서로 똑같은 바탕글을 읽고 교과서에 제시된 똑같은 질문을 받아 답을 쓴다는 것이 과연 맞는 일일까? 게다가 질문에 대한 똑같은 답까지 국어활동 부록에 실려 있으니, 이런 아이러니가 또 있을까? 아이들 수준도 천차만별인데 수준 높은 아이들이건 덜 준비된 아이들이건, 서울 아이들이건 지방 아이들이건 같은 바탕글로 같은 질문을 받으며 수업을 한다는 것이 말이 되는가? 그런 과정에서 배운 몇 가지 지식은 어떤 의미를 가질까?

올해 만난 아이들을 파악하고, 그 아이들에게 맞는 책이나 수업자료를 고르고, 아이들에게 맞는 수업방식을 마련하는 것이 전문가로서의 교사이다. 하지만 하나의 바탕글로 추구하는 수업목표가 같고 수업활동도 같은 것이 현실이다. 그러다 보니 특정 사이트에 일정한 방식의 수업형식이 올라오고, 편하자고 마음만 먹으면 교사는 클릭만으로 수업이 가능하다. 이는 교사가 수업 전문가라기보다는 수업 진행자로 평가받는 이유 중의 하나다. 그래서 초등학교 교사를 누구나 할 수 있다고 생각하기도 한다.

같은 학교에서 같은 학년을 이어서 해도 작년에 의미 있었던 수업이 올해 아무런 감흥을 주지 못하는 경우도 있다. 아이들이 달라지기 때문이다. 아이들이 달라진다는 것은 아이들의 삶의 배경이 달라진다는 것이고, 학교에서 만난 친구와 교사들에 대한 경험이 달라진다는 것이다. 때문에 같은 책을 같은 방식으로 읽어낼 수가 없다. 모든 교실에 모두 다른 아이가 있고, 모두 다른 아이들이 모두 다른 삶을 살아가며, 그 삶에서 나온 이야기도 모두 다르다.

이 책에서 특정 도서 위주로 이야기를 자세히 하지 않는 이유도 이런 데 있다. 아이들이 깊이 읽고 흥미 있어 하고 아이들의 사고를 넓혀주는 계기를 마련하는 책이 있을 뿐, 그 책 자체가 진리는 아니다.

6학년을 맡아 《우리 누나》(오카 슈조, 웅진주니어)라는 책을 온작품으로 읽은 적이 있다. 전체 학급 수가 40학급이 넘는 대형학교였고, 6학년만 하더라도 9학급이나 되었다. 특수반이 있었고 학생 수가 많은 편이었지만 학급마다 장애를 가진 친구가 있지는 않았다. 우리반에는 다운증을 앓는 재영이가 있었다.

재영이 담임을 하면서 아이들이 재영이를 평등하게 대하지 않고 어린아이처럼 취급하거나 엉뚱한 대답을 하도록 말을 걸고 웃음거리로 만드는 것들을 보며 불편했다. 다른 반에 있는 장애인 친구를 대할 때는 더 심한 멸시와 장난을 하는구나 싶었다. 장애인 친구를 대하는 자세에 대해 이야기해볼 기회를 갖기 위해《우리 누나》를 선택했다. 그러면서 아이들과 정말 많은 이야기를 나누었다.

4년이 흐른 뒤 5학년 아이들과 같은 작품을 가지고 이야기를 하는데 별 감흥이 일지 않았다. 여전히 우리반에 장애인 친구가 있고, 아이들이 장애인 친구와 함께 생활하는 상황은 같은데도 말이다. 이 학교는 전체 학급이 16학급이고 장애인 친구들이 10여 명이어서 1학년 때부터 장애를 가진 친구랑 함께하는 것이 자연스러웠다. 누구도 장애를 가진 친구와 같은 반이 되는 것에 대해 특별히 여기지 않고 같이 즐겁게 잘 지냈다. 물론 친구보다는 동생처럼 대하는 경우가 있었지만 조금 특별하다고 생각할 뿐 무시한다거나 괴롭히진 않았다. 그러다 보니《우리 누나》에서 깊은 성찰을 얻지 못했는지 큰 감동이 없었다.

이렇게 애써 고른 온작품도 아이들에게 잘 다가갈 때가 있고 다가가지 못할 때가 있다. 하물며 교과서에 일부만 나와 있는 똑같은 바탕글로 똑같은 활동과 똑같은 질문을 하며 전국의 아이들에게 똑같은 수업을 하다니, 이는 두고두고 어이없는 일로 회자될 것이 분명하다.

그러다 보니 전국적으로 일어나고 있는 온작품 읽기 수업에 대한 기대가 엄청 크다. 온작품 읽기는 단지 국어수업을 변화시키는 것이 아니라, 교육이 무엇이고 공부란 무엇인가에 대한 물음을 시작하는 일이라 생각한다. 같은 책으로 하더라도 아이들의 삶이 다르고, 그 삶에서 나온 이야기꽃이 모두 다르게 피어나는 교육운동의 시작이라는 생각이 든다.

그렇다고 온작품 읽기가 만병통치약이 될 수는 없다. 더구나 어떤 교사의 온작품 읽기 수업방식이 모두에게 맞다고도 할 수 없다. 연수나 수업나눔 뒤에 교사들에게서 돌아오는 질문이 있다. 똑같은 책, 똑같은 방식으로 하는데 왜 선생님 반에선 되고 우리반에선 안 되냐는 질문이다. 그러면 나는 어떤 수업이든, 어떤 활동이든 자료나 방법보다 관계가 먼저라는 대답을 해드린다.

교사의 책에 대한 태도나 수업에 대한 마음, 그리고 책을 통해 아이들과 어떻게 만날 것인지에 대한 태도가 아이들과 교사의 관계다. 아이들에게 맞지 않는 책을 선택하거나 그럴싸한 결과물을 바라거나 독후활동에 연연해하면 책을 매개로 아이들과 관계 맺는 것에 실패한다.

또한 책을 통해 교훈을 얻으려 하거나 학습목표를 이루려 하거나 책 읽는 습관을 만들려고 하는 것도 아이들과 나의 관계를 실패로 이끌기 쉽다. 책을 읽히고자 하는 것은 책 읽는 습관을 만들려는 것이 아니다. 책을 읽는 순간에 다양한 것을 체험하고 기쁨과 즐거움을 느끼면 계속 읽을 것이고, 아무리 깊은 체험을 하더라도 다른 것이 더 즐겁다면 책 읽기가 습관이 되지 않을 수 있다.

온작품 읽기를 할 때도 한 권의 책과 활동으로 많은 것을 얻으려 하지 않는다. 아이들이 읽는 과정을 즐기는 것을 보며 더 발전시킬 방향을 찾을 뿐이다. 프로젝트수업이나 놀이수업이 몇 개의 수업방식 중 하나의 방법일 뿐 교육의 방향일 수 없듯이 온작품도 모든 수업과 배움과 가르침에 적합하다고 생각하지는 않는다. 구체적인 학습기능을 익힐 때는 온작품보다 정제되고 엄선된 문장이나 글들이 훨씬 효율적일 수 있다. 이런 글들은 온작품을 제대로 이해하는 데도, 일상에서 풍부한 언어생활을 하는 데도 반드시 필요하다.

온작품 읽기 수업은 방법이 아니라 철학이다

힘들여 배운 교과 지식들 중 상당 부분은 휘발되어버린다. 왜 그런지 생각해보면 그 지식들이 내가 살아가는 것과 아무 상관이 없기 때문이다. 그렇다고 모든 지식이 삶과 상관이 없냐고 했을 때 그렇지는 않다. 그러기에 교사들이 지식을 삶과 상관있도록 만들어주는 것이 필요하다.

삶을 교과로 나누고 차시로 나누고 분절적인 목표로 나누고, 삶 속의 생활언어를 개념언어로 만들다 보면 원래 이것이 어디서 왔는지 모르게 된다. 배운다는 것은 앎을 넘어서서 이를 자기만의 방식으로 자유롭고 새롭게 창조할 수 있거나 즐길 수 있는 것을 말한다.

공부(工夫)는 의미와 실제 표기가 다르지만 중국 말로 쿵후(功夫)라 읽을 수 있다. 쿵후라는 무술을 보자. 몸을 어떻게 저렇게 자유자재로 쓰며 예술의 경지로 끌어올릴 수 있는지 감탄한다. 삶의 과정 하나하나가 쿵후를 몸에 익게 하는 과정이었을 것이다. 익히면 그 다음은 자유로워진다. 공부도 몸과 삶으로 배우고 익혀서 어떤 능력을 키워나가는 것이고 그 능력으로 인해 결국 자유로워지는 것이다.

그런데 우리가 요즘에 하는 공부란 것은 우리 몸에 앎을 익히게 하는 것인가? 당장의 시험을 위해, 상급학교 진학을 위해, 또는 어떤 관문을 통과하기 위해 하는 것을 공부라고 하다 보니 아이들은 공부하는 이유를 상실하게 된다. 게다가 4차 산업혁명 시대를 준비해야 한다며, 기존에 하던 공부가 다 쓸모없다는 폐기론도 등장한다. 그에 맞는 기술을 가르쳐야 한다며 코딩 등이 교과로 들어오는 일들도 생긴다.

하지만 난 이런 움직임이 결코 학교 공부방식의 대안이 될 수 없다고 본다. 교과서에 나온 지식 몇 가지를 익히는 것보다 그것을 통해서 사물의 현상과 세상을 바라보는 능력, 문제를 해결하는 능력을 키우는 것이 공부이고 교육이다. 공부란 주어진 학습내용을 습득하는 것만이 아니라 나와 사물과의 관계를 깨닫는 것이고, 나와 사람과의 관계를 깨닫는 것이다.

그래서 교육은 삶과 맞닿아 있어야 한다고 했다. 삶과 맞닿게 하기 위해서는 이야기가 살아나야 한다. 한 차시 한 차시의 목표만을 향해 달려갈 것이 아니라 내가 이 수업을 왜 하는가라는 목적을 다시 상기할 필요가 있다. 그러기 위해서는 공부 주제에 맞는 자기 이야기가 끊임없이 나와야 한다.

시를 배운다는 것은 시의 형식이나 언어를 배우는 것이 아니라 시에서 느껴지는 감정과 나의 경험을 어떻게 만나게 할 것인가를 배우는 것이다. 그래서 한 차시 한 차시 수업목표보다도 각 학년에 맞게 갈래별 수업의 목적을 분명히 해서 그 목적한 바를 이루는 방식으로 수업이 전개되어야 한다.

온작품 읽기나 한 학기 한 권 읽기가 교육과정에 들어오면서 생긴 새로운 풍경 중 하나는 독서교육을 기존에 해왔거나 책 읽기를 많이 해왔던 사람들을 불러낸다는 것이다. 그런 단체나 회사들이 교사연수의 중심으로 들어온다. 교사들의 관심은 어떻게 온작품 읽기를 하느냐, 한 학기 한 권을 읽히는 데 어떤 책이 좋고 무슨 활동을 하느냐에 온통 집중된다. 하지만 이건 또 하나의 교육 획일화이고 교사들을 기술자로 만드는 과정이다. 파편화된 지식이나 활동을 조금 더 크게 벌이는 데 그치는 일이다.

배움이란 자신의 삶을 제대로 볼 줄 아는 것이다. 배움은 또한 닥쳐올 미래를 예측 가능한 것으로 만들고, 예측하지 못한 상황이 닥치더라도 그 상황에서 어떻게 살 것인가를 결정지을 수 있는 힘이다. 사람이 인생을 산다는 것은 얼마나 많은 사람들과 얼마나 많은 것들을 관련짓는 일인지 모른다. 이렇게 서로 연결되어 있음을 깨닫는 과정이 소통에 대한 인식이며 연대인식이다. 이 연대인식이야 말로 앞으로 개인이 살아갈 삶에서 매우 중요하다.

예를 들어 《책과 노니는 집》을 읽으며 내가 읽고 즐기는 한글로 된 책 한 권이 있기까지 얼마나 많은 사람들이 한글 문화를 만들기 위해 노력했는지, 그런 사람들의 삶은 어떤 가치를 지니는지를 깨달았을 때 책 읽기의 의미는 달라진다. 자신에 대한 성찰과 통찰, 그리고 사람이 사는 데 많은 사람과 환경들이 관련되어 있음을 깨닫게 해주는 것이 서사가 살아 있는 작품이다. 그래서 온작품이 필요한 것이다. 온작품을 통해 앞으로 자신에게 닥칠 삶의 여러 장면이나 상황에서 어떻게 살 것인지를 생각할 수 있다. 그리고 이를 정리해나가는 것이 공부이다.

5학년 1학기 8단원의 목표는 문장의 호응 관계를 생각하며 글을 읽고, 인물들에게 편지를 쓰거나 이야기를 읽은 소감을 쓰는 것이다. 그러면서 《갈매기에게 나는 법을 가르쳐준 고양이》(루이스 세뿔베다, 바다출판사)라는 동화의 일부를 바탕글로 제시하고 있다. 장편동화의 앞부분 줄거리를 요약해서 싣고 나름대로 감동적인 부분도 발췌해서 넣었다. 하지만 맥락이 없어서 서사에 몰입하기 힘들다.

《갈매기에게 나는 법을 가르쳐준 고양이》는 기름띠에 갇힌 갈매기가 고양이에게 알을 부탁하자 부탁을 받은 고양이가 알을 부화시키고, 새끼 갈매기에게 나는 법을 연습시켜 날려 보낸다는 단순한 이야기다. 하지만 그 안에는 문장의 호응이나 편지 쓰기를 넘어서는 철학이 담겨 있다. 고양이가 알을 깨기 위해 애쓰는 과정, 전혀 다른 생명을 키워내는 사랑, 익숙한 세상에서 다른 세계로 나아갈 때의 겪는 갈등과 해결을 통해 아이들은 또 다른 감동을 얻을 수 있다.

우리가 좋은 작품을 골라서 아이들에게 수업을 한다는 것은 아이들의 문학적 소양을 높이거나 국어의 기능을 기르는 것을 넘어서 철학이 있는 수업으로 나아가는 방향 전환이다. 어떤 책으로 어떤 활동을 하니 아이들이 좋아했다는 것도 물론 필요하다. 그렇지만 온작품 읽기가 이에 그치면 결국 내용은 빠지고 방법만 무성한 지금까지의 교육이론이나 교육방법처럼 되어버리지 않을지 걱정된다.

교과서는 이 모든 과정을 차시별로 쪼개놓았고 각각으로 조각난 목표는 쪼개진 조각글을 가져오게 했다. 조각글로 목표는 달성할 수 있지만 더 이상의 의미를 얻을 수는 없다. 미시안적인 사람을 가리켜 나무만 보고 숲을 보지 못한다고 하지만 이건 나무는커녕 나무토막도 못 되는, 나무 파편의 생김새나 색깔만 보는 격이다.

그래서 흥미 없어 하는 아이들을 붙잡고 목표를 달성하면서도 교사들은 계속 '이걸 해서 뭐 하나.'라는 생각을 하게 된다. 학교에서 배운 지식들이 쓸모없는 것으로 취급되고 실제로도 쓸모없어지는 것은 파편화된 목표와 낱낱의 잔기술 때문인지도 모른다. 파편화된 목표나 작은 기술을 좇는 학습은 책이나 글을 통해 온전한 사람으로 성장해가는 과정이 아니다. 그저 주어진 것을 형식적으로 해치우고 빨리 끝내버리자는 생각만 키운다.

온작품 읽기는 파편화된 목표와 그것을 충족하기 위해 조각만을 얼기설기 묶은 교과서로 공부하는 것에 대한 수정, 보완이 아니라 공부 방향 자체를 전환하는 철학이고 운동이다.

가르침은 배움 뒤에 서야 하는 것

아이들에게 책임, 이해, 배려에 대해 알려주려면 먼저 어른이 책임지는 모습, 이해하고 배려하는 모습을 보여주어야 한다. 그러면 아이들이 스스로 이런 개념들에 대한 정의를 내리고 그 힘과 의미를 깨닫는다. 하지만 보통 어른들은 몸으로 삶으로 보여주기 전에 먼저 가르치려 한다. 배움보다 가르침이 앞서면 배움의 욕구가 줄어들거나 사라질 뿐만 아니라 가르치려는 내용에 대해 거부감을 갖게 된다.

어쩌면 글자를 전혀 인지하지 못했을 때 할머니나 엄마 무릎에서 들으며 즐겼던 이야기나 그림책의 세계는 황홀했을 것이다. 그런데 말과 이야기 세계가 주는 황홀함을 제대로 느끼기도 전에 아이들은 문자 세계로 들어온다. 문자 세계로 들어서는 과정이 거칠고 폭력적인 방식이어서인지 많은 아이들이 이 세계에 들어가는 것을 겁내고 이야기에 대한 흥미도 잃는다.

아이들은 글자를 제대로 깨치면서 더 넓은 문자 세계로 들어갈 수 있는 안내를 받아야 한다. 글자의 세계를 향유하며 말과 이야기 세계와는 한 차원 다르다는 것을 느낄 기회를 얻어야 한다. 이런 과정이 아이들에게 글자에 대한 배움의 욕구를 깨워줄 수 있다.

그런데 우리는 무작정 기역, 니은, 디귿만 들이밀면서 한글을 가르치고자 한다. 피아노의 선율이 얼마나 아름다운지 느끼기도 전에, 또 피아노를 치고 싶다는 충분한 욕구를 스스로 일으키기도 전에 피아노 학원에 넣는다. 이 때문에 글자 배우기가 재미없고 피아노 치기가 싫어진다.

온작품 수업이나 책 읽기도 마찬가지다. 책 하나를 온전히 이해하고 즐기기 위해서는 추론도 필요하고 낱말에 대한 공부도 필요하다. 그런데 이보다 책을 온전히 이해하고 글을 온전히 즐기고 싶은 욕구가 생기는 것이 먼저다. 욕구를 전혀 일으키지 못하는 조각글부터 먼저 주고 추론하는 방법이나 낱말의 뜻만 가르쳐선 안 된다.

교육에서는 가르침보다 배움이 앞서야 한다. 배움의 주체도 학생이고 자람의 주체도 학생이다. 교사가 무엇을 가르칠 것인가도 중요하지만 학생들에게 지금 필요한 배움이 무엇인지 먼저 고려하는 것이 더 중요하다. 아이들이 "나는 이것을 배우고 싶어요."라며 배울 것을 직접 찾아나서면 좋겠지만 현실에서 이를 실현하기엔 어려움이 많다. 그래서 주로 교사들이나 교육자들이 아이들이 배워야 할 것들을 차례 짓고 목표를 정해서 제시한다. 이것이 바로 교육과정이다.

배워야 할 것을 배우고 싶은 것과 맞물리게 하는 것, 배우고 싶은 방식을 만들어내는 것이 가르치는 자의 몫이다. 가르치는 자의 역할은 어긋난 톱니바퀴 같은 상황을 잘 어우러지고 맞물려 돌아가게 하는 것이다. 그런데 교육과정이 지나치게 쪼개지다 보니 왜 가르쳐야 하는지, 무엇을 위해 가르쳐야 하는지 잃어버리게 된다.

《살아 있어》라는 그림책을 읽으며 '생명이 있는 것들은 어떤 것들과 연결되어 생명을 유지하나?'라는 주제로 배움과 가르침을 연결해 본다고 하자. 이 책은 살아 있는 것의 특징, 즉 숨을 쉬고, 시들고, 죽고, 울고, 웃으며 자라는 것에 대해 이야기한다. 하지만 가장 인상적인 것은 살아 있다는 것이 결국 많은 생명들과 죽음과 연결되고, 자연현상이나 작은 사물들과 연결되어 있다는 사실이다.

그러니 나무를 아껴야 한다거나 환경을 사랑해야 한다는 가르침보다 스스로 뭇 생명들과 연결되어 있음을 배우는 것이 먼저여야 한다. 먹이그물이나 먹이사슬만 가르치려면 생산자, 소비자, 포식자를 가르치면 된다. 하지만 결국 아이들이 배워야 할 것은 생명들이 서로 기대어 살아간다는 사실이다. 먹이그물이라는 지식도 중요하지만 그 지식이 초등학교 아이들의 정서에 맞닿아 자기 삶으로 들어가야 하는 것이다. 이렇게 배움에 덧붙일 것, 배움을 풍부하게 할 것을 가르침으로 뒷받침해주면 된다.

온작품을 수업에 도입해야 하는 이유도 여기에 있다. 좋은 작품을 골라 아이들과 충분히 즐긴다면 아이들의 마음에는 작품을 이해하려는 욕구가 생겨난다. 그러고 나면 작품을 이해하기 위해 도구가 되는 지식을 알고 싶은 배움의 욕구가 일어난다. 그 욕구가 일어났을 때 가르치는 것이 훨씬 효과적이다.

가치들도 마찬가지다. 아이들이 다양한 책이나 상황을 충분히 경험하면서 자기 나름의 진정한 의미를 규정하고자 할 때 그것들을 가르치면 된다. 꼭 내면화시켜주고 싶은 가치가 담긴 작품을 읽고 많은 이야기를 나누어도 아이들의 반응이 전혀 일어나지 않는 경우가 있다. 반대로 그냥 재미 삼아 읽어준 것인데 오히려 굉장히 많은 이야기가 오가는 작품이 있다.

교사나 어른이 책을 읽어주거나 온작품 수업을 할 때, 가르치려는 것이 너무 앞서는 것을 경계해야 한다. 작품과 배움과 가르침은 일대일 대응이 아니다. 한 작품을 읽어내면서 가르치려는 것들이 앞서거나 많을 때는 아이들이 불편할 수 있다. 배움의 과정이 즐거워야 가르침이 끼어들 여지가 있다.

이거 해서 뭐 해요? 배워서 뭐 해요?

배움에도 필요성이 중요하다. 내가 가르치면서 스스로에게 가장 많이 했던 말 중 하나가 '이거 배워서 뭐 하지?'였다. 아이들도 교사에게 "선생님, 이거 배워서 뭐 해요?"라고 자주 묻는다. 스스로 하던 질문이었는데도 아이들 입을 통해 들으면 내 수업에 대한 문제제기라고 생각해 발끈하곤 했었다.

아이들에겐 "배워서 남 주자.", "배운다는 것 자체가 즐겁지 않냐."

는 말로 눙치고 넘어가지만, 가르치는 것을 업으로 삼은 입장에선 그냥 넘길 수 없는 큰 질문이었다. 배움의 필요성을 아주 좁게 해석하면 당장의 쓸모이지만 크게 해석하면 내 삶의 욕구와 답을 찾아가는 과정이라고 생각한다.

《리디아의 정원》을 읽고 편지 쓰기 방법만을 알려주었을 때는 편지 쓰기가 아이들의 쓸모에 아무 의미가 없다. 하지만 작품을 천천히 같이 읽으며 떨어져 사는 가족과 작은 끈이라도 이어가고 싶었던 리디아의 맥락을 알게 되면 편지가 갖는 의미가 매우 커진다. 이를 느낀 아이들은 진솔한 편지가 갖는 힘을 배우고, 그것이 필요한 순간에 마음을 담아 편지를 쓸 것이다.

시도 필요를 느끼는 것이 먼저다. 시 한 편을 읽으며 말의 재미를 느끼는 것도 중요하지만 내 마음의 복잡함이 시 한 편으로 표현되는 것을 느꼈을 때 시에 대한 자기 필요가 생기는 것이다. 초등학교에서는 시를 써야 한다는 조급함에서 벗어나 마음을 시로 표현할 수 있음을 아는 것이 중요하다. 그리고 시로 표현된 마음이 얼마나 많은 사람들의 공감을 불러일으키는지를 경험할 수 있어야 한다.

다양한 감정이 들거나 깊은 생각을 했거나 새로운 체험을 했을 때 나를 대신하여 내 마음을 표현해주는 시를 찾아보는 것만으로도 시의 경제성을 깨닫는다. 마음이 제대로 표현된 시에서 아름다움을 느끼며 시적 욕구도 얻게 되는 것이다. 시도 자기 필요성을 깨우는 것이 먼저이듯 다른 배움도 마찬가지다.

우리가 프로젝트학습을 지향하는 까닭도 여기에 있다. 낱낱의 사회현상이나 자연현상을 보고 그것을 지식으로 쌓아두는 방식이어서는 안 된다. 작은 자연현상 하나를 두고도 이것이 어떤 과정 속에서 이루어졌고, 우리 삶과는 어떤 관련이 있고, 나는 이 자연현상에 어떤 관련을 가지고 어떤 관계를 맺으며 살 것인가를 고민해야 한다. 그래야 배움이 내 삶과 의미 있게 결합된다.

제안하는 글이나 주장하는 글도 아무 맥락 없이 글의 구조를 파악하는 데서만 그치는 경우가 많다. 자기 욕구 없이 좋은 제안글이나 주장글의 형식만 배우는 것이 아이들에게 무슨 의미가 있을까. 자기 욕구를 가지고 자신의 주장을 잘 표현하기 위해서 좋은 주장글을 분석해보는 것은 완전히 다른 의미가 된다. 그런데 우리의 배움은 자기 욕구 없이 교과서 안에서만 머무르기 때문에 지나가면 휘발되고 만다.

《몽실 언니》(권정생, 창비)라는 작품을 통해 전후 역사를 입체적으로 배운 아이들은 판문점에서 있었던 남북 두 정상의 만남이 얼마나 의미 있는지를 몸으로 느낀다. 그래서 '웃어라 몽실'이라는 제목으로 몽실이를 위한 남북정상회담 영상을 만들어내기까지 했다.

역사를 배우는 것은 역사의 사건 하나하나를 아는 것을 넘어서서 그 역사와 내 현실이 맞닿아 있음을 느끼는 것이다. 내가 홀로 있는 존재가 아니고 사람과 시간과 공간과의 관계 맺음 속에 존재한다는 사실을 아는 것이다. 그러면서 나는 현재 여기서 어떻게 살고, 내가 해야 하고 할 수 있는 것들은 무엇인가를 알게 되고, 그것이 자기 욕구가 된다.

고학년을 맡으면 어떤 그룹이 인기 있는지 금방 안다. 교실 책상에 새겨진 이름들을 보면 추세가 읽힌다. 2~3년 전부터 다른 이름은 안 보일 정도로 '방탄소년단'이 책상을 점령했다. 처음에 BTS와 방탄소년단이 서로 다른 그룹인 줄 알고 아이들에게 물었다가 오랫동안 비웃음의 대상이 되기도 했다.

방탄소년단의 인기는 초등학생들을 넘어 고등학생, 대학생을 아우른다. 집에도 방탄소년단 팬이 있어서 왜 좋아하냐고 물었다. 이유인즉슨 방탄소년단이 자기 세대의 고민을 노래하기 때문에 같은 나이대의 사람들이 모두 자기 스토리로 여기게 된다는 것이었다.

그래서 방탄소년단의 노래들을 1집부터 훑어보았다. School 시리즈로 10대들 삶의 큰 화두인 학교와 꿈을 다루더니, 화영연화 시리즈로 20대 청춘들의 고충을 드러내보이기 시작하고, Wings 앨범에서는 청춘이 성장하면서 겪는 고통과 유혹, 그리고 성숙에 관해서 노래했다. 이어 Love yourself 시리즈로 사랑의 시작과 끝, 그리고 또 다른 시작을 이야기하는 등 자신들의 삶을 진솔하게 담고 있었다. 누군가 써준 가사와 곡이 아니라 본인들이 직접 겪고 고민하는 이야기를 쓰기 때문에 듣는 사람들이 쉽게 자기 이야기처럼 이입되고 자기 노래처럼 느끼는 것이다.

초등교사 연수에서 '수요일밴드'를 초청한 적이 있었다. 유튜브 등을 통해 이미 들은 적이 있지만 직접 교사들과 호응하는 공연을 보는 건 처음이었다. 교사들은 모두 열광했다. 나도 진심으로 손을 번쩍 들며 따라 불렀다. 강의하던 강의실에서 썩 좋지 않은 음향시스템으로 이루어진 공연이었지만 어떤 공연보다 훌륭했다고 말할 수 있다. 교사들은 왜 열광했을까? 가수의 노래 실력과 작곡 실력, 기타 연주 실력 때문이었을까? 이 팀의 노래가 초등교사들의 삶을 진솔하게 노래했기 때문이다. 그 이야기와 그 멜로디가 누구보다 초등교사들의 마음을 건드린 것이다.

방탄소년단이나 수요일밴드가 가진 힘은 자기 삶을 노래와 이야기에 실었다는 점이 아닐까. 듣는 이들이 함께 노래에 자기 삶을 대입시키며 공감을 일으킨 것이다. 학교에서의 공부도 마찬가지다. 공감할 만한 서사가 있는 이야기로 시작하지 않으면 아이들은 아무런 감흥 없이 의무감으로 받아들이게 되고 그것은 아이들을 수동적으로 만든다. 아이들에게도 삶을 건드리거나 삶의 이야기를 할 수 있는 것을 주고 자기 삶을 말할 수 있게 해주어야 한다.

먼 미래에 멋진 노래를 하기 위해 정작 지금은 노래 실력만 키우고, 기타 기능을 가르치고, 작곡의 기법만 알려주고 있는 것이 우리 교육의 모습일지도 모른다. 멋진 노래를 만들기 위해서는 악기도 중요하고, 작곡 능력도 필요하지만 내용은 없고 기능만 있는 것은 공허하다.

자기 노래를 할 때는 이를 잘 살려줄 연주 실력만 있으면 행복하게 공연할 수 있다. 엄청난 기타 연주 실력에 기죽을 이유가 없고, 현란한 자신의 연주 실력에 우쭐할 이유도 없다. 자기 노래를 해야겠다는 마음만 있으면 악기나 춤이나 작곡 등의 기능은 아무리 험난해도 익힐 수 있다. 중요한 것은 자신의 삶을 들여다보는 힘이다. 뚜렷이 부르고 싶은 자기 노래도 없으면서 언젠가는 쓸모가 있겠지 하며 기능만 익히고 있는 지금의 공부방식은 한계에 부딪치면 갑자기 길을 잃는다.

공부란 먼 미래를 위해 쌓아두는 어떤 행위가 아니라, 지금의 내 필요를 만족시키며 나를 여기 머무르지 않고 조금씩 나아가게 하는 성장의 과정이어야 한다. 때로는 한 번이 아니라 끈질긴 익힘의 과정이 필요할 때도 있지만, 나의 필요를 위해서 참고 배워내는 것이 진짜 배움이고 공부이다.

그래서 공부는 독서의 양 늘리기나 지식의 양 늘리기가 아니라 삶의 맥락 만들기라고 했다. 세상과 부딪치면서 마주한 자기 한계와 문제를 고민하고, 타인과 세상을 이해하려고 애써야 한다. 그리고 여기서 얻은 생각들을 나름의 언어로 정의 내리고 수정하면서 인식을 다지는 것이 삶을 위한 공부가 된다. 그러기 위해서라도 아이들이 지금 어떤 삶의 맥락 속에 있는가를 알아가는 것이 중요하다. 뿐만 아니라 맥락이나 서사 속에 아이들을 집어넣는 것도 필요하다. 맥락이나 서사가 충분히 있는 작품들을 가져와야 하는 이유도 이 때문이다.

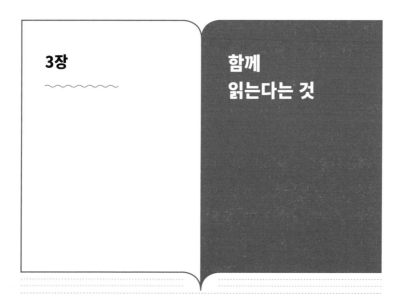

3장

함께
읽는다는 것

혼자서 읽으면 글자만 읽게 된다

6학년을 맡아서 할 때다. 여느 해처럼 학기 초에 1년 동안 아이들에게 읽히고 싶은 책 목록과 읽힐 시기를 학부모님들에게 보내며 책을 준비해주십사 부탁 편지를 드렸다. 그때만 해도 온작품 이야기가 없을 때라 학급에서 책을 읽힌다는 것 자체가 매우 드문 일이었다. 그래서인지 개인이 10여 권의 책을 모두 사야 했는데도 엄마들은 거의 빠짐없이 책을 사서 보내주셨다.

처음에는 아이들이 좀 더 쉽게 책에 다가가도록《만국기 소년》(유은실, 창비)이나《우리 누나》등의 단편을 함께 읽어나갔다. 하지만 그때만 해도 국어교과랑 재구성한 수업이 아니어서, 통째로 읽어주기는 힘들었다. 그래서 아이들이 집에서 혼자 읽어오는 분량도 많았다. 단편을 4권 정도 읽어나가며 토론도 하고 글쓰기도 했다. 그런데 장편을 읽으면서 아이들이 몸을 틀기 시작했다. 아이들의 호불호도 갈리기 시작했다.

읽은 내용으로 토론을 하거나 나를 붙잡은 문장 등을 이야기했는데, 아이들이 토론에 참여하는 태도가 형식적이었다. 문장 찾기도 대충대충 아무거나 찾아 쓰는 듯했다. 그러자 나도 독해지기 시작했다. 제대로 읽는지 점검하겠다며 독서퀴즈를 냈고, 독서퀴즈를 통과하지 못한 아이들에겐 책을 다시 읽혔다. 하지만 다시 읽어도 여전히 통과하지 못했다. 그나마 제대로 읽은 아이들도 내용을 잊기 전에 빨리 시험을 보자며 보챘다.

그 무렵부터 아이들은 "옆반은 안 하는데 우리반은 이런 거 왜 해요? 옆반으로 가고 싶다."라며 자주 불평했다. 그럴 때마다 "그 반 선생님은 널 받아주신대?" 하며 농담처럼 눙치기만 했다. 그러면서도 한편으로 왜 아이들이 하루 이틀 전에 읽은 내용도 기억하지 못하는지, 진짜 책을 읽어온 게 맞는지 의구심만 키워갔다.

그러다가 《태양의 아이》(하이타니 겐지로, 양철북)를 읽을 차례가 되었다. 책의 두께에 질린 아이들이 심지어 "아, 나 전학 가고 싶다. 책 안 읽는 학교로."라는 말을 했을 때 나는 크게 뒤통수를 맞는 기분이 들었다. 책을 읽는 아이들로 자라게 하려고 한 것인데 책을 피해 전학도 불사하는 아이들로 키우고 있구나 싶었다. 워낙 책도 두껍고 일본의 역사를 조금이라도 알아야 하겠기에 이 책은 처음부터 같이 읽기로 했다. 그런데 아이들은 오키나와가 어느 나라인지, 오키나와 사람들이 일본 고베에 왜 살게 되었는지부터 질문하기 시작했다. 사람 이름이나 식당 이름이 어려워서 읽지를 못하겠다고도 했다.

그렇다. 글자는 읽어도 책을 읽어낼 수준이 되지 않는 아이들이 있었던 것이다. 읽어도 읽을 수 없는 아이들에게 혼자 읽어내라며 다그치고 있었던 것이다. 아이들은 읽고 또 읽어도 기억 속에 남지 않는 책을 미워했을 것이고, 책을 읽어내지 못하는 자기 자신에게 좌절했을 것이고, 이를 강요하는 교사가 진심으로 원망스러웠을 것이다. 나는 그때 '혼자 읽기'의 한계를 깨달았다. 혼자 읽기는 혼자 읽을 수 있는 아이들만 하는 것이고, 그것을 수업으로 가져오는 것은 온당치 못한 일이었다.

《책과 노니는 집》을 읽을 때도 마찬가지였다. 아주 쉬운 문장이라고 생각하며 물었다. "한밤중 최서쾌가 연인의 장옷 차림으로 다녀간 다음 날, 장이네 집에서는 어린 소년의 울음소리가 서럽게 흘러나왔다."에서 "소년의 울음소리가 흘러나왔다."는 것은 무슨 의미냐고 했더니 그 문장의 의미를 모르는 아이들이 의외로 많았다. 앞부분에서 장이 아버지가 곧 죽음을 앞두고 있다는 것을 이미 파악했는데도 말이다.

그래서 다시 '서쾌'가 무슨 뜻이냐고 물으니 서쾌가 이름이냐는 질문이 되돌아온다. '장옷'은 무슨 뜻이냐고 물으니 몇몇 아이가 장옷이 무엇인지 대답했다. 이어서 최서쾌가 장옷을 입은 이유가 무엇인지 다시 물으니 "최서쾌는 여자예요?"라는 물음이 되돌아왔다.

낱말 하나도 맥락이나 서사 속에서 다양한 의미를 갖는다. '서쾌',

'장옷'의 사전적 의미도 중요하지만 필사장이 장이 아버지와 서쾌의 관계, 여인이 쓰는 장옷을 입고 죽음을 앞둔 장이 아버지를 몰래 만나러 올 수밖에 없었던 최서쾌의 상황과 시대적 배경을 알아야 비로소 낱말의 의미를 짐작할 수 있는 것이다.

책을 읽는 도중에 낱말의 의미를 몰랐을 때 사전을 찾아보는 아이는 거의 없다. 더구나 "소년의 울음소리가 서럽게 흘러나왔다."와 같은 문학적 장치를 이해하는 아이들은 더 없다. 아이들은 책의 내용이 이해가 되지 않아서 책을 끝까지 읽기 힘들어했고, 설사 글자를 읽었다 해도 무슨 내용인지 이해하지 못했던 것이다.

많은 아이들이 서쾌나 장옷의 사전적 의미를 알지 못했을 뿐만 아니라 맥락적 의미는 대부분의 아이들이 몰랐다. 더구나 글자나 글을 유창하게 읽지 못하는 아이들은 혼자 읽는다고 하더라도 거의 글자만 읽을 뿐 책을 읽고 있지는 않다고 봐야 한다. 혼자 읽기의 맹점은 여기 있다. 혼자 읽는 것은 책을 잘 읽는 아이들에겐 아무 문제가 되지 않을 수도 있다. 굳이 다른 사람들의 생각과 견주어 내 사고의 외연을 넓히기 위한 것이 아니라면 말이다.

어떤 작품을 각자 알아서 읽어오기가 가능한 아이는 아주 소수라고 보아야 한다. 교사가 아이들의 읽기 과정을 살피고 적절히 개입해 주면서 한 권을 읽더라도 의미 있는 읽기 경험을 만들어주어야 한다. 같은 학년에 비해 한글 독해력이 3~4년 뒤진 아이들에겐 기존의 수업이나 그 학년 수준에 맞는 책 읽기도 아무 의미가 없다.

아이들이 책을 읽어도 내용을 잘 파악하지 못하고 독서퀴즈를 풀지 못하는 데는 이유가 있었던 것이다. 과연 우리 아이들 중 몇 명이나 정확히 문장의 의미를 이해하며 책을 읽어낼 수 있었을까 하는 생각이 들었고, 전학 가고 싶다는 게 괜한 말이 아니었구나 싶었다.

수업시간에 같이 읽어야 할 작품을 아이들 혼자 읽게 하는 것은 의미가 없고 수업에 책임 있는 교사의 모습도 아니라고 판단했다. 그래서 그 다음부터는 온책을 온전히 함께 읽어나갔다. 그랬더니 책을 싫어하던 아이들도 충분히 즐기는 모습을 보였다. 함께 읽기를 하니 독해력이 떨어지는 아이들도 수업에 참여하는 데 전혀 무리가 없었다.

혼자 읽고 혼자 내용을 다 이해하며 맥락을 따라가는 것이 버거워서 책 읽기를 거의 포기하던 아이도 어려운 낱말이나 문장의 의미들을 맥락적으로 이해시키며 읽어주자 별 무리 없이 이야기 속에 빠져들기 시작했다. 그리고 이야기를 읽는 중이나 읽고 난 후에 함께하는 활동에도 거의 빠짐없이 참여했다. 책을 좋아하던 아이들도 길면 2주일 정도 한 책을 깊이 읽는 과정을 싫어하지 않았다. 책을 제대로 읽기 시작하면서 아이들의 성장이 눈에 보이기 시작했다.

1년 동안 16권이라는 적지 않은 작품을 읽었는데도 아이들 입에서 전학 가고 싶다는 말은 나오지 않았다. 오히려 마지막으로 읽은 《마당을 나온 암탉》(황선미, 사계절)은 낭독극으로 꾸며보자고 했다. 읽는 동안 함께 느꼈던 많은 것들과 작품을 그냥 보내기가 아쉬웠는지 그림자극으로 연결해보자고 아이들이 먼저 제안한 것이다. 나를 포함해 반 아이들 22명이 모두 시를 창작해서 쓰고 자신들이 쓴 시와 책에서 뽑은 의미 있는 문장으로 낭독극 대본을 만들었다. 아이들은 피아노를 연주하겠다고 하고 곡을 고르기까지 했다. 충분히 느끼고 충분히 즐겼던 작품은 아이들에게 피하고 싶은 것, 어떻게든 빨리 해치울 무엇이 아니라 마음에 남을 소중한 것이 되었다.

온작품은 수업시간에 함께 읽는 것

온작품 읽기를 수업시간에 해야 하는 이유는 조각난 작품으로 수업했을 때 학습목표 달성 외에는 별 의미가 없기 때문이다. 게다가 아이들에게 각자 알아서 읽어오라고 했을 때 아주 소수의 아이들만 제대로 읽어올 수 있기 때문이기도 하다. 요즘 아이들이 얼마나 바쁘고 정신없는지에 대해서는 굳이 말을 보탤 필요도 없다. 그러니 아이들의 읽기 과정을 살피며 교사가 적절히 개입해주면서 한 권을 읽더라도 의미 있게 읽는 경험을 만들어주어야 하는 것이 또 다른 이유이다.

　기존의 혼자 읽기나 모둠 읽기는 읽기 능력이 있는 몇몇 아이들에게만 의미가 있었다. 모든 학생들이 책을 읽고 각자의 자리와 처지에서 의미 있는 배움을 얻기 위해서는 정규 수업시간에 함께 읽기를 해야 한다. 따라서 온작품 읽기는 수업시간에 해야 한다. 책 읽기 과정에서 누군가가 개입해 질문 하나만 던져주어도, 낱말에 대한 풀이 하나만 해주어도, 생각의 가지를 조금만 뻗게 해주어도 아이들은 한 권의 책을 통해 많은 생각의 타래를 엮어낼 수 있다.

　함께 읽는다는 것의 의미는 무엇인가? 모두가 책을 갖고 교사가 한 줄 한 줄 읽어나가는 것을 말한다. 어떻게 교사가 그 긴 책을 다

읽느냐고 반문하는 분들도 있다. 긴 장편이라도 아이들 책은 200여 쪽 정도이다. 1주일에 국어시간이 5~6시간이니 웬만한 두께의 책은 2주나 3주 정도면 충분히 읽을 수 있다. 모두가 같은 쪽을 펴고 아이들은 눈으로 글을 본다. 교사는 소리 내어 읽으면서 낱말에 대해 묻거나 문장이 의미하는 것을 묻기도 하고, 주인공들의 행동이나 생각에 대한 아이들 각자의 생각을 묻기도 한다.

교사가 책을 읽어주어야 하는 이유가 있다. 장편의 경우 아이들이 이야기의 발단 부분에 몰입하기가 쉽지 않다. 교사가 인물이나 배경에 대해 설명해주며 읽으면 쉽게 이야기에 빠져들 수 있다. 그리고 같이 읽어야만 함께 생각해볼 만한 대목에 대해 이야기 나누기가 쉽고, 어렵게 표현된 문학 장치들에 대해서도 쉽게 설명할 수가 있어서 작품 이해가 쉬워진다.

책을 읽다가 그날 읽은 대목에서 가장 인상 깊은 문장을 고르거나 인물에게 편지를 써볼 수도 있다. 또한 그 장면에 어울리는 시를 찾아보는 활동을 할 수도 있다. 이때 포스트잇을 많이 활용한다. 자신에게 가장 인상 깊었던 문장, 인물에게 쓰는 편지, 어울리는 시 등을 베껴 쓴 포스트잇을 내용 자리에 붙여두면 다른 친구들이 읽을 때 친구들의 생각과 견주게 되어 좋다.

읽을 책이 정해지면 하루 이틀 만에 다 읽는 아이도 있고 심지어 몇 시간 만에 다 읽는 아이도 있다. 그런데 그런 아이들이 함께 읽기 시간을 더 기다렸다. 난 그 아이들에게 교사 대신 소리 내어 읽어주기를 부탁했다. 그랬더니 미리 읽어오는 아이들이 더 많이 생겼다. 책을 읽어본 아이들은 맥락을 알기 때문에 내용을 자연스럽게 읽어

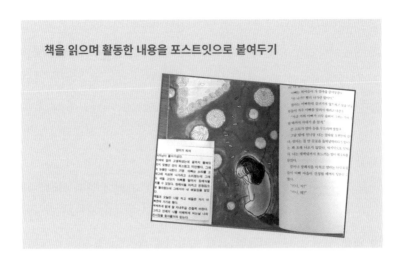

책을 읽으며 활동한 내용을 포스트잇으로 붙여두기

나갈 수 있다. 그렇게 아이들이 읽다가 내가 다시 읽어주면 아이들은 책 읽기를 멈추고 낱말을 이야기하거나 문장을 이야기하거나 인물의 성격과 다른 것들을 알아나가기 시작했다.

교사에 따라서는 수업시간에 읽는 온작품을 집에서 읽지 못하게 하는 경우도 있다. 하지만 굳이 그럴 이유는 없다고 생각한다. 미리 책을 읽은 아이들도 교사랑 함께 읽으면 전혀 새로운 것이 눈에 들어온다. 아이들은 책을 여러 번 읽어도 늘 새롭게 느끼기 때문에 수업에 방해가 되지 않는다.

미리 읽은 아이들이 수업시간에 책을 다시 읽으면 지루해하지 않을까 걱정했는데, 오히려 미리 읽은 아이들이 함께 읽기에 훨씬 매력을 느꼈다. "혼자 읽을 때는 이 말이 그런 뜻인지 몰랐어요.", "혼자 읽을 때는 이렇게 재미있는 이야기인 줄 몰랐어요."라고 했다.

읽기 능력이 앞선 아이든, 읽기 능력이 뒤처진 아이든 작품 속으로 들어가서 인물이 되어보거나 자기 삶의 문제로 끌어안으며 작품들을 읽어나갈 수 있는 것이 온작품 함께 읽기다. 앞선 아이, 뒤처진 아이 없이 하나의 작품을 제대로 읽기 시작하자 책 속의 이야기가 나의 삶과 어떤 연관이 있는지, 나의 삶이 사람, 시간, 공간에 어떻게 기대어 살고 있는지 생각하며 현재의 자기 삶으로 이야기를 가져오기 시작했다. 작품 속 주인공의 생각을 통해, 작품 속에 그려진 사회를 통해 현재 자기를 둘러싼 세상 속 모습을 보기 시작했다.

모두가 기피하는 5학년 담임을 맡아 1년을 온작품으로 산 적이 있다. 15년 만에 5학년을 맡아보라는 부탁 겸 제안이 들어왔다. 1학년 때 나랑 매일 그림책 읽기를 한 아이들이었다. 그때는 의욕이 남달랐고 책도 많이 읽었고 부모님들도 크게 압박을 주지 않아서 즐겁게 1년을 보냈다. 그런데 이 아이들이 크면서 적잖은 문제를 보이기 시작했고 모두가 기피하는 학년이 되어 있었다. 걱정은 되었다. 교과서도 낯설고 교육과정도 눈에 안 들어오는 데다 3월 한 달을 병가로 쉰 상황이었다.

하지만 우리 학교는 혁신학교로 온작품 읽기를 힘껏 지원해주는 분위기여서, 하고자 마음만 먹으면 작품들을 충분히 학교에서 마련해주는 든든한 배경이 있었다. 1학년 때 함께 쌓은 배경독서에 대한 자신감도 조금 있었다. 먼저 아이들과 무슨 책으로 만날지를 정하고 동시집을 어떻게 활용할지 생각했다. 처음에는 장편이 힘들 것 같아 《만국기 소년》이나 《우리 누나》 같은 단편과 동시집 읽기로 시작했다.

그런데 걱정할 필요가 하나도 없었다. 아이들은 생각보다 빨리 책 읽기에 빠져들었고 생각보다 적극적이었다. 그렇게 아이들과 온작품 16권을 함께 읽으며 낭독공연, 동시로 여는 독서캠프, 그림자극 만들기, 시낭송회, 포스터 만들기, 뉴스 만들기를 다해보았다. 그런데도 아이들 입에서 제발 그런 것 그만하자는 말이 나오지 않았다.

1년 동안 정말 성장했구나 싶었고 주위 교사들이나 학부모들도 모두가 아이들의 성장을 이야기했다. 아이들 스스로도 책 읽고 공연하고 많이 성장한 해여서 의미 있었다고 했다. 무엇이 가장 기억에 남느냐고 물었더니 많은 아이들이 온작품 읽기 자체가 좋았다고 했다. 온전히 소리 내어 글을 읽고, 좋은 문장 하나하나를 필사하고, 날마다 동시를 찾고, 마음에 드는 작품으로 낭독공연을 하기 위해 작품을 수십 번을 되뇐 결과다.

온작품을 이야기할 때 아이들이 혼자 읽고 내용 중심으로 하는 활동보다 한 문장 한 문장 같이 읽어나가는 것이 좋다. 한 권밖에 못 읽더라도 이렇게 해야 한다. 책을 많이 읽는데도 책 내용을 기억하지 못하거나 책과 상호작용을 하지 못하면 책을 읽는 의미가 없기 때문이다. 온전히 작품을 이해하지 못하면 책을 읽은 후 다른 활동을 하더라도 그냥 활동만 있을 뿐 큰 배움은 없다.

물론 재미있는 활동도 중요하다. 하지만 아이들에게 의미가 있고 스스로 성찰할 수 있는 기회를 주는 것은 책 읽는 과정에서 일어나는 감정이입과 카타르시스, 자기 성찰이다. 책을 읽으며 인물의 철학이 드러나는 의미 있는 문장 고르기를 하며 아이들이 고른 문장이다.

오직 날려고 노력하는 자만이

날 수 있다는 사실이죠.

-《갈매기에게 나는 법을 가르쳐준 고양이》(루이스 세뿔베다, 바다출판사)

책의 처음부터 맥락을 충분히 파악하면서 읽었을 때는 이런 문장을 놓치지 않고 골라내는 눈이 생긴다. 그리고 문장을 골라내는 과정에서 아이들 마음속에서 이입과 감동과 성찰이 일어난다.

온작품으로 1년을 살며 우리는 교사와 학생이 아닌, 그냥 함께 길을 가는 동행자라는 느낌을 주고받았다. 서로의 생각을 주고받으며 세상을 향해 발을 내디뎌갔기 때문이다. 나중에는 나보다 더 빠르게 달려나가는 아이들의 모습을 보며 놀라기도 하고 내가 따라가기 어렵겠구나 싶기도 했다.

시를 써보자 했을 때 내가 생각지도 못한 주제로 시를 쓰기도 하고, 낭독회의 분위기를 살리기 위해 피아노 연주를 넣기도 했다. 그림자극으로 발전시킬 때는 내가 아이들보다 한참 뒤에서 바라보고 있다는 느낌까지 받았다. 아이들이 오히려 내게 온작품으로 펼쳐지는 새로운 세상을 열어주었다. 나는 종종 새로운 작품을 건네며 새롭게 세상을 보도록 창가로 안내해주는 역할을 한 것이 전부였다고 생각한다. 그 창가에서 아이들이 바라보는 세상은 교사가 생각한 것보다 훨씬 새로운 풍경들이다.

교사의 자존감을 높여주는 온작품 수업

어떻게든 재미있는 국어수업, 소통하는 국어수업을 만들고자 부지런히 연수도 다니고 자료도 모으고 또 배운 것을 나름대로 우리반에 맞춰서 해보려고 노력하던 중이었다. 하루는 반 아이가 "선생님은 어디서 그런 걸 자꾸 주워와요?"라고 물었다. 그 말을 들은 순간 얼마나 맥이 풀렸는지 모른다.

하지만 지금 생각해보면 아이들이 당연히 할 수 있는 말이었다. 어쩌면 자기를 좀 살려달라는 비명이었을 수도 있다. 괜찮다는 시, 괜찮다는 학습놀이, 괜찮다는 학습지, 그림책, 동화 등을 기존 수업과 교육과정에 고스란히 더 얹어서 했기 때문에 수업을 준비하는 나도, 그것을 감당하는 아이들도 힘겨웠던 것이다.

새로워진다는 것은 더하기가 아니라 빼기라는 말이 있다. 온작품 읽기나 여러 수업방법에 대한 정보들이 넘쳐나지만 이것을 기존 교육과정이나 교과서에 더해서 하다 보면 오히려 안 하는 것보다 못한 결과를 낳을 수도 있다.

온작품 읽기를 수업에 잘 적용해나가는 교사 후배가 있었다. 1학기가 다 끝나갈 무렵 교과서는 어떻게 했냐고 물었더니 더 할 게 없다고 대답했다. 온작품과 교과서를 잘 재구성한 결과라며 칭찬했더니 《국어-나》가 2학기 교과서인 줄 착각했다고 한다. 어쩌면 교과서 한 권이 2학기용이라 생각한 덕분에 온작품 읽기 수업을 무난히 해낸 것이 아닐까 싶었다.

온작품 읽기가 나름대로 붐을 일으키는 것을 보면서 한편으로 걱정이 되는 것도 있다. 그렇지 않아도 학습노동에 시달리는 아이들에게 책 읽는 노동까지 더하는 건 아닐까 해서이다. 한 학기 한 권 읽기도, 온작품 읽기도 애초에 제안되었을 때의 취지는 조각난 작품이 아닌 온전한 작품으로 수업을 하면서 학습목표를 넘어 아이들의 성장을 가져오자는 것이었다. 조각난 여러 개의 작품으로 낱낱의 차시 목표나 핵심 성취기준에 이르는 수업을 할 것이 아니라 아이들이 읽고 싶은 것, 읽을 수 있는 것, 읽어야 하는 것을 고려해 하나의 작품이라도 온전한 작품을 고르고, 이를 교과서와 교육과정의 핵심 성취기준과 묶어보자는 것이었다. 그러면 수업목표에 이를 뿐만 아니라 아이들의 삶의 이야기를 만날 수 있는 수업이 될 수 있기 때문이다.

자기 사는 것과 공부가 관련이 있다 싶으면 공부가 힘들지 않다. 좋다는 것을 다 쏟아붓는 방식이 아니라, 정제된 작품으로 차분하게 아이들과 교사가 같이 호흡하며 가는 수업은 누구에게나 배움의 시간이 되고, 자람의 시간이 되고, 치유의 시간이 된다.

학교에서 온작품 함께 읽기라는 주제로 교원 학습 동아리를 함께하는 후배가 "온작품 읽기 수업은 교사가 힐링되는 것 같아요."라는 말을 했다. 왜 교사가 힐링될까? 교사도 함께 소리 내어 읽다 보면 어느 문장이나 대목에서 울컥하며 더 읽지 못할 정도로 감동이 오는 순간이 있다. 하지만 교사로서 가장 큰 감동은 아이들이 "책 빨리 읽어요. 국어수업 해요."라는 말을 한다는 자체에 있다. 아이들 입에서 국어수업을 하자는 말이 나오고, 책을 빨리 읽고 싶다는 말이 나오는 것만큼 교사로서 행복한 일이 있을까? 나의 수업이 아이들에게 환영받는다는 느낌은 교사의 자존감을 세워준다.

어느 연수에서인가 교사들에게 "선생님들에게 국어수업은 무엇입니까?"라는 질문을 던진 적이 있다. 여러 대답이 나왔지만 가장 인상적인 것은 '끼니'라는 답이었다. 연수에 참가한 모든 교사들이 이 단어에 깊이 공감했다. 하루에 한 번도 거르지 않고 찾아오는 국어시간, 소중하고 꼭 해야 하긴 하지만 어떻게 하면 빨리 때우고 해치울까 싶은 끼니처럼 다가오는 것도 사실이었다.

그런 국어시간이었는데 아이들이 먼저 "수업해요.", "온작품 읽어요."라고 한다는 것 자체가 교사로서의 자존감을 한껏 올려준다. 조각나 있는 똑같은 바탕글에 똑같은 질문을 하며 수업을 이끌던 진행자가 아니라 진정한 수업 설계자가 된 듯한 마음은 뭔가 제대로 된 교육을 하고 있다는 뿌듯함을 주기도 한다.

처음에는 그저 책 한 권 같이 읽어본다는 마음으로 온작품 읽기를 시작했다는 한 후배는 한 권의 책을 읽으며 역사 공부로 가지를 뻗어나갔고 캐릭터 만들기와 음악을 결합해나가기도 했다. 그러자 아이들이 책을 연극으로 발전시키자고 스스로 제안해 훌륭한 연극 무대를 만들어냈다. 설사 그런 활동들을 하지 않았더라도 온작품 읽기가 행복했을 거라고 말하는 후배에게 무엇이 그렇게 좋았냐고 물었다. 그랬더니 "어느 대목을 읽는데 묘하게 모두가 울컥하고 있구나 하는 마음이 느껴졌어요. 그래서 잠시 읽기를 멈추고 필사공책을 꺼내 가장 마음에 와 닿는 문장을 베껴 쓰라고 했죠. 그런데 아이들이 고른 문장보다 더 좋았던 것은 교실 가득 번지는 연필 소리였어요. '왜 안 하니.', '몇 줄이라도 써라.'라는 말을 하지 않았는데도 아이들이 조용히 필사를 시작하니 평소에 잘 안 하던 ○○○도 조용히 따라하더라고요."라는 대답이 돌아왔다.

자발적으로 선택한 문장을 소중히 베끼는, 필사하는 소리가 가득한 교실은 생각만 해도 짜릿하다. 이 짜릿함으로 한 권의 온작품을 고르기 위해 수십여 권의 어린이책을 읽은 수고로움이 다 보상되었을 것이다. 수업이란 이런 것이다. 살아 있는 수업은 작품들이 걸어오는 말에 아이들 스스로 답을 하면서, 또 작품에 말을 걸면서 대화를 하는 것이다.

수업이 즐거움으로 남다

선생님, 저 민주예요. 제가 생각했을 때 가장 고마운 분이 선생님이어서 편지를 씁니다. 제가 수업을 즐겁게 하게 된 것은 선생님 덕분인 것 같아요. 학교생활이 가장 즐거웠던 게 5학년 때이거든요. 《푸른 사자 와니니》나 《마당을 나온 암탉》을 공연할 때는 정말 즐거웠어요. 이때가 가장 기쁘고 감동적이었고 뿌듯했어요. 선생님은 저의 최고의 선생님이에요.

스승의 날, 지난해에 담임했던 아이들 한 무리가 몰려와 주고간 편지 중에 민주의 편지다. 민주는 불면증으로 잠을 설치던 아이였다. 아침부터 눈은 거의 감겨 있고, 글씨를 쓰거나 그림을 그리라고 해도 손가락 하나 까딱하지 않았다.

민주가 1학년일 때도 내가 담임을 맡았었는데, 그때만 해도 아이가 이렇게 자랄 거라곤 생각지 못했다. 수학을 아주 잘했고 시를 좋아했고 말하기를 좋아하며 쉬는시간이면 노는 데 정신 팔려 옷에다 실수를 두어 번이나 할 정도로 활달했던 아이였다.

그런 아이가 5학년이 되어 다시 만났을 때는 장마철 물기 가득한 빨래가 떠오를 정도로 의욕이 전혀 없는 상태였다. 늘 책상에 엎드려 있었고 겨우 눈을 떠도 반은 감겨 있었다. 세상에 재미라곤 없어 보였고 늘 졸려서 미칠 것 같은 모습에다 분노는 머리끝까지 차 있어서 언제 터질지 모르게 조마조마했다.

그런 아이를 그나마 일으켜 세웠던 것은 답이 뻔하지 않은 수업이었다. 수학시간도 단순한 문제풀기를 할 때는 엎드려 있었으나 다양한 방법으로 문제를 해결해보자고 하면 누구보다 열정적으로 참여했다. 사회시간에도 자신들이 탐구하고 싶은 주제를 가져와서 함께 연구하고 발표하고 토론하는 것을 즐겼다. 민주는 지적 탐구심이 높다고 스스로 생각했고 그것을 맘껏 펼칠 수 있는 수업을 좋아했다. 친구들이 잘난 척한다고 해도 전혀 아랑곳하지 않고 자기가 알고 있는 모든 것을 맘껏 쏟아냈다.

그런 성향은 온작품 읽기를 할 때 더욱 강하게 드러났다. 온작품 읽기 목록이 정해지면 누구보다 먼저 책 전체를 읽고 왔다. 수업시간에 교사와 번갈아가며 함께 읽어주기를 맡았다. 자기가 좋아하는 문장이 나타나면 책상을 꽝 치며 벌떡 일어나 "아, 여기요, 여기. 내가 말한 곳!" 하면서 흥분하기도 하고 온몸이 떨린다며 전율을 표현하기도 했다.

민주가 외친 대목은 《푸른 사자 와니니》(이현, 창비) 중 마디바 무리가 버펄로를 공격해 무리들의 배를 채우는 장면에 나오는 "살기 위한 사냥에 대해서는 죄를 묻지 않았다. 그것이 초원의 법이다."라는 문장이었다. 힘을 과시하기 위해서가 아니라 생존을 위해서 하는 사냥에는 죄를 묻지 않는다는 말이 이 아이에게 왜 그렇게 와닿았는지 자세히는 모른다. 그저 민주가 만난 삶의 물음 중에 큰 해답을 이 문장이 주었을 것이라는 생각이 들었다.

민주는 혼자 읽을 때부터 이 문장이 마음에 남았는데 선생님이 소리 내어 읽어주니까 더 멋진 말로 느껴졌다고 했다. 암사자 마디바 무리가 어리고 병든 사자를 쫓아내는 대목에서도 "상처 입은 말라이카를 버릴 거라면, 초원에서 가장 용맹한 무리라는 게 무슨 소용인가 싶었다."라는 와니니의 혼잣말에 "이거야, 내가 생각했던 것이 이 말이라고, 이 말이 이 책에서 제일 중요하다고!"라며 소리쳤다.

그러자 마디바 무리가 약한 존재들을 내치는 이야기의 서사를 내심 못마땅해하던 아이들도 민주 이야기에 고개를 끄덕여주고 공감을 표시해줬다. 민주는 세상을 다 가진 듯한 표정을 지었다. 그러고는 낭독극을 하자고 제일 먼저 제안했고, 낭독극을 하면서도 의미 있는 문장들을 읽을 때마다 새삼 감동하곤 했다.

여전히 눈을 감고 엎드려 있을 때도 많았지만 민주가 어느 순간 눈빛을 반짝이는 것을 보고 있노라면 중·고등학교에 가서도 스스로 좋아하는 공부를 찾아 하면서 큰 문제를 겪지 않으리라는 안도감이 들곤 했다. 배움의 내용이 아이들 삶 어딘가에 맞닿을 수 있다면 또 이런 울림이 생길 수 있는 것이다.

국어시간을 위해 특별한 장치를 하지 않아도 아이들은 "국어 해요.", "온책 읽기 해요." 한다. 아이들이 스스로 공부하자고 말할 수 있는 공부방식이면 절반 이상의 성공이다. 학년을 마친 아이들은 구체적인 공부방법을 꼽으며 그 공부가 즐거웠고 몇몇의 작품이 마음속에 남았다고 이야기한다.

선생님, 저 성우예요. 선생님이 저보고 시 잘 쓴다고 칭찬해주셨잖아요. 근데 제가 시를 잘 쓰게 된 계기는 시선집이나 온작품 공연 등 감수성 높아지는 선생님 수업 덕분이었어요. 재능을 찾아주신 것도 감사하고 때로는 엄하게, 때로는 즐겁게 정성을 다해주셔서 감사합니다.

성우는 쉬는시간에도 혼자서 학습지를 하던 아이였다. 꾸준히 책을 읽을 정도로 성실했다. 그런데 책을 읽은 후에 하는 글쓰기를 보면 책을 읽은 게 맞나 싶었다. 읽었냐고 물으면 풀이 죽은 표정으로 그렇다고 대답했다. 성적도 늘 중하위권이었다. 보는 나도 괴롭고 하는 저도 괴로웠다. 그런 성우가 온작품 읽기를 하고 나서 써낸 글들은 놀라웠다. 성우가 가진 감수성도 대단했다. 책이란 무엇인지 정의해보자고 했을 때 성우는 '방어막'이라고 표현했다.

공부하라는 잔소리로부터의 방어막
놀아달라는 동생들로부터의 방어막
심부름 공세로부터의 방어막

성우는 홀로 가정을 책임지는 엄마의 과도한 기대를 외면할 수 없어서 늘 책을 읽고 학습지를 풀고 있었지만 제대로 책을 읽을 수준도 아니었고 문제를 혼자서 무난히 해결할 수준도 아니었다. 그저 잔소리나 자책감에서 벗어나기 위해 책을 읽는 척, 공부를 하는 척했던 것이다.

그런 아이가 책을 소리 내어 읽어주는 온작품 수업을 만나자 누구보다 쉽게 수업과 작품 속으로 들어올 수 있었다. 그리고 누구보다 열정적으로 온작품을 즐겼다. 성우처럼 읽기 능력이 조금 떨어지는 아이도 평등하게 참여할 수 있는 것이 온작품 함께 읽기 수업이었고, 그 수업이 무엇보다 즐거웠다고 편지를 쓴 것이다.

듀이는 '배움의 외부적 요인으로 흥미를 끌려는 시도는 쾌락의 뇌물로 주의를 끌고 노력을 짜내려는 것'이라고 했다. 나는 재미있는 수업보다 즐거운 수업이 되길 바란다. 재미있는 수업을 따라가다 보면 재미만 남고, 수업은 없어지는 경험을 참 많이 했다.

온작품 읽기를 하다 보면 민주나 성우처럼 수업을 좋아하는 아이가 많다. 교사가 어떤 방법이나 전략으로도 쉽게 끌어내지 못했던 반응들이 나온다. 이야기의 맥락에 깊이 들어가고, 혼자 읽기에서 발견하지 못한 것들이 새롭게 보인다. 혼자만의 생각이라 여겼던 것이 교사와 친구들의 공감을 받으면서 지금까지의 학습에서 느끼지 못했던 희열도 느낄 수 있다.

좋은 온작품을 가져오면 굳이 교사가 수업을 즐겁게 이끌기 위해서 애쓰지 않아도 저절로 되는 경향이 있다. 함께 책을 읽고 공감을 한다는 것은 어디에서도 느끼기 어려운 연대의식을 느끼는 일이다.

그래서 낭독공연을 했든 하지 않았든 민주에겐 작품을 읽은 시간들이 아주 오래도록 남을 것이다.

어떤 책을 어떻게 읽었는가도 중요하지만 아이들의 삶의 고민과 맞닿는 이야기를 골라 함께 읽고 함께 비슷한 생각들을 하는 것, 또 어느 대목에서는 철저하게 개인적인 고민을 이야기의 서사 속에 밀어 넣는 것이야말로 진정한 배움의 과정이다.

내가 배운 것이 내가 살아가는 것과 연결되어 있다고 느낄 때 즐거움이나 지적 쾌감은 더해진다. 그래서 삶의 교육을 해야 한다고들 하지 않는가? 그런데 우리는 정작 아이들의 마음 안에 있는 다양한 삶의 무늬를 다 읽어내고 반응해주지 못한다. 아이들이 살아가면서 만나는 외부의 어느 누구도 그것을 대신해줄 수 없다. 스스로 감정을 읽고, 감정을 인정하고, 그 감정에 갇히지 않고 딛고 나아갈 수 있는 힘을 길러야 한다.

이 힘을 기르는 좋은 방법이 책 읽기라고 본다. 그런데 책 읽기를 제대로 하기 위해서는 아직 책 읽기가 미숙한 아이들에게 읽어주는 방식을 써야 한다. 책 읽기가 되는 아이들에게도 소리로 책을 경험하게 해주고, 여러 사람들과 책을 통해 공감대를 얻게 해주어야 한다. 이처럼 책을 통해 다른 사람들의 다양한 생각과 감정, 경험을 만나는 기회를 주는 것이 온작품 함께 읽기 수업이 갖는 힘이다. 어떻게 재미있고 흥미 있게 수업을 이끌어가느냐보다 어떤 작품의 서사가 아이들의 삶에 맞닿을 수 있느냐가 즐거운 배움이 있는 수업으로 가는 관건이다.

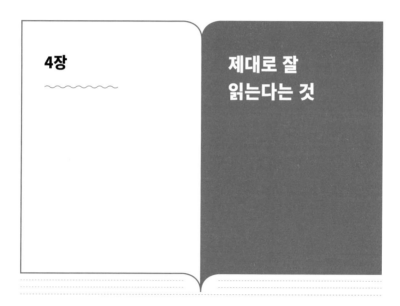

4장

제대로 잘 읽는다는 것

교과서를 던져버리면 안 된다

온작품 읽기가 기존에 해왔던 개인적인 독서활동에 그치지 않으려면 수업의 주요 활동으로 들어와야 한다. 그리고 작품의 주제 관련 활동에 그치지 않고 문장이나 낱말, 글의 주요 내용이나 이야기의 구조 등을 파악하는 지식적인 활동도 함께 이루어져야 한다.

지식과 기능은 이후에 이어질 배움이나 독서활동의 기반이 된다. 따라서 교과서나 교육과정의 성취기준을 염두에 두고 온작품을 중심으로 하더라도 교과서를 던져버리는 것에 대해서는 신중을 기해야 한다. 어떤 것이든 100퍼센트 잘못되거나 100퍼센트 완벽한 것은 없다. 그동안은 교과서를 너무 100퍼센트 맹신했다. 교과서 속 작은 조각글로 제시된 교육목표나 성취기준들이 맥락이 없다는 한계 때문에 문제제기를 하게 된 것이지, 교과서를 아예 던져버릴 일은 아니다.

하지만 교과서를 그대로 따라가며 거기에 온작품을 더 얹는 것은 아이들에게 엄청난 부담이다. 오히려 온작품을 하지 않는 것만 못할 수도 있다. 따라서 주요 텍스트를 온작품으로 하되 교육과정과 교과서의 성취기준, 학습목표를 어떤 장면에서 재구성할지 짜야 한다. 부분적인 바탕글로 달성하려고 했던 학습목표나 성취기준, 또 언어적 기능을 높이는 활동이 작품을 읽는 과정과 어우러져야 한다.

더구나 교육과정은 아이들이 배워야 할 것과 배울 수 있는 것들에 대한 사회적 합의다. 그것을 구현한 교과서나 교육과정에 대한 문제제기는 할 수 있다. 하지만 모두가 교육과정만 남기고 교과서를 버리자는 합의를 하지 않는 한, 교과서를 던져버렸을 경우 반드시 그 학년에서 다루어야 할 교과지식이나 배움 과정을 놓치게 된다.

그러지 않으려면 먼저 교과서와 교육과정을 살펴 학년의 목표와 주요 활동을 파악해야 한다. 1, 2학년에서는 주로 언어와 문장의 기본 구조를 익힌다. 언어적 상상력을 키우는 낱말, 흉내 내는 말, 자기 표현하기 등을 익힌다. 3, 4학년에서는 언어적인 자료를 통해 얻은 것들을 어떻게 수용하고 나의 정보로 활용해서 나름의 틀을 갖고 표현해내는가에 중심을 둔다. 5, 6학년에서는 사고의 외연을 확장하기 위해 추론하거나 관점을 가지고 비평해내는 능력, 효과적이고 진술하게 표현하는 방법들을 배우는 데 초점을 맞춘다.

이를 위해서는 어떤 작품을 온작품으로 할지 신중히 검토해야 한다. 비교적 안전한 방법으로, 학습목표나 성취기준을 고려해 일부가 교과서에 나온 작품들을 온작품에 넣는 것이 좋을 때도 있다. 작품 수록 목록을 보고 그중에 온작품으로 읽을 만한 것을 고르고 나머지는 그 시기 아이들이 읽었으면 하는 책들을 고른다.

어떤 작품을 온작품으로 할 것인지를 정했으면 온작품을 중심으로 교육과정을 재구성한다. 하나의 작품을 온전히 읽으려면 교과서의 목표나 활동을 온작품 읽기와 연결시켜 교과목표를 달성해야 한다. 그러면 진도에 쫓기지 않고 훨씬 풍부하게 활동과 경험을 할 수 있다.

예를 들어《화요일의 두꺼비》(러셀 에릭슨, 사계절)를 가지고 온작품 읽기 수업을 한다면 3학년의 핵심 성취기준인 낱말 알기나 줄거리 간추리기, 인물들의 마음 알기나 성격 파악하기, 마음 전하는 편지나 일기글 쓰기 등을 할 수 있다. 관련 단원을 묶어서 단원의 활동 등을 끌어와서 하면 진도에 대한 부담이 훨씬 줄어든다.

《엄마의 마흔 번째 생일》이라는 온작품으로 수업을 기획할 땐 5학년 2학기 1, 7, 9, 11단원의 문학 관련 성취기준을 염두에 둔다. 2주일 동안 부모와 함께 읽기, 책 읽고 부모님과 책 대화 나누기, 학습지를 바탕으로 글쓰기, 각 상황에서 인물이 되어 일기 쓰기, 인물에게 주고 싶은 시 고르거나 시 쓰기 등을 주요 활동으로 잡으면 교육과정의 성취목표는 충분히 달성된다.

《엄마의 마흔 번째 생일》로 교과서 재구성하기

단원	단원명	목표 및 성취기준	온작품으로 한 활동
1	문학이 주는 감동	작품에서 받은 감동 말하기	· 가장 마음에 남은 문장이나 장면 찾기
		독서감상문 쓰기	· 부모님과 책 대화 나누기 · 어울리는 시 찾기
7	인물의 삶 속으로	인물이 처한 환경 알기	· 인물이 되어 일기 쓰기
		인물이 추구하는 삶 토론하기	· 책 제목에 대해 토론하기 · 《백만 번 산 고양이》 읽어주기
9	다양하게 읽어요	다양한 방법으로 읽기	· 부모와 함께 읽기
		소개하기	· 부모와 책 대화 글로 써서 발표하기
11	문학작품 새롭게	시와 이야기를 다른 관점으로 바꿔 쓰기	· 인물이 되어 가상 인터뷰하기 · 공감 대화 나누기

한 작품만으로 이렇게 많은 단원의 학습 성취기준을 달성할 수 있다면 한 학기에 깊이 읽을 작품 2~3개만 선정해도 교과서의 학습 성취기준을 2~3번 반복하여 다루게 된다. 동시에 다루기 힘든 문학작품이나 비문학작품들은 교과서를 중심으로 깊이 다루면 교과서나 교육과정의 목표를 깊이 있게, 맥락 있게 배우게 되므로 온전한 배움이 되는 것이다.

아이들 수만큼 책이 있어야 한다

온작품 함께 읽기 수업을 할 때 아이들 인원수만큼 책을 준비하는 문제에 대해 질문이 많다. 책은 아이들 수만큼 있어야 한다. 온작품을 수업시간에 다루기 때문이다. 온작품을 소재로 수업을 한다는 것은 이야기의 주제만이 아니라 글자, 낱말, 문장, 표현방식에 대한 공부도 함께한다는 뜻이다. 교사가 읽어주는 것을 들으며 할 수도 있지만, 스스로 읽으며 글이나 문장에 집중할 필요가 있다.

한 학년에서 함께 교육과정을 짜고 온작품 목록을 작성한 뒤, 각 학급에서 한 작품당 20여 권의 책을 마련하면 학년의 학급 수만큼 다양한 온작품이 나오게 된다. 그러면 학급별로 작품을 바꿔가며 온작품 읽기 수업을 할 수 있다.

온작품 읽기 도서를 구비한 뒤에는 학급에서 비교적 쉽게 활용되도록 정리하여 따로 관리할 필요가 있다. 책이 부족할 때나 새로운 책이 필요할 때마다 보완해나가면 2~3년 안에 1년 동안 읽을 수 있는 온작품을 충분히 구비할 수 있다.

1, 2학년의 그림책도 아이들 인원수만큼 책이 있으면 할 수 있는 활동의 폭이 확 달라진다. 글자가 많지 않고 읽는 기간이 짧은 그림책을 인원수만큼 모두 구비하는 것은 어려울 수 있다. 하지만 어떤 책을 집중적으로 다룰지 신중하게 골라 인원수만큼, 또는 둘이서 한 권을 읽을 만큼은 구비해주는 것이 좋다.

그림책이라도 한 권밖에 없으면 교사가 읽어주고 아이들은 간단하게 느낌을 표현하거나 기타 독후활동밖에 할 수 없다. 하지만 모두에게 책이 있으면 교사가 읽어주는 동안 아이들은 글자를 보거나 그림을 보며 맥락을 파악할 수 있고, 좋은 문장 베껴 쓰기나 핵심 문장 베껴 쓰기 등을 할 수 있다. 둘이 읽기나 혼자 읽기, 낭독회 등도 할 수 있다.

무엇보다 중요한 것은 읽는 중간에 다른 활동이 가능하다는 것이다. 주인공의 표정을 살핀다든지 수수께끼처럼 나타나는 그림이나 숫자의 의미를 짐작해본다든지 하면서 수업이 풍부해지고 작품을 깊이 읽게 된다.

작품이 선정되고 교육과정 재구성이 끝났다면 천천히 함께 소리 내어 읽는다. 가장 먼저 할 일은 천천히 소리 내어 읽는 것이다. 글쓰기를 할 때도 자기 글을 검토하는 가장 좋은 방법은 소리 내어 읽는 것이라고 한다. 소리 내어 읽는다는 것은 소리라고 하는 물질적인 파동이 직접 뇌를 자극하는 활동이다. 그래서 글로만 인지하고 뜻만 파악하는 것보다 더 직접적으로 글의 내용이나 느낌, 또는 분위기를 파악할 수 있다.

소리 내어 읽어주면 내용을 모르는 아이가 거의 없다. 이처럼 아이들의 읽기 능력이 다양한 교실에서는 글밥이 많은 동화책도 소리 내어 읽어주어야 한다. 소리 내어 읽어주면 맥락이 파악되어 혼자 읽기를 할 때도 별 어려움 없이 읽을 수 있다.

교사가 읽다가 목이 아프면 미리 읽어온 아이들을 파악해서 돌아가며 읽혀도 된다. 미리 읽은 아이들은 맥락을 파악하고 맥락에 맞게 글을 읽기 때문에 읽는 사람이나 듣는 사람 모두 편안하다. 그런 걸 보면 교사도 반드시 온작품을 미리 읽을 필요가 있다. 아무리 짧은 그림책이라도 교사가 먼저 읽고 맥락을 다 알면 읽다가 어디서 멈춰야 하는지, 어떤 문장이나 그림을 깊게 들여다봐야 하는지 보인다.

같이 읽다 보면 아이들의 작은 느낌까지 다 눈치챌 수 있다. 어느 대목에서 아이들이 교사를 쳐다보거나 싸한 분위기가 들면 아이들이 그 문장의 뜻을 모르는 경우다. 그럼 문장의 뜻을 함께 짐작해보면 된다. 교사도 혼자 읽을 때는 모르다가 아이들과 함께 읽을 때 컥하고 목이 멜 정도로 감정이 올라오는 대목이 있다. 그럼 멈추고 아이들과 이야기를 나누거나 이 장면에 어울리는 시를 찾아보거나 인물들의 상황이나 마음에 몰입해보는 활동을 해도 된다.

어느 대목을 읽다 멈추고 인물의 감정을 짐작해본다든지 인물의 마음에 닿는 시를 고른다든지 하는 것은 인물을 깊이 읽는 방식이다. 읽다가 어느 문장이 무슨 의미를 지니는지를 이야기한다면 그 좋은 문장을 아이들이 가지게 된다. 어떤 이유로 인물들이 갈등하고 있는지, 이들의 가치관은 무엇인지를 짐작해보는 동안 사상, 역사에 대한 배움이 일어나기도 한다.

이런 활동이 가능하려면 읽어주고 천천히 설명해주어야 한다. 교사가 혼자 읽어줄지라도 아이들 모두에게 책이 있어야 한다. 그렇지 않으면 교사가 읽어주는 것을 듣기만 하는 방식이거나 모두가 다른 책으로 독서감상문을 쓰고, 독서토론을 하는 등 독후활동 위주로 수업이 이루어질 수밖에 없다.

같은 책을 20여 권 산다는 것이 비효율적이라는 이야기도 있다. 하지만 한 학기 한 권이나 온작품 읽기를 할 수 있는 책이라는 것은 아이들에게 온전한 책 한 권으로 전할 수 있는 배움의 크기가 그만큼 크다는 것을 의미한다. 책 읽기를 좋아하는 어느 한 명이 다양한 책을 읽는 것은 그 아이 혼자 충분히 선택해서 할 수도 있는 문제다. 하지만 제대로 책 한 권 읽어내면서 온전한 배움으로 이끌어가는 것은 가르치는 자의 선택할 수 없는 의무이다.

1, 2학년이 읽는 책의 글밥이 적은 것도 아이들이 직접 글을 보면서 스스로 읽고 좋은 문장을 베껴 쓰고, 받침 넣기를 하는 등 다양한 활동을 할 수 있도록 하기 위해서이다. 늘 교사가 읽어주기보다 때로는 아이들이 직접 글을 읽는 것도 좋다. 한 학기 한 권이라도 20명이 모두 같은 책을 갖고 제대로 된 온작품 수업을 할 수 있는 환경이 마련되었으면 하는 것도 이런 까닭이다.

독서능력 발달 과정

독서 입문기(1, 2학년)

글자와 소리의 관계를 인식하는 시기이고 소리 내어 읽는 음독 활동이 중요한 시기이다. '듣는 문학'의 시기이므로 교사, 부모가 소리 내어 읽어주는 '책 읽어주기'가 중요하다. 이 시기 아이들이 좋아하는 책의 종류는 판타지, 글밥이 적은 그림책, 아는 어휘가 80퍼센트 이상인 쉬운 단편동화 등이다.

　이 시기에는 둘이 읽기나 혼자 읽기를 즐겨한다. 독서활동의 대부분이 읽어주기라고 해도 과언이 아니다. 이때의 읽어주기란 단순히 글자를 읽어주는 것이 아니다. 읽어주는 사람과 강력한 유대감을 형성하기 때문에 느낌이 전혀 다르게 다가온다. 누군가의 목소리로 다가오는 내용은 자신의 머리나 눈으로 읽은 것과는 전혀 다른 세계이기 때문이다.

　따라서 읽어주기는 뜻이 어려운 작품을 쉽게 접하게 되는 기회이며 의사소통의 과정이다. 또한 작품을 공유했다는 즐거움과 여유를 갖게 해준다. 읽어주기는 듣기 능력을 길러주고 읽기에 대한 강력한 동기를 유발시킨다.

기초 기능기(3, 4학년)

음독에서 묵독으로 넘어가는 시기이며 글자나 낱말 뜻을 하나하나 풀어가며 읽는 해독의 시기에서 숨은 낱말이나 문장의 뜻을 이해하는 독해의 시기로 가는 과정이다. 신화, 전설, 영웅, 모험, 우정, 동정심을 유발하는 주인공 이야기 등을 즐기는 다독의 시기이기도 하다. 이 시기에는 줄거리 간추리기, 글 속의 낱말 뜻 찾기, 중심 문장 추리기 등의 활동이 주로 이루어지고, 다양한 방법으로 표현해보는 활동도 많다.

또한 다양한 장르의 다양한 책을 읽으면서 다양한 글 체험을 하는 것이 필요한 시기이다. 많은 책을 읽는 시기이기 때문에 다양한 주제와 형식, 소재의 작품을 읽으면서 자신이 좋아하는 분야를 찾는 것이 중요하다. 글이 길어져 아이들이 자칫 흥미를 잃으면 함께 이야기 나누기 좋은 작품을 읽어주고 함께 공유하며 책 내용을 함께 확인해가면 좋다. 가장 좋아하는 작품을 이야기하거나 소개해보는 것도 좋다.

이 시기 아이들은 자기의 경험과 주인공의 경험들을 적극적으로 비교해보는 활동을 좋아하므로 아이들이 실제 겪을 만한 갈등이나 경험이 나타난 작품을 읽어주는 것도 좋다.

기초 독해기(5, 6학년)

지식과 논리의 시기이다. 독해에 비중을 두는 시기로 사실과 의견의 구분, 정보 축약, 생략된 정보 추출, 비유적 표현 이해, 표현의 적절성 판단 등이 가능하다. 지식적인 책이나 인간의 역사에 흥미를 느끼고 서정문학을 즐길 수 있다. 우정에 대한 이야기, 자연소설, 공상과학, 모험류를 즐긴다.

이 시기에는 좋아하는 책 분야도 확실해지고, 책을 많이 읽는 아이와 책을 전혀 읽지 않는 아이들의 편차가 심해지기 때문에 많은 책을 읽히는 것은 근본적으로 불가능하다. 함께 이야기를 나누고 싶은 작품이나 꼭 읽었으면 하는 작품을 기준으로 한 달에 두 권 정도 선정해서 함께 읽고 서로 생각을 나누는 활동을 해보는 것이 좋다. 단편의 경우에는 교사가 읽어주고 함께 토론해보는 것도 좋다고 생각한다.

또한 초보적이나마 책에 대한 비평이 가능한 시기이고, 한 작품에 대한 다양한 관점과 경험을 소통하는 과정을 중요하게 생각하므로 많이 읽히는 것보다 정선하여 10권 정도 읽는 것이 좋다. 책을 많이 읽는 아이들을 위해서는 권장도서 목록을 따로 나눠준다. 고학년 책을 고를 때도 반드시 교사가 먼저 읽어보고 반 아이들의 정서나 배경 독서상태를 점검하여 결정하는 게 좋다.

2부

책으로
아이들의 **삶과**
만나다

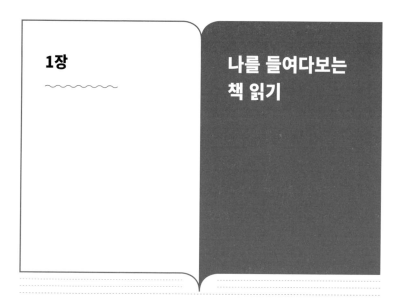

1장

나를 들여다보는
책 읽기

책을 읽어주는 동안 불안은 사라진다

고학년 아이들을 야단치는 것은 상당히 조심스럽다. 내 말이 아이들에게 상처로 남진 않을지, 아이와 영영 멀어지는 것은 아닌지 생각하게 된다. 그래서 내가 조금 실수했거나 과했다 싶으면 얼른 사과한다. 아이들은 사과를 밥 먹듯이 하는 내가 어색한지, 나의 첫인상을 물어보면 '사과를 솔직히 잘하는 선생님'이었다고 입을 모았다.

그러다 보니 아이들도 점점 사과를 잘하고 애정표현도 잘한다. 내 머리가 자기 어깨에 겨우 닿을락 말락 하게 키가 큰 아이도 애써 고개 숙여 내 어깨에 머리를 부비며 마음을 솔직히 표현한다. 그런 이야기를 학부모 상담 기간에 말하면 부모들은 "우리 애가 그런 애정 표현을 해요?"라며 깜짝 놀란다.

그런데 저학년의 경우는 다르다. 특히 1학년 아이들에겐 화가 나서 소리를 지를 때가 있다. 내 말 한마디 한마디를 마음에 담으면 어쩌나 내심 조마조마하면서도, 스스로 움찔할 만큼 야단을 친다. 하지만 아이들은 10분 정도 지나면 방금 야단맞은 게 맞나 싶게 해맑은 얼굴로 주변을 맴돌며 애정표현을 한다. 그럼 나도 언제 그랬냐는 듯 모른 척 안아준다. 그거면 끝이다.

《괴물들이 사는 나라》(모리스 샌닥, 시공주니어)는 아이들에게 무척 인기가 많은 책이다. 주인공 맥스는 늑대 옷을 입고 장난을 치다가 엄마한테 야단을 맞는다. 화를 참지 못한 엄마는 "이 괴물딱지 같은 녀석!"이란 말을 내뱉고 맥스를 방에 가둔다.

그러자 맥스도 "그럼, 내가 엄마를 잡아먹어버릴 거야!"라는 말을 내지른다. 그러고는 '내가 괴물이라고? 좋아, 진짜 괴물이 되어 괴물들이 사는 나라로 가지 뭐.' 하며 어깃장 놓는 심정으로 괴물나라로 들어간다.

괴물나라의 왕이 되어 신나게 놀던 맥스는 문득 자기를 사랑해주는 사람들과 맛있는 밥 냄새가 그리워진다. 그래서 붙잡는 괴물들을 뿌리치고 집으로 돌아온다. 돌아온 맥스 앞에는 따뜻한 식탁이 차려져 있다.

이 책을 처음 접할 때 어른들의 마음은 그리 편치 않다. 나도 그랬다. '헐, 아들한테 괴물딱지라고? 그런 말을 해도 되나?' 싶기도 했다. 그런데 아이들은 호불호가 없을 정도로 모두 이 책을 좋아한다.

그건 아마 맥스에게 대리만족을 느끼기 때문일 것이다. 아이들의 삶을 억압하고 자신들을 '괴물딱지'라고 이름 붙이는 어른 세계를 향해 "그럼, 내가 엄마를 잡아먹어버릴 거야!"라고 맥스와 함께 외치는 것이다.

그리고 괴물들만의 세상에서 맘껏 괴물로 살아보다가 문득 엄마한테 돌아왔을 때 만나는 따뜻한 밥 한 그릇은 늘 그 자리에서 자신을 기다려주는 엄마의 자리를 느끼게 했을 것이다. 굳이 사과나 용서의 과정을 거치지 않아도 자연스럽게 서로를 수용하는 모습에서 아이들은 안정감을 얻었을 것이다. 엄마도 괴물딱지라 말한 것에 대해 애써 사과하지 않고, 따뜻한 밥으로 아이에게 미안함을 표시한다. 그리고 일상으로 다시 돌아가는 것이다.

1학년 아이들에게 이 책을 읽어주고 나서 스스로 읽어보는 시간을 갖게 했다. 읽기에 아직 서툰 아이들과 잘 읽는 아이들을 짝지어주며 읽히는 '짝 읽기'도 했다. 아이들은 몇 번 읽더니 연극처럼 역할을 나누어 읽기도 하고 또 역할을 바꾸어 읽기도 했다. 이 책은 다시 읽어보라고 권하지 않아도 아이들 스스로 읽고 또 읽는다.

그러다가 옆반으로 책을 넘겨줘야 할 때(각 학급에서 두 작품을 각각 10권씩 준비해 2주 동안 읽고 다른 반으로 넘겨주며 읽는 윤독 시스템을 시행해보고 있다.)가 되어 아이들에게 책에서 읽은 문장 중 가장 마음에 드는 문장을 베끼라고 했다. 그랬더니 상당수의 아이들이 괴물들과 실컷 놀다가 집에 가고 싶어진 맥스가 "이제 그만!"이라고 하는 문장을 골랐다. 그리고 집에 돌아온 맥스가 따뜻한 밥과 마주하는 장면에서 나오는 문장도 함께 골랐다.

저녁밥은 아직도 따뜻했어.

사는 동안에 서로에게 상처를 주고받는 게 부모와 자식의 관계이다. 그러니 아이들에게도 한번쯤은 부모 간섭 없이 어린이만 사는 나라에 가서 금지된 것을 실컷 해보고 싶은 욕망이 있을 것이다. 상상 속에서나마 부모의 존재를 싹 지우고 살아보는 것이다. 하지만 결국은 금세 부모가 그리워진다. 상상으로라도 부모의 존재를 완전히 지워버린 것에 대해 죄책감도 느낀다. 게다가 엄마를 잡아먹어버리겠다고 말대답도 하지 않았는가.

맥스가 괴물나라에서 돌아오는 데는 1년이라는 시간이 걸린다. 아마도 야단 맞고 반항했던 부모에게 느끼는 아이들의 마음의 거리일 것이다. 그렇게 긴 거리를 거슬러온 뒤, 부모에게 다시 내쳐지면 어쩌지 하는 조마조마한 마음을 한순간에 녹여준 대목이 바로 "저녁밥은 아직도 따뜻했어."라는 문장이었을 것이다.

저학년 아이들의 학습능력 중 가장 핵심적인 것은 학습정서가 형성된다는 점이다. 학습정서라는 것은 새로운 사물, 인지적 활동이나 관계, 지식적인 것에 호기심을 갖고 알아가고자 하는 마음이다. 이러한 학습정서에 가장 바탕이 되는 것이 정서적 안정감이다.

그래서 이 시기 아이들에게 무언가를 배우게 하기 위해서는 안정감이 중요하다. 부모와의 관계에서 오는 안정감이 가장 기본이지만, 학교나 사회가 자신들의 속도와 마음을 인정하고 그대로 받아들여줄 때도 안정감을 얻을 수 있다. 반대로 집에서나 학교에서 자신의 감정이나 상태를 그대로 받아들여주지 않고, 뭔가 고치려 하고 평가

하려 했을 때 아이들은 불안해진다. 개인의 속도나 능력은 상관하지 않겠다는 식의 일방적인 교육과정이나 평가가 주는 불안감은 절대적이다.

1학년 아이들이 학교에 처음 들어왔을 때도 가장 먼저 느끼는 것이 불안감이다. 그중에서도 가장 많이 표현되는 것이 분리불안이라고 할 수 있다. 분리불안이라는 것은 익숙한 것이 내 시야에서 사라지면 영영 없어질 것 같은 데서 오는 불안감이다. 세상에서 가장 소중한 사람과 떨어지면 다시 못 만날 것 같은 데서 오는 공포이기도 하다.

1학년 담임을 하면 분리불안을 겪는 아이가 학급에 한두 명은 꼭 있다. 내가 담임했던 아이 중 극심한 분리불안을 가진 영우라는 아이가 있었다. 이 아이가 울기 시작하면, 내심 참고 있던 다른 아이들까지 한꺼번에 울음을 터뜨리며 함께 불안해하고 눈물바다를 이루어서 난감했다.

영우뿐만 아니라 대부분의 아이들은 익숙하지 않은 공간에서 낯선 사람들을 만나야 하는 학교에 와 있다. 그래서 가장 익숙하고 편한 집과 엄마, 아빠에 대한 분리불안이 조금씩 있다. 그런 아이들을 위해 잠시 안녕일 뿐, 다시 만날 수 있다는 내용의 책을 읽어주고 감정이입을 시켜주면 아이들의 공포감은 조금 줄어든다.

영우가 가장 좋아하는 책은 《잘 자요, 달님》(마거릿 와이즈 브라운·클레먼트 허드, 시공주니어)이었다. 빛이 있을 때 다 보였던 것들이 잠자는 순간 모두 사라지자 주인공은 이를 영원히 다시 못 볼까 봐 불안감을 느낀다. 자고 일어나도 이들을 다시 만날 수 있다는 안심이

든 뒤에야 아이는 비로소 달님에게 잘 자라는 인사를 나누고 잠이 든다.

영우의 분리불안을 극복하기 위해 영우 아빠와 다양한 이야기도 나누고 부모님이 해주어야 할 것에 대해서도 상의했다. 핵심은 신뢰였다. 눈앞에서 사라진다고 해서 영원히 사라지는 것은 아니라는 확신이 필요함을 서로 인정했다. 그 뒤로 영우 아빠는 약속한 시간에 나와서 아이를 맞아주고, 더 많이 안아주고, 사소한 약속도 지켜주었다. 긴 시간을 헤어져 있더라도 반드시 약속한 시간에 나타나주는 것이 아이들에게 가장 중요하다.

아이 하교시간에 맞춰 처음에는 학교 복도 끝에서 맞아주다가 점점 교문 앞에서, 학교가 보이는 골목 끝에서, 그리고 집 엘리베이터 앞에서, 그러다 집안에서 맞이하는 방식을 취해보았다. 1학기가 끝날 무렵이 되자 영우는 아빠가 자유롭게 일정을 소화하고 약속한 시간에 만나기로 해도 별 불안감 없이 학교생활에 적응해나갔다.

《진정한 일곱 살》(허은미, 만만한책방)을 소리 내어 낭독할 때였다. "진정한 1학년은 어때야 하나?"라는 물음에 영우는 "진정한 1학년은 울지 않고 학교에 와요."라고 대답했다. 아이들이 모두 영우를 쳐다보며 "그러네, 이젠 영우 안 울고 오네!" 해주자 영우는 쑥스럽다는 듯이 해맑게 웃었다.

저학년 아이들은 주로 분리불안을 느끼지만 조금 큰 아이들은 또 다른 불안들을 갖고 있을 것이다. 하지만 이 불안의 근저에는 공통적으로 '신뢰의 부재'가 자리 잡고 있다. 그래서 분리불안을 겪을 때는 헤어졌던 것을 다시 만나거나, 없어졌던 것들이 다시 나타나는 신뢰의 경험을 하게 해주는 것이 필요하다.

책 읽기도 마찬가지다. 책을 읽고 그 내용뿐만 아니라 행간이 주는 의미까지 다 읽을 수 있는 아이가 있는가 하면, 겨우 글자를 읽거나 글자를 못 읽는 아이도 있다. 그런데 아이들은 주로 '혼자 읽기' 방식으로 책을 읽어야 한다. 더구나 1학년, 여덟 살이면 이야기를 귀로 들어야 하는, 즉 '듣는 문학'의 시기이다. 글자를 안다고 해도 글자만 알 뿐, 문장을 읽고 그 문장이 뜻하는 바를 몸과 마음으로 느끼기는 어려운 때이다. 그래서 저학년 아이들에게 교사나 부모가 책을 읽어주었을 때 그 책이 자신의 몸속으로, 마음속으로 온전히 들어가 온책이 될 수 있다.

《괴물들이 사는 나라》를 혼자 읽고 "저녁밥은 아직도 따뜻했어." 부분에서 안도감을 느낄 수 있는 아이는 아주 드물다. 교사나 부모가 읽어주었을 때, 이야기를 듣고 그림을 보면서 그 문장을 함께 느끼고 공감하게 된다. 이럴 때 읽어주는 사람과 듣는 아이들 사이에 생기는 유대감은 안정감의 큰 바탕이 된다. 같은 경험과 정서를 공유하는 사이라는 유대감이 생기는 것이다.

혼을 낸 뒤 내심 미안해서 슬쩍 건네는 젤리 하나에 금세 마음을 풀고 웃으며 다가올 수 있는 관계, 죄송하다는 말 없이도 어깨에 머리를 부비며 미안하고 사랑한다는 마음을 건넬 수 있는 관계가 되는 것이다.

저학년 아이들 독서기록 하는 법

흔히 저학년 아이들은 그림으로 표현하는 것이 쉬울 거라고 생각하지만 그림 그리기 어려워하는 아이들이 생각보다 많다. 그림을 그리다 보면 책 내용은 깡그리 잊고 그림에만 몰두하는 아이들도 많다. 그림 그리기 싫어하는 아이들에겐 이 작업 자체가 무척 괴롭다. 그렇다고 생각이나 느낌을 쓰는 것도 저학년에겐 쉬운 일이 아니다.

그래서 책 이름과 지은이를 써보게 하고 선생님이 읽어주거나 자신이 읽은 문장 중에서 좋았던 부분을 베껴 적으라고 한다. 베끼고 싶은 문장 베껴 쓰기는 고학년에서도 많이 쓰는 방식이다. 고학년은 이 활동을 하다 보면 자기 생각이 드러나는 글을 덧붙여 자연스럽게 생각 쓰기로 이어가기도 한다. 하지만 저학년은 문장 베껴 쓰기로 그쳐도 좋다.

혼자 글자를 보고 베껴 쓰는 것은 글자를 익히는 아이들의 배움 단계에도 어울린다. 뿐만 아니라 아이들이 어떤 문장에 꽂히는지 살펴보고, 그 문장에 꽂힌 이유과 아이를 연결해보면 아이의 마음 상태를 짐작할 수도 있다.

너까지 왜 이래!

저학년 아이들은 관계에 대한 인식이 아주 개별적이다. 부모와 자신의 개별적 관계가 중요하기 때문에 엄마, 아빠가 형이나 동생에게 고루 사랑을 나눠주는 것을 잘 받아들이지 못한다. 자신만을 바라봐야 할 부모가 동생을 보고 있거나 형의 문제에 매달려 있으면 힘들어한다. 부모와의 관계가 약해서 외면받았다고 생각하고는 엄마, 아빠의 관심을 끄는 행동을 한다. 퇴행 같은 행동을 해서 개별적 관계를 확인받고 싶은 것이다. 동생이 생겼을 때 느끼는 상실감이나 배신감도 비슷한 종류일 것이다.

그런데 어린이집이나 학교에 오면 교사 한 명이 다수의 아이들과 관계를 맺기 때문에 아이들의 불안함도 커진다. 학교 학급당 학생 수나 어린이집 교사 1인당 보육 아동 수를 줄이자는 주장도 교사들의 근무 환경 개선보다는 아이들의 이런 속성을 바탕으로 지원의 필요성이 있다고 판단해서 나온 것이다.

아이들은 자신이 집단 속의 한 명으로 교사와 관계 맺고 있다고 생각하지 않는다. 아이들 세상에는 자신과 교사의 개별적 관계만 중요하게 존재한다. 1학년 담임의 가장 힘든 점이 아이들 모두 교사를 차지하려 한다는 것이다. 급식실에 갈 때도, 학교가 끝나고 교문을 나설 때도 아이들은 교사의 양손 손가락을 하나씩 나눠 잡고, 하다못해 옷자락 끝이라도 붙잡는다. 가능한 개별적인 접촉과 반응을 많이 해주려다 보니 교사가 힘들다.

하지만 아이들은 부모님이나 조부모님 등 자신과 개별적 관계를 맺을 인물이 나타나면 뒤도 돌아보지 않고 달려간다. 교사의 손가락이라도 차지하려는 것은 호감의 표시이기도 하지만 개별적인 관계에 대한 갈망인 것이다.

2학년 담임을 할 때의 일이다. 혜원이는 조금 특별한 아이였다. 간질 발작을 자주 일으켰고, 그 영향으로 퇴행이 진행되는 아이였다. 다른 아이들에 비해 어리광도 많았고, 늘 내 옷자락을 붙들고는 교무실이든 교장실이든 꼬리처럼 따라다녔다. 그리고 누군가 나에게 접근하면 밀쳐버리거나 가까이 오지 말라고 소리를 질렀다. 내가 없는 사이에 발작을 일으키면 안 되기 때문에 학급 아이들에게 양해를 구한 뒤 계속 데리고 다녔다. 아이들은 혜원이 상황을 이해하고 혜원이가 있으면 내 옆에 올 생각을 하지 않았다.

그런데 동선이라는 남자아이는 달랐다. 혜원이가 내 오른손을 잡으면 동선이는 왼손을 붙잡았고, 혜원이가 내 옷자락을 붙들고 교장실까지 따라오면 동선이는 교장실 문 앞에서라도 날 기다렸다. 어느 날은 혜원이가 동선이를 밀어냈다. 화를 내는 동선이를 자리에 앉힌 뒤 혜원이랑 똑같이 굴면 어떡하냐고, 선생님이 너무 힘들다고 하소연을 했다.

그러자 동선이가 발을 꽝꽝 구르며 "혜원이가 없어져버렸으면 좋겠어!"라고 소리치고는 나가버렸다. 아이들도 나도 너무 놀랐다. 동선이 뒤를 따라 나서면서도 왜 이렇게 못되게 구는지 원망스러웠다. 그날 동선이는 달래는 나도 밀쳐내고 운동장 한가운데 앉아 땅바닥을 파면서 오랫동안 울며 버텼다.

그런 동선이가 《피터의 의자》(에즈라 잭 키츠, 시공주니어)라는 책을 읽어주자 가장 많이 공감했다. 엄마들은 왜 동생들만 예뻐하냐고 묻고는, 동생 없이 혼자인 친구들이 진짜 부럽다고 했다. 나는 그제야 동선이를 이해하게 되었다. 집에서는 엄마가 약자인 동생만 쳐다보았을 것이다. 그런데 학교에서까지 선생님이 약자라고 혜원이만 쳐다보았으니 동선이 마음이 얼마나 억울하고 불안하고 속상했을까?

　나의 어린 시절을 생각해봐도 그렇다. 옛날 분들 같지 않게 딸 사랑이 지극했던 부모님이었는데도, 형제가 많다 보니 형제들이 다 사라지고 나만 엄마, 아버지를 차지하는 꿈을 꾸었다. 그렇다. 사람은 누구나 개별적인 관심과 사랑을 받고 싶은 것이다. 아무리 많은 대중에게 사랑받는 사람이라도 개별적인 사랑을 주고받는 것이 필요하다.

　저학년 아이들은 이런 감정을 많이 느낀다.《기분을 말해 봐!》(앤서니 브라운, 웅진주니어)를 읽어줄 때 '쓸쓸하다'는 감정 낱말이 나와서 아이들에게 쓸쓸한 적 있냐고 물어보았다. 그랬더니 은서가 손을 번쩍 들었다. "집에 가서 엄마한테 학교에서 있었던 일을 말하려고 하는데, 엄마가 동생만 쳐다보고 있으면 쓸쓸해요." 했다. 그랬더니 여기저기서 비슷한 쓸쓸함의 기억들을 마구 드러냈다.

　누군가가 나를 쳐다봐주었으면 하고 바랄 때 자신을 봐주고, 나의 행동들을 거울처럼 반사시키며 확인해주는 존재들이 없기에 아이들이 더욱 쓸쓸하게 커가고 있는 것이다. 그래서 부정적인 행동이라도 해서 어른들의 관심을 끌려고 한다. 넘어질 상황이 아닌데도 넘어지고, 자주 배가 아프고, 식욕이 없어지기도 한다. 혼날 것을 알면서도 울며 떼쓴다.

　6학년 아이들과《나도 편식할 거야》(유은실, 사계절)를 읽었다. 글씨도 크고 쪽수도 적은 책을 6학년 아이들에게 읽힌 이유가 있었다. 어릴 때는 어른들의 관심을 끌기 위한 행동을 잘 드러내기 때문에 어른들이 그 욕구를 채워주기 쉽다. 하지만 열세 살 아이들은 이런 욕구를 숨기면서 이상한 형태로 드러낸다. 제대로 표현하지 않으면서도 관심받고 싶은 자기 마음을 알아채주길 바라는 것이다.

다른 학년의 아이들에게 소개했을 때도 이 책에 대한 반응은 아주 뜨거웠다. 책 속 〈편식은 어려워〉 편을 보면 정이는 아무거나 잘 먹어서 엄마한테 사랑받는 예쁜 딸이다. 반대로 오빠는 밥도 깨작깨작 먹고, 반찬 투정을 부리고, 편식까지 해서 날마다 엄마한테 혼난다. 그런데 하루는 엄마가 냉장고에서 장조림을 내오더니 오빠한테만 먹으라고 주는 게 아닌가. 그날부터 정이는 아무거나 잘 먹는 딸이 되지 않기로 결심하고, 편식을 시작한다.

하지만 그 결심도 잠깐, 점심 반찬으로 나온 김치찌개에 그만 밥 한 그릇을 뚝딱 다 먹고 만다. 정이한테 세상 가장 어려운 일은 편식 하기였던 것이다. 이러다 계속 장조림을 못 먹는 건 아닐까 속상해하며 눈물을 쏟는 정이에게 엄마는 오빠보다 훨씬 많은 장조림을 해주신다. 게다가 오빠가 장조림에 손도 못 대게 한다. 그런 엄마를 보고 정이는 세상에서 가장 행복한 아이가 된다. 하늘에 장조림이 둥둥 떠다닐 정도로 말이다.

이 책을 읽고 나서 아이들에게 엄마의 말 중 가장 싫은 게 뭐냐고 물었다. 아이들은 정이가 장조림을 달라고 하자 "너까지 왜 이래!"라고 한 엄마의 말을 골랐다. 그때서야 나는 몇 년 전의 동선이가 생각났다. 혜원이가 없어져버렸으면 좋겠다는 막말을 하고 운동장 한가운데서 땅을 파며 고집을 부리던 동선이. 그 순간 진심으로 동선이에게 미안했다. 동선이를 비롯한 우리반 아이들에게 나는 온몸으로, 눈빛으로 "너까지 왜 이래!"라고 외친 셈이다. 아이들에게 '나'는 '나'일 뿐이다. 어쩌다 한 번이라도 '나'를 쳐다봐달라는 것인데, 어른들에게서 "너마저 그러면 난 어쩌라고!"라는 답을 들은 것이다.

어리고 힘든 아이들에게 더 관심이 가는 것은 인지상정이다. 그렇지만 정상적으로 건강하게 자라고 있는 아이들에게도 개별적 관심과 관계가 필요하다. 아이들에겐 자기를 봐주는 시선이 절실하다. 아이들은 자신의 행동에 미소를 지어주고, 실수해도 다시 시작하라고 응원해주고, 자신의 있는 그대로를 받아들여주는 어른들의 태도를 보며 자란다. 그러면서 개별적인 관계에 대한 갈망도 조금씩 사회적 관계로 발전해나간다.

책을 읽어주는 것이 좋은 이유

《그림책테라피가 뭐길래》(오카다 다쓰노부, 나는별)에서 "책을 읽어주면 마음의 뇌에 어떤 영향이 있는가."에 대한 다이라 마사토의 실험을 소개했다. 이 실험에 의하면 우리 뇌에는 정서와 감정에 연관된 일을 한다고 알려진 대외변연계(이른바 동물뇌)가 있다고 한다. 대외변연계는 무섭다, 슬프다, 즐겁다, 기쁘다 같은 감정을 인간의 기본적인 행동으로 이어주는 역할을 한다. 책을 읽어주면 듣는 아이의 뇌에서 이 부분이 활성화되어 다양한 감정을 체험하고 이해할 수 있게 된다고 한다. 그리고 적절한 행동과 표현을 통해 감정을 스스로 조절하는 아이로 성장해갈 수 있다고 한다.

책 읽어주기는 책을 잘 읽는 아이로 키우는 지름길이기도 하다. 책을 읽어주면 아이는 여러 번 되풀이해서 읽어달라고 하거나 혼자 읽기를 시도한다. 무서운 것이든 슬픈 것이든 즐거운 것이든 그 감정을 다시 느끼고 싶은 것이다. 어른들은 아이들이 책 한 권을 읽고 나면 다른 책을 골라 읽길 바라지만 아이들은 그 책만 반복적으로 고집한다. 혼자 읽을 때 이런 감정을 충분히 느끼지 못하면 다시 읽어달라고도 한다.

이미 내용을 들었던 책은 그림만 보아도 감정을 충분히 느끼기 때문에 아이들이 혼자 읽기를 시도할 수 있다. 그런데 처음부터 혼자 읽으라고 하면 감정 없이 글자만 읽게 되므로 내용을 충분히 즐길 수 없고 책이 부담스러워진다. 누군가 책을 읽어주면 스스로 읽어야 한다는 부담에서 벗어나, 듣는 동안 일어나는 감정을 맘껏 느끼며 체험한다. 무섭고 짜릿한 놀이기구를 제대로 즐기고 나면 다시 타고 싶어지는 것처럼 책도 마찬가지다.

1학년 해원이는 외롭고 쓸쓸하고 세상에 나갈 용기가 부족한 아이였다. 그런 아이가 늘 《고양이는 나만 따라 해》(권윤덕, 창비)라는 그림책을 껴안고 다니며 읽었다. 책 속의 주인공은 집 안에서 고양이와 서로 '따라해' 놀이를 하며 세상에 나갈 용기를 키워나간다. 책을 보면서 상상 속의 고양이와 상황 속에 자신을 밀어 넣고 놀던 해원이는 어느 순간 주인공처럼 세상에 나갈 용기를 가지게 되었다. 이처럼 책 읽어주기를 통해 아이들이 등장인물이나 서사에 몰입하면, 어느 순간 자신의 경험이나 느낌, 생각들을 투영하게 되고 자신을 거울에 비춰보게 되는 것이다.

아이들이 자기 말을 할 수 있는 수업

아이들은 백희나 작가의 작품을 좋아한다. 그중에서도《알사탕》은 가장 인기 있는 책으로 손꼽힌다. 언제나 외톨이인 동동이는 혼자도 괜찮다며 애써 태연한 척하는 아이다. 어느 날 구슬인 줄 알고 산 알사탕을 입에 넣자 소파가, 강아지 구슬이가, 까칠한 아빠가, 할머니가, 단풍이 물든 가을이 제각각 자기 이야기를 하는 것이 들려온다. 마지막에 투명한 사탕을 입에 넣자 아무 소리가 들리지 않았고, 동동이는 그제야 자기 마음속의 이야기를 한다. 늘 혼자 노는 것도 괜찮다던 동동이가 한 말은 "같이 놀래?"였다.

이 책을 아이들한테 읽어준다고 하자 아이들은 "와, 백희나다!" 하며 이야기 자리에 오종종 모여 앉았다. 백희나 책을 몇 권 읽어준 적이 있어서 아이들의 기대가 컸다. 역시나 아이들은 아주 빨리 몰입되었다. 사물에서 소리가 난다고 하자 숨을 죽이고 눈을 동그랗게 뜨다가 소파의 이야기 부분에선 깔깔대고 배꼽을 잡으며 긴장감을 확 풀었다. 그러고는 자기 식구들 방귀 이야기를 서로 하느라 다음 내용으로 넘어가기 힘들었다.

책을 모두 읽어준 뒤 아이들에게 어떤 사탕을 먹고 누구에게 어떤 이야기를 들을지 그려보라고 했다. 글로 쓸 수 있는 친구들은 써보라고도 했다. 엄마를 일찍 잃은 시현이는 열심히 무지개 사탕을 그리더니 편지를 쓰기 시작했다.

엄마, 잘 있어?

엄마는 잘 있어.

엄마, 사랑해!

엄마도 사랑해.

　시현이가 쓴 글을 읽어주며 나도, 친구들도, 시현이도 울었다. 보고 싶을 때 보고 싶다고 말하는 거라고, 진짜 보고 싶을 땐 울 수도 있다고 해줬더니 시현이는 한참을 울었다. 후련해했다. 그러고는 다시 까불기 시작했다. 보고 싶다고 말한다고 해서 그 마음이 다 가시진 않겠지만 보고 싶은 것을 못 보는 슬픔이 조금은 줄어들겠다 싶었다.

　아이들은 누구의 마음에서 어떤 소리가 들릴지에 대해선 거의 쓰지 않았다. 누군가에게 하고 싶은 말이 대부분이었다. 그런데 그림책 속 동동이처럼 아이들이 딱지나 팽이치기를 하며 놀 때도 책 보는 게 좋다며 주로 책을 보는 건우는 친구들이 먼저 손 내밀어주길 기다리는 자기 마음을 표현했다.

건우야 사랑해.

우리 친구들이야.

같이 놀고 싶은데 친구들이 날 받아줄지 내심 두려웠던 것이다.

아이들이 자기 말을 할 수 있는 수업이 얼마나 될까? 삶을 이야기하는 수업은 교사에게도 가치 있는 일을 하고 있다는 자긍심을 준다. 수업이란, 또는 배움이란 대화라고 생각한다. 끝없는 질문과 대답이 오가며 성장이 이루어지는 것이다. 교사나 친구가 하는 질문도 있지만 텍스트가 던지는 질문도 있다. 사회현상과 자연현상이 물어오는 질문도 있다. 그래서 배움이란 학교나 교실 공간에서뿐만 아니라 삶의 터 어디에서도 이루어진다.

교실이 교과서 속 정제된 지식만 쌓는 곳에 그친다면 굳이 학교라는 공간에 올 필요가 없다. 또한 재미없는 방식으로 배울 필요도 없다. 배움이 그런 것이 아니기에, 학교나 교실은 좀 더 다양한 질문이 가능하도록 만드는 곳이기에, 아침에 일어나기 싫은 몸을 일으켜 학교에 나오고 의자에 앉아서 배움을 이어가는 것이다.

《알사탕》을 읽고 동동이가 정말 듣고 싶은 말과 하고 싶은 말이 무엇인지 내용만 파악하는 데 그쳐서는 안 된다. 내가 듣고 싶은 말과 하고 싶은 말이 무엇인지 깊이 들여다보며 스스로 대답하는 기회를 주는 것이 수업이다. 이런 질문들을 묻게 하는 것, 그리고 그 질문에 대해 대답하게 하는 것이 수업을 설계하는 일이다. 그리고 굳이 설계하지 않아도 많은 질문을 던져주는 것이 좋은 텍스트이다.

온작품을 읽으면 질문들을 굳이 교사가 이끌어내지 않아도 텍스트가 질문을 던진다.《알사탕》을 읽어주고 단지 자신이 먹고 싶은 알사탕을 그려보자고 했을 뿐인데도 아이들 모두 자기 이야기를 하게 되는 것처럼 말이다. 아이들은 그림을 그리고 글자를 쓰며 내가 누군가에게 하고 싶은 말이나 누군가에게 듣고 싶은 말이 무엇인지에 대한 답을 한다.

자기를 둘러싼 세상이 던지는 질문들에 대해 자기 안의 답을 찾으며 아이들은 자란다. 교과서와 교육과정을 분석하면서도 우리는 이 교과서나 교육과정이 아이들에게 제대로 된 질문을 던지는지를 살펴보아야 한다.

책 읽어줄 때 적당한 거리

수업에서 온작품으로 다루는 텍스트 외에 일상적으로 읽어주는 그림책은 PPT 등을 만들지 않고 직접 그림이 보일 정도의 거리에서 읽어준다. 아이들이 20명 정도 될 때는 교실 뒷자리에 돗자리를 펴고 아이들을 앉히고, 교사는 아이들 의자에 앉아서 그림책을 직접 펼쳐 보이며 읽어준다. 그룹이 작으면 아이들 눈높이에서 읽어주는 것도 좋다. 이 방식은 그림을 자세히 볼 수 없는 단점도 있다. 하지만 읽어주는 동안 흥미를 느끼면 책을 반복해서 보고 그림도 자세히 들여다보니 괜찮다.

처음부터 끝까지 책을 읽는 게 중요한 것은 아니다. 책을 읽으면서 아이들이 하는 이야기를 충분히 나누는 것이 중요하다. 그럴 수 있으려면 실제 대화할 수 있는 거리에 있어야 한다. 실제로 교사가 칠판 앞에 서고 아이들이 제자리에 앉아 이야기를 나누면 아이들은 발표한다는 부담감을 느낀다. 그래서 자연스러운 자기 이야기를 하지 못한다. 더구나 저학년 아이들은 교사와 자신과의 거리가 멀면 훨씬 거리감을 느껴서 자기 이야기를 하지 않는다. 그런데 물리적으로 가깝게 앉으면 온갖 이야기가 자연스럽게 나온다.

《알사탕》을 읽어줄 때도 그랬다. 소파가 동동이에게 말을 걸 때 "너희 집 소파는 무슨 말을 할까?"라고 말을 시켰더니 "너희 아빠는 너무 뚱뚱해서 힘들어.", "강아지가 날 물어뜯어서 아파.", "코코아 흘려서 싫어." 등 온갖 이야기들이 넘쳐난다. 그러다 승현이가 큰 소리로 "난 소파 있는 집이 부러워." 한다. 승현이는 학교 앞 작은 빌라에서 할머니랑 동생이랑 산다. 그랬더니 다른 아이들도 "어, 우리 집도 소파 없어.", "우리 집도 없는데……." 한다. 소파 이야기를 하려던 건 아니지만 가까이에서 책을 읽어주니 이런 이야기까지 충분히 나올 수 있는 것이다.

일본의 그림책 연구가 마쓰이 다다시는 그림책에서 무서운 이야기가 나올 때 움켜잡았던 엄마의 치마 감촉과 품으로 파고들 때 맡았던 엄마의 샴푸 냄새가 아이들 마음에 남는다고 했다. 옷자락을 움켜쥐고 샴푸 냄새를 맡을 수 있는 거리는 아니더라도 자기 이야기를 쉽게 꺼내고 읽어주는 사람과 듣는 아이들이 함께 호흡할 수 있는 거리가 일상적 읽어주기 거리로는 좋다.

울고 싶을 땐 울어, 보고 싶을 땐 불러봐

눈물은 부정적인 인상을 많이 준다. 특히 학교에서의 눈물은 교사를 당혹스럽게 한다. 처음에는 아이에게 왜 우냐고 묻지만 점점 짜증이

난다. 우는 이유가 궁금하기보다는 어서 그치라는 초조가 앞서 있다. 마음을 몰라주는 어른 때문에 아이들은 잦은 울음으로 자신의 상태를 알린다. 더구나 울음이 터져나오는 임계점이 모두 달라서 잘 울지 않는 사람은 우는 사람을 더욱 이해하지 못한다.

내가 만난 아이 중 가장 잘 우는 아이는 예림이었다. 예림이 얼굴을 보면 언제 울음이 터질지 몰라 초조했다. 게다가 예림이는 울면서 계속 사설을 했다. 하루는 울기만 하든지 말만 하든지 하라고 했더니 "울기만 하면 왜 우냐고 그러고, 말만 하면 내가 얼마나 속상한지 모르잖아요."라고 대답을 했다.

그렇다. 왜 우냐고 묻지만 우는 이유를 끝까지 들어주는 어른들은 별로 없다. 울음만 그치면 아이에게서 관심이 금세 멀어진다. 그래서 아이들은 자신의 속상함을 충분히 드러낼 때까지 우는지도 모른다. 예림이도 그랬다. 울고 나면 울음으로 자기 이야기를 다 해서인지 마음과 표정이 맑아져서 헤헤거렸다. 울음과 눈물은 분명 속상함과 슬픔을 씻어주는 힘이 있지만, 공적인 공간에서는 잘 허용되지 않았다.

오래전 제자인 예림이를 떠올리면서 1학년 아이들에게 《눈물바다》(서현, 사계절)를 읽어주었다. 아이들의 반응은 폭발적이었다. 아이들은 주인공의 울고 싶은 마음을 이해하기보다는 눈물홍수에서 박태환이 수영을 하는 장면, 심청이부터 선생님까지 모조리 눈물바다에 허우적대는 장면에 빠져드는 것 같았다. 하지만 책 속 주인공이 눈물에 젖은 것들을 빨랫줄에 걸고 나서 "시원하다, 후아!" 하며 개운해하는 장면이 나오자 깔깔거리던 아이들도 이내 함께 "후아!" 하고 개운한 숨을 내쉬었다. 눈물이 갖는 힘이다. 애써 배우지 않아도 슬품과 속상함을 어떻게 푸는 게 좋은지를 알아채는 기회였을 것이다. 이후로 아이들은《눈물바다》를 한동안 껴안고 다녔다.

　그러다가 며칠 후에《걱정이 따라다녀요》(안느 에르보, 담푸스)를 읽어주게 되었다. 어느 날 머리 위에 구름이 생기자 바바는 거꾸로 매달려보기도 하고, 화를 내보기도 하고, 무섭게 소리를 질러보기도 하면서 구름을 쫓으려 한다. 하지만 구름은 움직일 생각을 하지 않는다. 온갖 방법을 써도 사라지지 않던 구름은 바바가 끝내 엄마를 소리 내어 부르고 울어버리자 함께 눈물을 흘리고는 사라진다.

　이 책을 읽어주며 바바가 '엄마'라는 말을 소리 내어 말하자 아이들은 시현이를 걱정했다. 엄마가 하늘나라에 간 시현이가 울까 봐서였다. 걱정한 대로 그 장면이 가까워오자 시현이 눈에서 눈물이 한가득 올라오더니 바바가 "엄마"라고 부르자 시현이 눈물도 터졌다. "울고 싶을 땐 울어. 보고 싶을 땐 불러봐. 그러면 그리움이 훨씬 작아져. 구름이 사라진 것처럼." 했더니 시현이는 맘 놓고 울었다. 눈물이 그칠 때까지 아이들은 조용히 기다려주고 여자아이들은 시현이 등을 쓰다듬어주었다. 아이 중 누구도 시현이의 결핍을 놀림감으로 생각하지 않았다.

　며칠 후 칠판 가득 낱말을 붙여놓고 읽을 수 있는 낱말 카드를 가져가는 한글놀이를 할 때였다. 시현이의 첫 짝꿍이었던 연두가 갑자기 일어서더니 아이들을 향해 "얘들아, '엄마' 카드 아무도 뽑지 마. 시현이한테 뽑으라고 하자."라며 당부했다. 그러자 아이들은 알았다고 시크하게 대답하고는 애써 '엄마'라는 낱말을 못 읽는 척해주면서 시현이에게 '엄마' 카드를 가져가게 했다.

이처럼 아이들이 자기 마음을 살피고 감정에 이름표를 붙이며 알아채는 것은 자신의 감정을 조절하고 다루는 데 아주 중요하다. 또한 타인의 감정을 알아채고 그 감정을 다른 사람들은 어떻게 다루는가를 보는 것도 중요하다. 그런 감정을 느끼는 친구나 타인을 이해하고, 공감을 표현할 기회를 주는 것도 좋다. 공감과 배려를 굳이 가르치지 않아도 아이들은 감정을 자연스럽게 나눌 수 있는 공간에서, 그리고 삶에서 그것들을 배우며 자란다.

쓸데없는 걱정 말고 자

나는 젊었을 때부터 불면증이 꽤 심했다. 잠을 이루지 못하는 동안 걱정만 내내 하는 것은 아니다. 하지만 어느 작은 것이 마음에 걸리면 비극적인 결말의 최고봉을 찍을 정도로 걱정에 걱정을 더해간다. 그리고 그 장면에서 벗어나기 위해 불을 환히 켜고는 잠자기를 포기하거나 아예 책을 읽으며 걱정에서 벗어나려고도 한다.

잠을 못 자고 걱정을 한다고 하면 주변 사람들은 "걱정한다고 해결되는 일은 없어."라는 말을 가장 많이 한다. 내 생각을 해서 해주는 말임에도 한편으로는 저렇게 무의미한 말이 있을까 싶다. 잠을 못 자고 전전긍긍하는 사람이 공감이 필요해서 꺼낸 말인데 "걱정 따위 의미가 없다."고 하니 말이다. 왠지 의미 없는 걱정 따위를 붙들고 잠 못 자고 씨름하는 내가 바보가 되는 듯하다.

《겁쟁이 빌리》(앤서니 브라운, 비룡소)를 읽을 때 누구보다 내가 이야기에 몰입했다. 주인공 빌리는 걱정이 많은 아이다. 모자가 바람에 날아갈까 봐, 비가 와서 집이 떠내려갈까 봐 걱정이다. 이런 빌리에게 할머니는 걱정인형을 만들어 걱정을 털어놓으라고 말해준다. 걱정인형에게 걱정을 털어놓고 잠을 푹 잔 빌리. 다음 날 빌리에게는 또 다른 걱정이 생긴다. 걱정을 떠안은 걱정인형이 걱정인 걱정의 최고점을 찍는 것이다. 빌리는 걱정인형에게 새로운 걱정인형을 만들어주고 걱정에서 벗어난다.

책을 읽는 동안 나는 빌리 엄마, 아빠의 태도에 화가 났다. 빌리의 걱정을 들은 엄마, 아빠가 빌리의 걱정은 절대 일어날 수 없는 상상일 뿐이라고 잘라 말하기 때문이다. 이 장면에서 아이들은 누구나 할 것 없이 어른들이 자신의 걱정을 사소한 것으로 치부한 경험을 쏟아냈다.

아이들의 이야기를 듣다가 얼른 녹음기를 켜서 녹음을 했다. 그리고 나중에 이것을 대본으로 만들어 연극을 해보자고 한 뒤 '걱정 말하기 대회'를 즉석에서 열었다. 걱정을 자유롭게 말하게 하자 아이들의 온갖 걱정이 쏟아져 나왔다. 몇 개를 옮겨서 대본으로 만들었다.

엄마가 예준이에게 잘 자라고 인사하고 나간다.
예준이가 일어났다 누웠다를 반복하다가 벌떡 일어난다.
엄마 방으로 가서 자는 엄마를 깨운다.

예준: 엄마, 엄마!

엄마: (귀찮아하며) 왜? 응? 왜 또 그래?

예준: 엄마! 내일 학교 급식 받을 때 싫어하는 가지나물이 나올까
봐 걱정이에요.

엄마: 뭐? 이게 무슨 뚱딴지 같은 소리야, 급식표에 나물 없던데?

예준: 갑자기 나올 수도 있잖아요.

엄마: 쓸데없는 걱정 말고 어서 가서 자! 어서!

예준: (풀 죽어서) 네.

다솜이가 잠을 이루지 못하고 뒤척거리다가 일어나서 엄마를 찾
아간다.

다솜: 엄마, 엄마!

엄마: (귀찮아하며) 왜? 응? 왜 또 그래?

다솜: 엄마! 이번 승준이 생일 파티에 나만 초대 못 받으면 어떡
하죠?

엄마: 뭐라고? 승준이 엄마가 그러는데, 승준이가 어제 너한테 초
대장 쓰는 거 봤대. 그런 일 절대 없으니까 어서 가서 자!

다솜: 그래도 승준이가 나 초대 안 하면 어떡하지?

엄마: 그런 일 없거든! 제발 가서 자라! 엄마 피곤해. 잠 좀 자자.

다솜: (풀 죽어서) 네.

소라가 안방으로 엄마를 찾아온다.

소라: 엄마, 엄마!

엄마: (화를 내며) 엄마 깨우지 말라고 했잖아!

소라: 엄마! 도둑이 들어오면 어떡하지?

엄마: 뭐? 문도 다 잠갔는데 도둑이 어떻게 들어와?

소라: 복도에서 자꾸 발소리가 들려요.

엄마: 엄마 내일 일찍 출근해야 하거든. 제발 잠 좀 자자. 너, 엄마

　　　깨우면 혼난다. 빨리 가서 자!

소라: (풀 죽어서) 네.

대본에서처럼 아이들이 기억하는 엄마, 아빠의 반응은 대부분 "쓸데없는 걱정 말고 자."라는 것이었다. 그런데 빌리의 할머니는 달랐다. 빌리의 걱정을 재미있는 상상이라고 말해주며 할머니 자신도 그런 걱정을 많이 했다고 공감해준다. 할머니는 빌리와 같은 입장에 서준 것이다. 기꺼이 빌리의 자리로 가서 함께 서는 것을 마다하지 않았다. 덕분에 빌리의 입장이 되어 걱정인형이라는 해결책을 생각했을 것이다.

책을 읽는다는 것은 우리 아이들이 기꺼이 책 속 인물들의 자리에 나란히 서보는 경험을 하는 것이다. 할머니가 곁에 섰을 때야 비로소 빌리가 상황을 뚫고 나갈 힘을 얻듯이, 우리 아이들도 다양한 책 속

의 인물들이 자기 옆에 서주는 경험을 책을 통해 할 것이다. 그것이 바로 카타르시스이고 통찰이다.

공감이 없으면 원망이 된다

1학년을 맡으면 아이들에게 꼭 읽어주는 책이 있다. 바로 《지각대장 존》(존 버닝햄, 비룡소)이다. 해마다 어김없이 아이들의 뜨거운 반응을 얻는 책이기도 하다. 하지만 내가 처음 《지각대장 존》을 읽었을 때는 상당히 불편했다. 읽으면서 속으로 계속 '그럼 맨날 지각하는 애를 타이르지 않고 그냥 두란 말이야? 그것도 번번이 악어가 나왔네, 사자가 나왔네, 말도 안 되는 소릴 하는데도?'라고 중얼거렸던 나는 철저히 교사의 입장에서 이 이야기를 읽은 것 같다.

　존은 학교가 두려운 아이다. 그 두려움은 학교 가는 길에서 만나는 상상의 동물이나 파도처럼 크다. 존은 학교 가다 만난 망설임과 두려움에 잡아먹히지 않고 겨우겨우 학교에 도착하는 것이다. 그런데 선생님은 존의 두려움을 인정하지 않는다. 오히려 거짓말로 치부하고 잘못한 일로 단정 지으며 반성문까지 쓰게 한다. 소통의 단절을 느낀 존은 선생님이 고릴라에게 붙들려 천장에 매달리는 것을 상상하며 억눌렸던 마음을 해소한다. 이 장면을 읽어주었을 때 아이들이 박수까지 치며 통쾌해하던 모습을 잊을 수가 없다.

　나처럼 존이 선생님에게 복수하는 모습이 불편한 어른들도 있을 것이다. 하지만 자신의 마음에 일말의 공감도 표현해주지 않는 어른들에게 느끼는 아이들의 원망스러운 마음을 생각해보면 조금 달리 보이기도 한다. 《지각대장 존》을 읽어주며 아이들에게 이 책에서 존이 느끼는 가장 큰 감정은 무엇일지 물어보았다. 두려움, 짜증, 화 등 다양한 감정이 등장했지만 가장 많은 수를 차지한 것은 '원망'이었다.

원망스럽다는 감정은 무엇일까? 우리가 언제 원망스러웠는지를 생각해보면 대체로는 내 마음, 내 욕구를 아무도 몰라주었을 때였다. 그 욕구가 지속적으로 외면당하고 무시당할 때는 화로 폭발하기도 한다. 엄마를 도우려고 설거지를 하다가 그릇을 깨뜨렸는데 그릇만 아까워하는 어른들의 모습을 보았을 때, 혼자 자는 게 두려워서 징징거렸는데 혼만 났을 때 아이들은 원망스럽다. 즉 소통이 안 되었다고 느낄 때 아이들은 원망스럽다.

행동 너머에, 말 너머에 있는 아이의 마음을 공감해주고, 소통이 되었다는 신호를 보내줄 때 아이들은 안정감을 갖는다. 지금의 두려움, 불안함, 슬픔 등이 지극히 자연스러운 것이며 누구나 이를 겪으며 어른으로 자라난다는 것을 알았을 때 자존감을 갖고 잘 자라날 수 있는 것이다.

존이 "학교 오는 길에 사자가 나타나서……." 했을 때 선생님이 "정말? 그렇구나. 선생님도 예전에는 그랬는데……. 빨리 학교에 가서 선생님께 이르겠다고 하면 사자가 안 나타날지도 몰라."라고 했다면 어땠을까. 적어도 "정말 그랬구나."라는 한마디를 들었다면 존은 아마 훨씬 빨리 학교에 오고 싶었을지도 모른다. 우리는 자주 원인은 보려 하지 않고 행동을 바로잡으려고 한다. 하지만 오히려 '그렇구나.'라고 감정에 공감해주는 것이 아이들을 다음 단계로 나아가게 하는 첫걸음인지도 모른다.

　기분을 드러내고 마음을 들여다보는 것은 자신을 돌보는 중요한 일이다. 지난 교육과정의 1학년 국어책에는 《기분을 말해 봐!》(앤서니 브라운, 웅진주니어)가 나온다. 단원 목표는 '다른 사람의 말을 바르게 듣고 기분을 나타내는 말을 사용하여 자기 기분을 자신 있게 말하여 보기'였다. 아이들에게 이 책을 온작품으로 읽어주었다.

　침팬지에게 '기분이 어때?'라고 묻는 것으로 이야기는 시작된다. 침팬지는 여러 가지 상황에서 느끼는 지루함, 행복, 슬픔, 외로움, 화, 죄책감, 자신만만함, 부끄러움 등을 이야기한다. 그리고 마지막에는 책을 읽는 아이에게 '넌 어때?'라고 되묻는다.

　책을 읽으면서 아이들과 '주인공의 표정 읽기'를 하며 이야기를 주고받았다. 아이들은 침팬지의 얼굴에서 '쓸쓸해보인다, 걱정된다, 화났다, 부끄럽다' 등의 감정을 읽어냈다. 그리고 자기에게 일어났던 비슷한 경험을 끊임없이 쏟아냈다.

침팬지의 표정으로 자신의 감정 찾기

자기 이야기를 할 때면 큰 소리로 알아듣게 말하라고 당부하지 않아도 아이들 스스로 충분히 크게 말했다. 잘 들으라고 잔소리하지 않아도 생생한 친구들의 이야기에 귀를 쫑긋하며 들었다. 충분히 이야기를 나눈 뒤에는 주인공의 감정이 한눈에 드러난 학습지를 만들어주고, 비슷한 감정을 느꼈던 자신의 경험을 떠올려 계단 그림책을 만들어보게 했다.

계단 모양 그림책

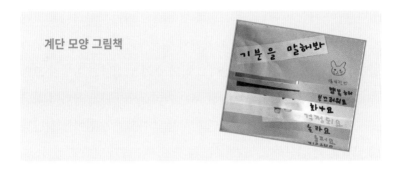

　행복이나 지루함은 평소에 충분히 느낄 것이라 생각해서 그냥 두었다. 대신 쓸쓸함과 외로움 같은 감정은 과연 아이들이 어떨 때 느낄까 싶어서 먼저 물었다. 아이들은 손을 번쩍번쩍 들면서 자신들의 쓸쓸했던 기억들을 이야기했다.

　은조는 자신이 어렸을 때 엄마가 휴직하지 않아서 집에 늘 없고 도우미 아줌마랑 지냈는데, 동생이 태어나니까 엄마가 집에 많이 계셔서 '배신감'을 느낀다고 했다. 게다가 자기는 집에 가자마자 엄마랑 학교 이야기를 하며 수다를 떨고 싶은데 엄마가 동생만 쳐다보며 "응, 응." 하고 대충 대답할 때 쓸쓸함을 느낀다고 했다. 아이들은 은

조 이야기가 끝나자마자 쓸쓸함의 뜻을 알았는지, 마치 쓸쓸함 자랑 대회라도 하듯이 너도나도 쏟아내기 바빴다.

아이들의 마음속에 좋은 감정만 있다고 생각하는 것은 얕은 판단이다. 좋은 감정이든 부정적인 감정이든, 감정 그대로를 인정해주는 것이 중요하다. 감정이 왜 일어났는지 짚어보며 스스로 인정과 위안을 해주는 것은 건강한 감정을 갖고 살아가는 데 꼭 필요하다.

자신이 경험했던 감정을 침팬지의 표정 중에서 골라 붙이고 글을 썼다. 아이들이 제각각 붙인 그림과 써둔 글은 아이 하나하나를 그대로 보여주었다. 남에게 먼저 다가가기 힘들어하는 해든이는 친구가 같이 놀자고 하면 너무나 신난다고 하면서 가장 신나는 침팬지 그림을 붙였다. 그리고 친구들이 놀릴 때는 머리끝까지 화가 난다며 화난 표정 침팬지를 골랐다. 창의적인 놀이를 좋아하는 승원이는 장난감이 낡았을 때 심심하고, 배가 고플 때 슬프거나 화가 난다고 썼다.

침팬지의 표정으로 감정 표현하기

― 전해든

신난다	친구가 우리 집에 간다. 야호! 신난다.
기분 좋아	친구가 나랑 같이 놀자 한다. 아이, 기분 좋아!
화나	친구들이 날 놀려. 머리끝까지 화나.
졸려	아함, 졸려. 너무 졸려.
떨려	처음 무대로 나왔어. 떨려, 너무 떨려.

슬퍼	엄마한테 혼났어. 슬프고 우울해.

– 윤승원

행복해	엄마한테 칭찬을 받았어. 아이, 행복해.
즐겁다	심심해서 웃긴 표정 지었는데, 푸하하! 정말 즐겁다.
화나	15분 안에 밥달라고 했는데 1시간이나 지났다. 짜증 나, 화나.
지루해	장난감이 다 낡아서 뭘로 놀까? 아! 지루해.
감사	제 책을 끝까지 읽어주셔서 감사합니다.
슬퍼	나는 배가 고파서 슬프다. 밥 언제 다 돼?

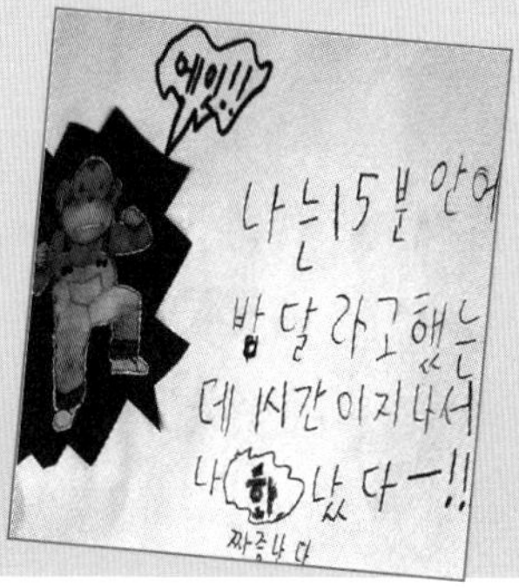

아이들이 만든 책을 교실 뒤에 전시했다. 아이들은 다른 친구의 책을 읽으면서 “야, 승원이는 엄마가 밥 늦게 주면 짜증 난대. 나도 그런데.”, “난 무대 위에 올라가면 자신만만한데 해든이는 떨린대. 난 좀 부끄럽긴 한데 안 떨려.”라며 아이들은 꽤 오랫동안 서로의 책에

대해 읽고 감정 교류를 했다.

'다른 사람은 이럴 때 화가 나기도 하는구나.', '어떤 사람은 이럴 때 두렵구나.' 하면서 공감의 폭을 넓히는 것이다. 내 감정만 소중한 것이 아니라는 공감의 기회를 얻고 공감을 확대할 수 있는 것도 온작품을 읽으며 작품 속에 충분히 이입되었기 때문에 가능한 것이다.

그림책, 읽어주고 읽는 것만으로도 충분하다

그림책은 보통은 교사나 어른이 읽어주게 되는데, 천천히 충분히 읽는 것이 좋다. 아이들은 들으면서 내용을 충분히 머릿속에 그려본다. 그리고 책의 그림 이곳저곳을 살피며 교사도 미처 발견하지 못한 것을 발견하곤 한다.

앞표지와 뒤표지까지 모두 연결해야 충분히 읽히는 그림책도 있다. 《훨훨 간다》(권정생, 국민서관)를 읽을 때였다. 무심코 책을 읽어주었는데 한 아이가 뒷면지를 다시 보여달라고 부탁했다. 앞면지에 나온 울타리와 뒷면지의 울타리가 다르다는 것이다. 과연 앞면지에는 싸리 울타리 바깥쪽에 도둑 그림자가 보였는데, 뒷면지에는 울타리가 망가져 있고 도둑이 메고 있던 자루도 울타리에 걸쳐져 있었다. 게다가 도둑은 달나라까지 멀리 달아나는 중이었다.

아이들은 《이상한 엄마》(백희나, 책읽는곰)를 읽어줄 때도 길에서 우산을 쓰고 있는 신사가 《알사탕》의 문방구 주인 할아버지임을 알아차렸다. 마지막 장면에서도 안방 옷걸이에 선녀옷이 걸린 것을 보며 날개옷을 잃어버린 선녀가 다시 찾으러 올지 상상했다. 그러고는 일바지 차림으로 구름을 타고 가는 선녀를 보며 깔깔거렸다.

혼자 읽으면 글자도 읽어내야 하고 내용도 파악해야 하므로 그림까지 살필 여유가 없다. 그림 속에 숨겨진 이야기들도 찾아내기 힘들다. 하지만 누군가가 읽어주면 글자를 읽어야 한다는 부담감을 떨치고 편하게 들으면서 내용 파악을 한다. 따라서 세세하게 어떻게 되었을까를 상상할 수 있다. 시야를 넓게 가지며 그림도 충분히 보게 된다. 내용에도 더 집중할 수 있어서 아주 작은 것도 찾아내며 그림책을 즐긴다. 그림에서 한두 가지 재미있는 장치를 발견한 아이들은 책을 개인적으로 다시 찾아 그림을 중심으로 꼼꼼히 읽는다. 내용은 다 머릿속에 있으니까 그 내용을 그림으로 어떻게 재미있게 표현했는가를 자세히 보는 것이다.

어른들은 한 번 읽은 책을 다시 읽지 않지만 아이들은 읽은 책을 다시 읽으려는 경향이 매우 강하다. 익숙한 것을 되풀이하고 싶어 한다. 익숙한 것에서 다른 재미를 찾고자 하는 이유일 것이다. 아이들은 같은 책을 여러 번 읽지만 매번 다른 것을 발견하고 다른 느낌을 갖는다. 여러 번 읽으며 매번 새로운 것을 발견하는 기쁨을 누린다.

그림책은 읽어주고 읽는 것만으로도 충분한 느낌을 준다.《뭐 어때!》(사토 신, 길벗어린이)라는 작품을 읽어주었을 때 아이들은 과장되고 유쾌한 주인공 표정에 집중했다.《뭐 어때!》의 주인공은 지각을 해도, 넥타이를 삐뚤게 매도, 버스를 잘못 타거나 벌거벗고 맨발인 채 다녀도 아무렇지 않게 자신의 욕구와 속도를 지킨다. 작은 일에도 연연해하는 요즘 아이들에게 자유로움과 낙천성을 전해주는 작품이다.

책을 읽어주자 아이들은 자꾸 또 읽어달라고 했다. 여러 번 읽어주었더니 책에서 반복되어 나오는 '뭐 어때!'라는 말을 후렴구처럼 합창했다. 한참 동안 아이들은 '뭐 어때!'를 입에 달고 살았다. 누군가 우유를 엎지르면 "뭐 어때, 닦으면 되지." 했고, 놀이에서 지고 나서도 "뭐 어때, 다음에 이기면 되지." 했다.

자신을 사랑하는 마음이 자존감이라고 한다면, 자신의 실수를 너그러이 보고 다시 시작할 수 있는 마음도 자존감의 중요한 뿌리이다. 실수는 실패가 아니기 때문이다. 굳이 이런 사실들을 염두에 두면서 아이들에게 주입하려 하지 않더라도 좋은 그림책을 읽어주는 일 자체로 아이들에게 충분한 가치들이 전달된다.

스스로의 감정을 읽는 연습

세훈이는 늘 울상인 아이였다. 징징거린다고 엄마에게 자주 혼났고, 학교에서도 작은 일에 많이 속상해했다. 그러다 교과서에 《괜찮아》(최숙희, 웅진주니어)가 나와서 온작품으로 읽어주자 세훈이는 책을 자기 책상으로 가져가 몇 번씩 혼자 읽기를 했다.

아이들과 함께 자신의 괜찮은 점에 대해 시를 써보자고 했더니, 세훈이는 또 글을 써야 하냐는 표정으로 한참을 아무것도 안 하고 앉아 있다가 두 줄짜리 시를 써냈다. 세훈이가 스스로 자신을 어떻게 평가할지 무척 궁금했다.

> **괜찮아**
>
> — 김세훈
>
> 난 천천히 생각해도 괜찮아
> 선생님이 도와줄 거니까

시에는 세훈이가 여태 속도 때문에 버거워하고 힘겨워했다는 것이 드러나 있었다. 그런데 그동안 세훈이의 이런 마음을 부모님도 스스로도 제대로 읽어주지 못한 것이다. 내가 왜 이렇게 짜증이 나 있을까라는 성찰이 없는 상태로 혼만 났을 것이다. 이런 경우에는 자신의 감정에 대해 부정적 의식을 가지면서 스스로 자기를 비난하게 된다. 그리고 스스로를 징징거리는 부정적인 사람으로 내재화한다.

긍정적인 감정이든 부정적인 감정이든 내 마음속에 왜 그런 감정이 드는지를 잘 살피는 연습이 필요하다. 감정을 인정해주고 자신의 감정을 잘 전달하는 것은 잦은 경험과 훈련으로 익숙해질 수 있다.

이런 훈련을 위해 책을 읽으며 감정 읽기를 할 때가 많다.《블랙독》(레비 핀폴드, 북스토리아이)을 읽어줄 때는 '두려움'에 대한 감정을 이야기했다.《지각대장 존》을 읽고서는 '원망'에 대한 감정을,《시끄러운 밤》(조지 셸리그, 어린이작가정신)을 읽을 때는 '배려'에 대한 감정을 이야기했다. 다양한 감정들이 우리 마음속에 깃든다는 사실을 알려주고, 그 감정들이 올라올 때가 언제인지를 시로 써보자고 했다. 그러자 아이들은 자신의 경험에 비추어 감정을 정의했다.

내 마음속에 있는 것

– 전민재

행복은 형이랑 같이 놀 때 생기는 마음이고
호기심은 얼른 만화책을 펼쳐보고 싶은 마음이다

내 마음속에 있는 것

– 윤승원

인내심은 친구한테 빌려준 것을 돌려받을 때까지 참는 마음이고
배려는 양보하고 아껴주는 마음이다

내 마음속에 있는 것

– 임채민

심술은 내 마음속에 짜증이 나는 것이고
욕심은 자기가 다 하고 싶은 것이고
절친은 영원히 잘 지내고 싶은 것이고
화남은 골려주고 싶은 마음이 드는 것이다

내 마음속에 있는 것

– 전해든

> 호기심은 들쳐보고 싶고 새 책을 얼른 펼쳐보고 싶은 것이다
> 믿음은 친구가 어딘가에 보물이 숨겨져 있다고 한 말을 믿는 거다

자존감은 자신이 원하는 삶을 살기 위한 기본적인 수단이다. 그리고 우리 삶에 행복을 가져다주는 뿌리이기도 하다. 좀 더 구체적으로 말하자면 자신에 대해 어떻게 생각하고 느끼는지의 문제라고 할 수 있겠다. 나라는 존재를 신비롭게 바라보고, 내 삶과 내가 하는 일, 내가 느끼는 기분에 의미를 부여하면서 내 안에, 내 삶에 이렇게 소중한 것들이 있구나 하고 느끼며 자존감은 커진다.

자존감은 다시 '나는 사랑받을 만한 사람'이라는 느낌과 '나는 능력 있는 사람'이라는 느낌으로 바뀌면서 자신감으로 자라난다. 다시 말하면 자존감은 내 존재와 삶, 내 짜증스런 감정까지도 나 자신과 상대방에게 소중하고 온전하게 받아들여지는 느낌인 것이다.

책을 봐도 자존감이 잘 높아지지 않는 이유는, 자존감이 경험으로 인한 무의식의 영역에 있기 때문이다. 특히 어릴 적 경험의 반복으로 뇌에 저장된 자신에 대한 느낌이므로, 이 느낌을 다루는 방법에 대해 알지 못하면 자존감을 높이기 어렵다. 자존감을 높이기 위해서는 자기 스스로 자아와 긍정적인 관계를 맺어야 한다. 그러기 위해서는 자기 스스로의 감정이나 상태를 잘 돌봐야 한다.

감정 읽기가 필요한 것도 이런 이유에서이다. 감정 읽기를 하면서 자신의 감정을 돌아보게 되기 때문이다. 그래야 어떤 일에 실패했을

때, 자신이 실망스러울 때, 무언가가 두렵고 걱정이 될 때, 우울할 때 마음을 들여다보고 자신에게 힘이 되는 말을 건네면서 위로를 줄 수 있다. 이런 과정에서 자존감도 회복될 수 있다. 지속적인 자기 위로가 내재화되면 어려움을 만나도 높은 회복탄력성을 발휘하게 된다.

자기감정을 들여다볼 줄 모르는 아이들은 다른 사람의 감정도 충분히 읽을 준비가 안 되어 있다. 주변인들도 늘 자기에게 공감을 표시해주지 않았고 나 자신도 그것을 모른 척해온 사람이라면 과연 다른 사람의 감정을 살필 여유가 있을까 싶다.

아이들과 함께하는 감정 읽기 수업

아침마다 하는 나의 감정 읽기

일반 공책 반쪽 크기의 공책을 준비한다. 그리고 아이들이 아침에 학교에 오자마자 자신의 감정을 되돌아보게 한다. 공책에 핵심 감정을 쓰고 왜 그런 감정이 올라왔는지에 대해 분량에 상관없이 써보라고 한다. 그러면 아이들의 이야기가 쏟아진다. 아침 식탁에서 부모가 싸운 이야기, 날마다 머리 감는 자신을 힐난하는 아빠 이야기, 잠이 덜 깨서 만사 귀찮다는 이야기, 무서운 음악시간이 있는 날이라 지뢰밭에 들어온 듯하다는 이야기…….

이렇게 자신의 감정을 돌아본 뒤 필요하다 싶으면 포스트잇에 자기감정을 써서 책상에 붙여놓으라고 한다. 그러면 아이들이 서로의 감정을 살피면서 조심하기도 하고 그 감정에 대해 이야기를 나눌 기회를 얻기도 한다. 이런 식으로 감정을 나누다 보면 감정 안에 갇히지 않고 마음속에 작은 무늬로 남길 수 있다.

시로 하는 감정 읽기

동시집 50권을 교실에 비치하고, 지금 자신의 마음과 비슷한 감정의 시를 동시집에서 찾아 적는다. 자신의 현재 감정을 대변해주는 시를 찾아 베끼는 활동이다. 이런 활동은 나중에 자신이 겪은 감정이나 감동을 시로 표현하는 데 도움이 된다. 그리고 시의 필요성과 시가 갖는 힘을 체험하는 기회가 된다.

그림책이나 동화책으로 감정 읽기

동화책이나 그림책을 읽고 그 책의 핵심 감정을 찾아본다.

감정 체크판 활용하여 감정 나누기

감정 체크판과 아이들 이름표를 함께 만들어 자신의 현재 감정에 맞는 체크판에 자기 이름표를 붙인다. 갑자기 심한 감정의 변화가 있어서 아이들이 이름표를 옮길 때도 있다. 그럴 때는 왜 그런 감정 변화가 일었는지 교사나 친구들이 물어봐주면 좋다. 특히 화남이나 슬픔 등의 감정판에 이름표를 붙였을 때, 교사나 친구들이 절대 하지 말아야 하는 반응이 있다. "뭐 그런 일로 화내?"라는 말이다. 이런 말은 공감을 막을 뿐만 아니라 당사자를 비난하는 일이 되기 때문이다.

감정 일기 쓰기

하루 동안의 자기감정을 일기예보처럼 중계하는 일기를 써보게 한다. 그렇게 하면 자신이 어떤 일에 화나고 어떤 일에 보람을 느끼며 어떨 때 행복해하는지를 살필 수 있다. 자신이 행복해지기 위해서는 어떤 사람들과 어떤 일을 하면서 살아가야 할지도 알게 된다.

내 안에서 발견하는 나만의 조커 카드

한창 카드놀이에 빠져 있는 3학년 아이들과 《조커, 학교 가기 싫을 때 쓰는 카드》(수지 모건스턴, 김예령 옮김, 문학과지성사)를 읽었다. 물론 아이들이 가지고 노는 카드에는 책에 나오는 것과 똑같은 조커 카드가 없다. 하지만 같은 효력을 내는 카드들이 있어서 '조커'의 의미가 무엇인지는 알고 있었다.

이 책에는 늙고 뚱뚱한 노엘 선생님이 나온다. 방학을 끝내고 학교로 돌아온 아이들 앞에 새로 부임해 나타난 선생님이다. 그는 아이들에게 조커 카드를 선물로 풀어놓는다. 학교에 가고 싶지 않을 때 쓰는 조커, 지각하고 싶을 때 쓰는 조커, 숙제하고 싶지 않을 때 쓰는 조커, 수업시간에 춤추고 싶을 때 쓰는 조커……. 조커를 받아든 아이들은 제각기 다른 방식으로 카드를 쓴다. 바로 당장 쓰는 아이, 아껴서 적절하게 쓰는 아이, 그냥 모으기만 하는 아이 등 다양하다. 하지만 결국 노엘 선생님은 학교에서 쫓겨난다. 그러자 아이들도 선생님에게 '행복하고 영예로운 은퇴 생활을 위한 조커'를 선물한다.

아이들과 책을 한 쪽 한 쪽 읽으며 지금 당장 쓰고 싶은 조커 카드 만들기, 우리반에서 함께 쓸 수 있는 조커 카드 만들기 등을 했다. 그런 활동을 하면서도 노엘 선생님이 학교를 떠나며 아이들에게 들려준 아래의 마지막 이야기에 집중하자고 했다.

"사람은 태어나면 자동적으로 조커들을 갖게 된단다. (……) 우리들은 탄생과 더불어 이 모든 조커들을 받았다. 그러니까 그것들을 사용하는 게 낫겠지!"

개인적으로 인생에서 과연 조커라는 게 통할까라는 의구심이 한창일 때 이 책을 읽었다. 그래서인지 노엘 선생님의 말이 마음속 깊은 곳을 울렸다. 아이들도 혹시나 '내 인생에 조커란 없어.'라는 생각을 하며 자신만의 조커를 버려두고 있는 건 아닌지 조바심이 나기도 했다. 그래서 아이들에게 자신이 가진 조커 중 아직 사용하지 않고 있는 조커는 무엇이고, 지금 이 순간 자신을 기쁘게 하는 조커는 무엇일지 생각해보자고 했다. 하지만 아이들은 '학교 안 올 때 쓰는 조커'를 가진 책 속 아이들만 부러운 눈치였다.

그러다 몇 년 후 이 책을 다시 6학년 아이들과 천천히 읽어나갔다. 한 줄 한 줄 읽어나가다 보면 어떤 문장이 아이들의 삶과 현재 겪고 있는 문제에 다가갈지 모른다. 천천히 읽다가 멈추어가며 그날 읽은 부분에서 가장 인상적인 말 찾기, 갖고 싶은 카드 이야기하기, 가족과 친구에게 줄 조커 카드 만들기 등을 했다. 마지막 활동으로 '나에게 주어졌는데도 스스로 알아보지 못하고 있는 자신만의 조커 찾기'도 해보았다. 가장 인상에 남았던 것은 채연이가 쓴 카드였다. 채연이는 우리반에서 책을 가장 많이 읽고 글도 잘 쓰는데, 부모님이 학원에 보내지 않아 영혼도 자유롭다.

> 내가 하는 일이라면 무조건 믿어주는 부모님 카드

채연이가 자신을 뒷받침해주는 무언가를 조커로 내밀자 다른 아이들도 구체적인 능력이 아닌, 자신의 특성이나 사람들과의 관계를 조커로 찾기 시작했다.

> 나랑 잘 놀아주는 형 카드, 친구가 많은 카드, 이야기를 재밌게 하는 카드, 무엇이든 예쁘게 만드는 손재주 카드, 이 책을 우리에게 소개해준 선생님 카드, 웬만하면 웃고 넘기는 나의 성격 카드, 비밀 이야기도 슬픈 이야기도 다 할 수 있는 친구 카드, 속상한 일 있을 때 먹으면 잊을 수 있는 매운 떡볶이 카드, 거실 한가득 채우고 있는 만화 카드, 우리 집 고양이 오드리 카드

당장 쓸 수 있는 카드도 있고, 언젠가 위기를 맞을 때 쓸 카드도 있고, 특별히 쓰지 않아도 갖고 있는 것만으로 힘이 되는 카드도 있었다. 어떤 카드이든 자신이 가진 줄도 모른 채 사라져버릴 수 있었던

카드를 발견해냈다는 것이 아이들에게 의미가 있길 바랐다.

그러다 어느 날 내가 새로운 도전을 앞두고 이러저러한 이유로 망설이고 있을 때, 후배에게 조커 카드를 선물받았다.

나를 오롯이 보여줄 수 있는 카드

더 많은 아이들을 사랑할 수 있는 카드

나에게 정말 이 조커 카드가 있는지, 있다면 써야 할 때인지를 수없이 생각한 뒤 그 일에 도전했다. 일은 잘 성사되지 않았지만 오롯이 나를 보여준 것에 대한 만족감으로 잘 극복해나갔다. 아이들도 어쩌면 책 한 권, 문장 하나가 인생의 어느 국면에서 조커처럼 다가오는 경험을 할 수 있을 것이다. 그렇게 만난 작품 속에서 우연히 또 다른 자기만의 조커를 발견하게 될지도 모른다.

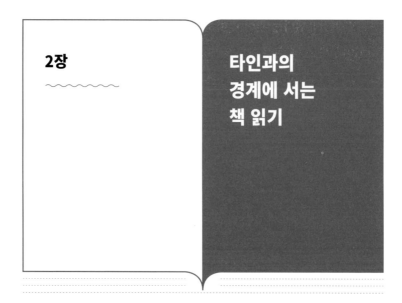

2장

타인과의 경계에 서는 책 읽기

약한 존재에 대한 상상력은 어릴 때 자란다

아이들에게 읽어줄 책을 고르면서 《샤를의 모험》과 《샤를의 기적》
(알렉스 쿠소, 키즈엠) 시리즈를 집었다가 잠깐 망설였다. 공룡 이야기
라 아이들이 당연히 좋아할 거라 믿었지만 한편으로는 상실을 다룬
책이었기 때문이다. 하물며 《무릎딱지》(샤를로트 문드리크, 한울림어린
이)는 어떠했으랴. 엄마의 죽음에 대한 이야기를 다룬 책이라 더욱
고르기 꺼려졌다.

　이런 이야기를 다룰 때 엄마를 잃은 시현이, 암 수술받은 엄마를
걱정하는 서은이, 엄마가 근육이 굳어가는 병을 앓고 있는 아이를 끊

임없이 의식하게 되는 것은 어쩔 수 없다. 하지만 상실이나 이별은 감당할 수 있고 준비되어 있을 때 찾아오는 것이 아니다. 늘 갑작스럽게 찾아오고 나이가 어려도 찾아온다. 그래서 정면으로 다루며 그런 감정을 다루는 법을 배워야겠다는 생각에 읽어주기로 결정했다.

샤를은 큰 날개를 가진 어린 공룡이다. 시 쓰기를 좋아하며 날지 못했던 샤를은 공룡들 사이에서 외톨이였다. 그런 샤를에게 하늘을 나는 방법을 알려주고 늘 함께 있어준 유일한 친구 파리가 하늘나라로 떠나자, 샤를은 영원히 함께하지 않는 것들과는 다시는 친구하지 않겠다고 마음의 문을 닫는다. 무당벌레들이 친구가 되자며 말을 걸었지만 오래 살지 못하는 무당벌레 대신 오래오래 사는 친구를 찾아 멀리 모험을 떠난다.

1학년 아이들은 처음에 화려하고 섬세한 그림과 공룡 이야기에 혹해서 침을 삼키며 책에 집중한다. 그런데 얼마 안 돼서 샤를의 친구 파리가 눈에 들어오자 모든 장면에서 파리를 찾기 시작했다. 큰 공룡에 비해 하나의 점처럼 작은 파리를 찾는 것에 재미를 붙였다가 샤를이 날아오르는 장면에서는 박수까지 치며 모든 게 파리 덕분이라고 칭찬한다.

두 번째 책을 읽어주려고 할 때 책을 좋아하는 건우가 표지만 보고 "얘들아, 파리가 아니야. 이번엔 무당벌레야."라며 외쳤다. 별 반응이 없던 아이들은 내용을 따라가면서 파리가 먼저 죽었다는 사실을 알았다. 무당벌레가 가장 위험한 순간에 샤를을 도우며 둘이 친구가 되는 장면에서는 우정이란 영원히 함께 있어야만 나눌 수 있는 것이 아니라 함께 있을 때 최대한 나누는 것임을 알았을 것이다.

사랑하는 누군가를 잃은 슬픔이나 외로움은 어쩔 수 없이 찾아온다. 하지만 또 다른 만남과 존재로, 또 다른 사랑과 우정을 주고받으며, 슬픔과 외로움이 불행으로만 남지 않을 수 있다는 사실을 샤를의 새 친구 무당벌레가 보여준다. 누구나 살면서 너무나 많은 이별과 상실을 경험하지만 이것이 불행감이나 원망, 그리고 미성숙함으로 남지 않도록 하는 것이 곁에 있는 자들의 몫인지도 모른다.

이어서 아이들에게《무릎딱지》라는 작품을 읽어주었다. 이별에 대해 작정하고 다루자는 생각에서였다.《무릎딱지》는 엄마를 잃은 아이가 주인공이다. 아이에게 엄마의 목소리가 가장 선명하게 떠오르는 순간은 자신이 아프거나 다쳤을 때였다. 주인공은 이를 인식하고 무릎의 상처를 계속 덧나게 한다. 그러다 엄마는 마음속에 살아 있어서 원하면 목소리를 듣게 될 거라는 할머니의 말을 듣는다. 그 이후로 아이는 무릎상처를 더 이상 건드리지 않았고 상처에는 딱지가 앉는다.

초등학교 아이들에게 이런 슬픈 이야기를 읽히고 들려주는 것이 좋은가라는 의문은 여전히 가지고 있다. 하지만 어린 시절에만 배울 수 있는 것 중 하나가 힘이 약한 것에 대한 감정이입이라고 한다. 아이들은 본래 약한 존재이기 때문에 약한 존재에 이입된다. 약한 자들에게 이입되는 경험은 매우 중요하다.

토끼와 거북이 경주만 해도 그렇다. 아이들은 약한 존재인 거북이에게 불리한 경주라는 것을 느끼고 거북이를 응원한다. 약한 존재에 대한 상상력은 아이들이 어른이 되었을 때나 힘이 있는 자가 되었을 때 중요하게 발현된다. 약하고 힘없는 자들의 입장을 상상해보고 기꺼이 그들의 자리에 나란히 설 수 있는 삶의 자세를 가지게 된다.

아이들에게 상상력은 매우 큰 힘이다. 아이들이 현실을 이기는 힘이 상상력이기도 하다. 상상력은 어린 시절에 최고로 자란다고 한다. 여기서 상상력이란 허무맹랑한 것을 꿈꾸는 것이 아니다. 내가 아닌 무언가가 되어보는 몰입을 말한다. 그래서 아이들은 자신의 감정이나 말의 느낌을 그림으로 표현해보자고 해도 아주 쉽게 표현한다. 감정이입이 쉽기 때문에 사물이나 자연에도 친구처럼 말을 건다.

그런데 이런 몰입이 가능하기 위해서는 서사와 맥락이 중요하다. 문학작품은 상상의 근거가 되고 상상의 색깔과 무늬를 그릴 수 있는 재료가 된다. 인간에 대한 통찰력을 주고 인간다운 감성을 구축하게 하는 것이다. 따라서 더더욱 문학작품을 조각조각 나누어 언어적 기능만 배우고 그칠 일이 아닌 것이다.

학교에서 저학년 책 읽어주는 방법

저학년 아이들의 책 읽기는 '읽어주기'가 전부라고 해도 넘치는 말이 아니다. 저학년에겐 주로 그림책을 날마다 일정한 시간에 읽어준다. 집에서 모든 일과가 정리되고 편안하게 잠자리에 들 때 주로 책을 읽어주는 것처럼 학교에서도 학교가 끝나기 바로 전에 책을 읽어주면 좋다.

저학년 아이들은 반복적이고 리듬 있는 생활 패턴에서 안정감을 느낀다. 하나의 활동을 하고 다음에 예측 가능한 활동이나 공부내용이

나왔을 때 아이들은 두려워하지 않고 편안하게 그 활동에 들어간다. 그렇기 때문에 책도 되도록 일정한 시간을 정해 읽어주는 것이 좋다.

우리 학급에서는 보통 4교시나 5교시가 끝날 무렵에 알림장을 쓴다. 알림장을 쓴 뒤 책 읽어주는 시간을 정례화했다. 이때는 아이들이 수업이 다 끝나간다는 홀가분함을 느끼는 시간이다. 그리고 책 읽기가 놀이시간을 뺏지 않기 때문에 편안하다.

수업에 필요한 온작품 읽기나 길게 이어지는 독후활동은 수업시간에 정식으로 하고, 날마다 책을 읽어주는 일상적인 활동이 이 시간에 한다. 읽을 책의 내용이 이야기를 차분히 나눠야 할 것이라면 책 읽는 시간을 조금 여유 있게 확보하는 것도 좋다.

'날마다 책 읽어주기'는 아이들의 생활에 하나의 패턴으로 자리 잡기 때문에 교사가 그만두고 싶어도 그만두기 어렵다. 아이들이 알림장을 쓴 후 자동적으로 책 읽어주는 공간에 먼저 앉아 "선생님, 책 읽어주세요." 하기 때문이다.

늘 알림장 첫 줄은 '선생님이 읽어준 책'이라고 쓰고 아이들에게 집에 가서 부모님과 '언어 전달'처럼 책 제목을 써넣어보라고 한다. 아이들이 책 이름을 말하면 부모님이 책 이름을 적어 넣어주는 것이다.

책 이름을 정확히 말하지 않아도 된다. 책 이름을 부모님에게 말하면서 책의 내용이나 감정을 다시 느껴보고, 내용도 한 번 더듬어보라는 의미이다. 그런데 여기서 정확성을 요구하거나 줄거리 등을 이야기하게 하면 아이들에게 부담을 주어 오히려 책 읽기에 대한 흥미를 잃어버릴 수도 있으니 주의해야 한다.

이 활동은 가정에서도 아이들에게 '책 읽어주기'를 해보시라고 권하는 의미이기도 하다. 저학년 학부모 교육이 있는 자리에서 책 읽어주기를 항상 피력하지만 말로 강조하는 것보다 학교에서 매일 '읽어주기'를 어떻게 실천하고 있는지를 직접 보여드리는 것이 효과적일 수도 있다. '읽어라'보다 '읽어줄게'가 이루어지는 가정을 제안하는 것이다.

학교에서 어떤 책을 읽어주는지를 알면 부모님들이 아이들에게 책을 사줄 때 참고가 된다. 나는 주로 내가 가지고 있는 책이나 아이들의 윤독도서 중에서 읽어줘야겠다 싶은 것을 고른다. 그리고 금요일 오후에 학교도서관에 가서 다음 주에 아이들에게 읽어줄 책 5권을 빌려오기도 한다. 되도록 같은 학년 선생님들과 함께 빌려서 '날마다 책 읽어주기'를 같이한다.

한 반에서 읽어준 책은 다음 반으로 넘기고, 서로 바꾼 5권도 모두 읽으면 모아서 반납한다. 그리고 다시 5권을 빌려온다. 그렇게 하면 우리 학급만이 아닌 모든 학급이 날마다 책 읽어주기를 실천할 수 있다. 아이들은 이렇게 읽어준 책 중에서 자기 마음에 깊이 다가오는 책이 있으면 꼭 도서관에 가서 다시 빌려와 며칠을 껴안고 다니며 읽는다.

아름답지만 불편한 말들

학급살이를 하다 보면 가장 의미 없는 말이 "미안해."가 아닐까 싶을 정도로 아이들이 별 생각 없이 그냥 하는 말이 "미안하다."이다. 누군가 "선생님, 시아가 날보고 돼지래요!" 해서 "응, 시아 이리 오라고 해라." 하면 시아는 쏜살같이 와서 내가 사과하란 말을 꺼내기도 전에 "미안해."라고 말한다. 그러면 놀림을 받아 세상 가장 슬픈 표정을 짓고 있던 아이도 언제 그랬냐는 듯이 "괜찮아." 한다. 미안하긴 한 건지, 괜찮기는 한 건지 모르겠다.

다연이는 평소에 너무 행복한 아이다. 뭐가 저렇게 행복할까 싶을 정도로 생글거리고 늘 세상의 속도가 아닌 자기 속도대로 행동한다. 뭐든지 잘 먹고, 큰 식당에 혼자 남아도 끝까지 천천히 먹는다. 보통 아이들이 밥을 잘 먹다가도 식당에 사람들이 사라지면 서둘러 나오는 것과는 대조적이다. 늦게 교실에 들어서서도 친구들에게 왜 먼저 갔냐고 다그치지 않고 충분히 즐기고 온 식사에 무척 뿌듯해한다.

그런 다연이가 울상일 때는 정말 그럴 만한 일이 있어서다. 하루는 다연이가 거의 울 것처럼 속상해하면서 괴롭힌 친구 이야기를 해왔다. 나는 으레 그러듯이 당사자를 불러와서 다연이에게 사과하라고 했다. 불려온 아이는 놀 생각에 얼른 사과하더니 사라졌다. 그러자 다연이가 어깨를 으쓱이며 나를 아주 한심하게 쳐다보더니 "내가 아직 괜찮다고 안 했는데 쟤는 왜 가요? 쟤는 내가 왜 속상한지 모르는 것 같아요."라고 하는 게 아니겠는가. 뒤통수를 세게 맞은 기분이 들었다.

나는 곧바로 "아, 미안. 다시 불러올게." 하고는, 사과 같지 않은 사과를 하고 바람처럼 사라진 아이를 데려와 천천히 둘이 이야기를 나누게 했다. 다연이는 그제야 조금 풀렸다는 듯이 사과를 받아주었다. 이젠 진짜 괜찮아진 것이다. 다연이는 미안한 마음이 담기지 않은 사과가 불편한 거였다. 자기가 왜 속상한지 깊이 들여다보고 진심으로 사과해주길 바랐던 것이다.

아이들이 싸우면 어른들은 자세히 들여다보지도 않고 무작정 사과하란 말부터 하는 경우가 많다. 그러다 보니 아이들에게 사과는 그냥 혼나는 것을 피하기 위한 수단이 되어버렸다. 마음에 없는 사과를 하는 버릇이 들고, 자기 마음이 괜찮은지 들여다볼 틈도 없이 용서하는 버릇이 든 것이다. 정작 마음은 풀리지 않았으니 어울려 지내는 내내 관계는 불편하기만 했을 것이다. 용서나 감사나 배려도 모두 마찬가지가 아닐까 싶었다. 어른들이 하라고 하니까, 정답인 듯하니까 그냥 따라하지만, 아이들 안에 전혀 내면화되지 않은 가치들이 있었던 것이다.

아이들과 아름다운 가치 찾기 수업을 하는 중에 누군가 '배려'를 '토요일에 엄마가 자고 있을 때 조용히 혼자 밥 차려 먹는 것'이라고 한 적이 있다. 그러자 곧바로 "배려라는 것은 누군가 참아야만 하는 거예요?" 하고 물어오는 아이가 있었다. 재민이였다. 재민이는 전교를 통틀어서 가장 키가 큰 아이다. 하지만 덩치에 비해 어리광이 많고 지각도 밥 먹듯이 하고, 뭐든지 한 번씩 비틀어보는 성격이다. 재민이는 "엄마가 오랜만에 늦잠을 잘 때는 혼자 밥을 차려 먹을 수도 있지만, 엄마와 함께 밥 먹는 게 1주일에 한 번, 주말밖에 없다면 엄마를 깨워서 같이 밥을 먹는 것이 좋은 것 아니에요?" 하면서 아름다운 가치들에 대해 문제제기를 시작했다.

그런데 재민이가 이런 반문을 하는 데에는 사정이 있었다. 재민이 부모님은 맞벌이를 하시는데 주중에는 집에 일찍 오시는 경우가 드물다. 그래서 재민이는 1학년 때부터 아침과 저녁을 식당에서 해결했고, 하교 후에는 학원을 돌다가 엄마 얼굴도 못 보고 잠들기 일쑤였다. 사실 그런 재민이 사정을 안 것도 담임을 맡은 6학년 여름방학이 다 되어서였다. 방학 때 근무 때문에 학교에서 일하다 인근 식당에 간 적이 있는데, 거기서 혼자서 밥을 먹는 재민이를 만났다. 그날 재민이는 자기 이야기를 들려주다가 결국 식당에서 통곡을 했다. 하루 세 끼를 모두 식당에서 해결해야 하는 방학이 너무 싫다는 아이. 가슴이 먹먹했다.

그제야 학교 식당에서 밥 먹을 때 재민이가 내 옆자리를 차지하려는 이유를 알았다. 보통 6학년 아이들은 선생님과 되도록 멀리 떨어져 적당히 먹고 도망치려 하는데 재민이는 반대였다. 그런 재민이에게 '엄마가 늦잠 자면 혼자 밥 차려 먹는 것이 배려'라는 말은 소화가 되지 않았을 것이다. 늘 혼자 밥 먹는 데 지친 자신이 부모님을 더 배려해야 한다는 사실에 발끈했을 것이다. 재민이는 학급문고 칸에 있는 동시집 중 한 권을 들고 와서 미리 표시해둔 부분을 이내 펼쳐서 읽기 시작했다.

어떤 말

경종호

'책임질 수 있지?'라는 말
맨손으로
밤송이를 꽉 쥐는 것만 같다.

'네가 이해하렴.'이란 말
누군가가
시궁창 속으로 밀어 넣는 것만 같다.

'네가 배려해 주면 되잖니.'라는 말
무릎 위로
거머리가 기어오르는 것만 같다.

'넌 자존심도 없니?'라는 말엔
내 몸속 뼈가
싸르륵 녹아 버리는 것만 같다.

—《천재 시인의 한글 연구》(문학동네어린이)

재민이가 이 시를 읽자, 다른 아이들도 의미는 아름답지만 본인들이 받아들이기엔 불편했던 말들을 쏟아내기 시작했다. 용기, 이해심, 웃음, 행복 등이 나왔다. 웃을 상황이 아니고 웃음도 안 나오는데 찡그리고 있다고 야단을 맞을 때도 있단다. 가끔 불행감에 젖는데도 행복하지 않으면 실패한 듯한 느낌이 든다고도 했다. 좋은 말들이 잘 받아들여지지 않으면 자기가 나쁜 사람인 것 같아 불편하다고도 했다. 책임, 이해, 배려, 용서, 모두 좋은 말이다. 하지만 스스로 정의 내리지 못하거나 마음에서 우러나서 받아들일 수 없으면 의미 없는 말치레로 그칠 뿐이다.

6학년, 7월의 6교시, 아이들이 축 늘어져 도저히 다른 공부는 하기 힘들어서 가볍게 그림책을 읽어준다고 했더니 모두들 화들짝 깨어났다. 글자도 몇 자 안 되고 내용도 단순해서 잠깐 읽어주고 간단히 이야기나 나눌 생각이었는데, 아이들은 채 몇 쪽 읽지 않았을 때부터 결말을 궁금해하며 책에 빠져들었다.

아이들에게 읽어준 《시끄러운 밤》에는 곰돌이 레드와 여우 옐로우가 등장한다. 옐로우는 밤이면 잠을 자야 하고 레드는 밤에 악기 연주하는 것을 좋아한다. 둘은 서로 불화를 겪지만, 레드가 밤에 어울리는 조용한 곡을 연주하자 옐로우가 그 음악을 들으며 잠이 들면서 평화가 다시 찾아온다.

이 책은 상대방을 이해하고 더불어 살아가는 방법, 긍정적인 사고방식을 통해 갈등을 창의적으로 해결하는 방법을 가르치기에 적당했기 때문에, 내심 나도 그것을 기대하며 읽어준 것이었다. 하지만 아이들의 반응은 조금 달랐다.

아이들은 악기 연주를 하고픈 레드가 다른 곳으로 가든지, 악기 연주하는 것을 참고 둘이 같이 잠들게 되는 결말을 짐작했다고 한다. 본인들은 일상 속에서 두 욕구가 부딪힐 때 무조건 한쪽이 양보하는 것을 요구받았기 때문이다. 그것이 늘 불만이었는데 밤과 어울리는 연주를 하는 레드와 그런 음악을 들으며 잠드는 옐로우를 보며 평화와 배려에 대해 다른 의미를 부여했다.

바로 "평화는 억울한 사람이 없는 것이다.", "배려는 누군가 일방적으로 참아서 오는 것이 아니다."라는 새로운 시각이었다. 자신의 일상에 빗대어보며 서로가 불편하지 않은 아름다운 가치를 스스로 찾고 정의 내린 아이들은 천천히 그것들을 내면화해나갈 것이다.

아이들이 찾은 가치에 대한 생각

나는 나답게 살고 너는 너답게 살기

지수가 자꾸 내 옆에 와서 "선생님, 시후가 수연이 좋아해요."라고 한다. 누가 봐도 지수는 시후를 좋아한다. 시후도 지수가 싫지 않은지 날마다 옆에 앉아 급식을 먹는다. 점심을 먹고 나서도 둘은 '나 잡아봐라!' 뛰어다니며 영화를 찍는다. 다른 친구들도 지수랑 시후가 서로 좋아하는 것 같다고 말할 정도다. 그런데도 지수는 자꾸 수연이이야기만 한다.

며칠 후 학부모 상담에서 지수가 왜 그러는지, 수수께끼가 풀렸다.

외모 콤플렉스가 아주 심했던 것이다. 지수는 얼굴이 조금 가무잡잡하고 아주 건강한 몸매에 키가 큰 여자아이다. 몸집이 조금 클 뿐, 콤플렉스를 가질 정도의 외모는 아니다. 하지만 집에서도 시후가 자기를 절대 좋아하지 않을 거라고 말했다고 한다. 자기처럼 뚱뚱하고 얼굴이 까만 사람은 절대 예쁘지 않다는 확신이 굳어져 있는 것이다.

지수는 아침마다 치마를 몇 번씩 몸에 대보고는 결국 가장 평범한 옷을 골라 입는다고 했다. 그러면서 다른 아이들의 예쁜 옷, 특히 공주풍의 수연이 옷을 만지작거린다. 지수는 아이돌이 되는 게 꿈이다. 그래서 자유롭게 유튜브를 보며 여자아이돌의 춤을 따라한다. 아마도 지수는 날마다 보는 아이돌의 외모와 자신을 견주며 한없이 자기 깎아 내리기를 했을 것이다. 아이돌이 되고 싶어 하는 지수를 보며 엄마도 알게 모르게 살쪘다고 걱정을 하고, 피부를 하얗게 만들어주려고 선크림을 지극정성으로 발라주셨다고 한다. 그러면서 지수의 굵은 뼈대와 가무잡잡한 피부를 자주 이야기하게 되었을 것이다.

지수가 가장 좋아하는 그림책은 《종이 봉지 공주》(로버트 먼치, 비룡소)이다. 용이 모든 것을 불태워버리고 왕자를 데려가자 공주는 종이 봉지로 옷을 만들어 입고 왕자를 구하러 간다. 불에 그을려가며 용을 물리치고 왕자를 구하지만 검댕이가 묻은 공주의 얼굴을 본 왕자는 진짜 공주처럼 챙겨 입고 오라는 타박을 한다. 공주는 과감하고 자유롭게 왕자를 떠난다.

책을 읽어준 뒤로 지수가 꽤 여러 번 도서관에서 이 책을 다시 대출해와서 읽는 것을 보았다. 그림책 낭독공연을 할 때도 지수는 이 책을 추천했다. 틈만 나면 종이 봉지 공주를 언급하는 지수에게 좋아하는 이유를 물어보았다. 지수는 멋지게 입고 오라는 왕자의 말에 공주가 자유롭게 돌아가버리는 장면이 너무 좋다고 했다.

골격이 가느다란 친구를 부러워하고 하얀 피부에 공주드레스를 입은 친구를 늘 쳐다보는 지수의 마음속에 어쩌면 내 본성대로 자유롭게 살고 싶은 욕망이 있었던 것은 아닐까 싶었다. 그래서 저리도 종이 봉지 공주를 껴안았던 것은 아닌지 모르겠다.

아이들도 타인의 시선을 의식하고 자기 모습을 숨기려고 한다. 그런 아이들이 친구들과 조금 다른 외모에 대해 자꾸 언급당하거나 자신의 고유한 특성을 고쳐야 할 것으로 의식당하다 보면 금세 자기를 사랑하는 법을 잊어버린다. 남의 시선만 의식하고 거기에 맞춰 살려하다가 영원히 자기를 잃어버릴 수도 있는 것이다.

부모들에게 독서교육 강의를 하던 중에 부모들이 내심 아이들에게 읽어주기 불편해하는 책이 있다는 걸 알게 되었다. '나답게 사는 것'이라는 주제의 작품 중에 내용이 불편한 책으로 《프레드릭》(레오 리오니, 시공주니어)과 《엉뚱이 소피의 못 말리는 패션》(수지 모건스턴, 비룡소)이 꼽혔을 때는 깜짝 놀랐다. 요즘 엄마들은 개성 있게 사는 걸 좋아할 거라고 생각했기 때문이다. 하지만 엄마들의 마음은 달랐다. 겨울에 대비해 열심히 곡식을 모으는 다른 들쥐들과 달리 햇살, 색깔, 이야기를 모으는 예술가 쥐 프레드릭에게 아이들이 매료될까 두려워했다. 자기 아이는 평범하고 정상적인 옷차림으로 누구에게나 예쁨을 받았으면 좋겠는데, 등교 중지를 당할 정도로 독특한 패션을 고집하는 소피를 보고 영향을 받을까 걱정을 했다.

그런데 아이들은 프레드릭과 소피를 정말로 좋아한다. 지금 당장은 한심해 보이고, 엉뚱해 보이고, 누추해 보이지만 누구에게나 자기만의 찬란한 빛을 펼쳐 보일 때가 있음을 프레드릭이나 소피를 통해 믿고 싶어 하는 것이다.

《엉뚱이 소피의 못 말리는 패션》으로 3학년 아이들과 온작품 읽기를 했다. 소피는 아기 때부터 맘에 안 드는 옷을 입히면 우는 아이였다. 다른 아이들이 입는 옷은 입기 싫어했고 그림책보다 패션 잡지를 더 좋아했으며 옷을 너무 이상하게 입고 다녀서 주위의 눈총을 받기도 했다. 소피는 집에 있는 모든 옷을 활용해서 그날의 기분과 햇살의 양, 바람의 방향에 어울리게 옷을 차려입었다.

아이들과 한 줄 한 줄 같이 읽으며 낱말 공부도 하고, 내용을 잘 파악했는지 퀴즈 풀이도 했다. 소피가 자기 패션을 설명하는 대목에선 아이들에게도 자기만의 패션을 설명해보라고 했다. 그리고 마지막에는 자기만의 이유가 있는 패션으로 차려입고 와서 패션쇼를 열고 패션에 대한 설명을 랩으로 만들어 발표해보기로 했다.

패션쇼를 하기로 한 날 아이들은 보따리들을 한 아름씩 들고 학교에 왔다. 패션쇼 옷을 입고 등교해도 된다고 했지만 미리 입고 온 아이는 아무도 없었다. 과연 분장하는 시간이 되자 정말 상상도 하지 못할 옷들이 나왔다. 해적, 나무꾼, 선원 복장이 나오는가 하면 드레스와 운동복, 한복이 동시에 출몰했다. 소피처럼 꾸민 옷도 있었다. 눈이 휘둥그레질 정도였다.

그중에서 가장 압도적인 건 병태의 패션이었다. 병태는 그야말로 범생이다. 전형적이고 반듯한 남자아이 복장으로 늘 반듯하게 수업을 듣고 글씨조차 반듯반듯했다. 심지어 책을 읽은 후기도 줄거리,

느낌, 생각이라는 반듯한 기본 틀에 집어넣어 쓰는 아이였다. 그런 아이가 검정색 패도라에 녹색 망토를 두른 채 크리스마스트리에나 걸 만한 색색의 볼과 반짝이 줄을 달고 나타난 것이다. 아이가 자신의 패션에 대해 노래한 랩이 더욱 인상적이었다.

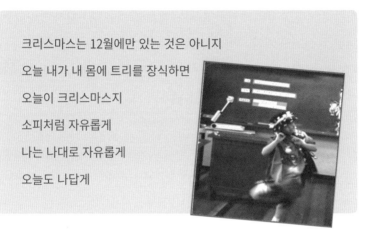

크리스마스는 12월에만 있는 것은 아니지

오늘 내가 내 몸에 트리를 장식하면

오늘이 크리스마스지

소피처럼 자유롭게

나는 나대로 자유롭게

오늘도 나답게

치마를 차려입은 남자아이 수홍이는 이런 랩을 했다.

내가 괴상하게 입는다고 놀리면 안 돼

치마는 꼭 여자들만 입는 건 아니잖아

나는 내 맘대로 너는 네 맘대로

모두 다 하고 싶은 대로 하면 되잖아

등장인물에 동일시된다는 것은 그 인물에 몰입한다는 것이다. 몰입을 통해서 아이들은 나와는 다르게 살고 있는 인물에 대해 온전히 이해하게 된다. 동시에 모두가 나답게 사는 것이 가치 있는 일임을 깨닫는다. 내가 나답게 사는 것이 소중하다고 생각하는 아이들은 네가 너답게 사는 것에도 편견을 갖지 않는다. 어른들은 쉽게 나답게 사는 것이 중요하다고 말하고, 자기와 다른 것을 배척하지 말라고 가르친다. 하지만 정작 나답게 살지 못하게 만드는 것이 어른들의 문화이기도 하다. 이런 문화 속에서 아이들은 나와 다른 것을 쉽게 배척하고 구분 짓고 차별하는 태도를 배우게 되는 것이다.

성장의 마디마디에 축제를

《부엉이와 보름달》(제인 욜런, 시공주니어)은 읽으면서 부러운 마음이 많이 일었던 작품이다. 이 책에는 여덟 살이 되면 보름달이 뜬 밤에 아빠와 부엉이를 보러 가는 모험을 치르는, 성장의 통과의례에 대한 이야기가 담겨 있다. 너무나 근사하게 삶의 마디를 짓는 문화를 지켜보며, 우리 아이들의 삶에도 성장의 마디를 짓는 특별한 의례가 있는지 생각해보게 되었다.

문득 첫 생리가 시작되던 때가 생각났다. 학교 교복을 버린 채로 집으로 돌아왔을 때 엄마는 얼른 옷을 벗겨 빨고 생리대 하는 법과 남들에게 안 보이게 처리하는 법을 알려주셨다. 그러고는 길게 한숨을 쉬면서 측은하게 나를 바라봤었다. 아주 오랜 시간이 지난 뒤 엄마에게 왜 그렇게 한숨을 쉬셨는지 물었다. 엄마는 나에게 귀찮고 힘든 일이 시작된 것이 걱정되고 안타까우셨다고 했다.

요즘은 인식이 많이 바뀌어서 첫 생리를 축하하는 파티를 열기도 하지만, 그 자리에서 나누는 이야기는 그 옛날 엄마의 걱정과 크게 다르지 않다. 여성으로 잘 성장하고 있음을 축하하고 또 다른 무늬의 삶이 펼쳐질 거라는 기대를 갖게 해주는 자리에서 몸가짐을 잘해야 한다는 걱정과 공포심을 심어주는 말들이 더 많이 오간다.

아이들의 입학을 축하하는 것도 마찬가지다. 필통과 가방을 사주고 색연필, 크레파스를 사주고 함께 외식을 하면서 "이래서 학교 가서 어쩔래?", "글자도 못 읽어서 어쩔래?", "이렇게 말 안 들으면 선생님한테 맨날 혼난다."라며 공포심을 심어준다.

첫 생리와 입학을 축하한다는 것은 낯설게 펼쳐지는 세상 앞에서 아이들이 느끼는 긴장과 두려움을 덜어주며 응원해주는 것이다. 그리고 그 옆에 서서 함께 걸어가줄 든든한 사람들이 있다는 것을 보여주는 것이다.

《부엉이와 보름달》은 성장에 대한 진정한 축하를 잘 담은 작품이었다. 미국 북서부 지역에선 여덟 살이 되면 겨울밤 부엉이를 보러 간다. 밤과 숲이라는 두려움을 극복해야 하고 추위를 혼자서 견디며 나아갈 수 있어야 가능한 일이다. 또한 절대적인 침묵이 필요하고, 부엉이가 쉽게 나타나지 않거나 못 만난다고 해도 실망하지 않아야 한다. 이런 것을 해낼 수 있을 만큼 아이가 성장했다고 믿을 때 아빠는 아이를 데리고 부엉이 구경에 나선다.

아빠는 아이 손을 잡아주거나 달래거나 돕지 않는다. 부엉이가 안 나타나면 어쩌지 하는 초조함도 보이지 않는다. 그저 아이 옆에서 기대에 찬 걸음을 걷는다. 그렇게 어렵게 부엉이를 만나면 침묵으로 대화하면서 부엉이 날개에 소원을 실어 보낸다. 여기서 부엉이를 만나고 만나지 못하고는 그리 중요하지 않다. 부엉이를 만나기 위해 필요한 덕목들을 몸소 보여주는 아빠를 통해 아이가 추위와 두려움을 이겨내는 인내, 쉽게 좌절하지 않는 용기를 배우게 되는 것이 더 중요하다.

우리 아이들의 성장 과정에서 '축하'는 곧 '두려움을 강조하는 것'이 아니었는지 자꾸 되새겨보게 된다. 게다가 부엉이를 만나야 하는 것을 성장의 당연한 결과처럼 정해두고 '부엉이를 못 만나면 어쩔래.', '이러니 부엉이를 못 만나지.' 하며 모든 책임을 아이에게 부과하거나 먼저 실망하기도 한다. 부엉이를 만나지 못할 수도 있다는 사실 자체를 인정하지 않고 아이들에게 실망을 넘어 절망을 떠넘기는 것이다.

우리 문화와는 사뭇 다른 이 책을 조금 무거운 마음으로 아이들에게 읽어주었다. 아이들은 시적인 문장과 차가운 그림의 느낌 때문에 덤덤하게 듣기 시작했다. 하지만 주인공이 눈 쌓인 숲을 헤매면 같이 안타까워하고, 아빠가 부엉이를 '부우부우' 부르면 함께 긴장하고, 부엉이가 나타나지 않자 함께 꿀꺽 실망을 삼키기도 한다. 침묵이 중요하다는 이야기에 아이들도 숨을 죽였다가 주인공이 드디어 부엉이를 만나 그 날개가 책 가득 펼쳐지자 참았던 탄성을 질렀다.

책을 읽어주고 나서 부엉이를 만난 주인공처럼 내가 컸구나 느꼈던 순간, 또는 부모님에게 많이 컸다는 말을 들었던 경험을 이야기해보기로 했다. 아이들은 화장실 문을 닫고 볼일 볼 때, 학교에서 혼자 집까지 갈 때, 엄마가 잠깐 외출하신 동안 집에 혼자 있을 때, 알림장 보고 혼자 가방 챙길 때 등을 꼽았다.

3학년 아이들에게 이 책을 읽어주고 나서 부엉이 날개에 소원을 쓰는 활동을 했다. 대부분의 아이들이 자기 소원을 써서 소원나무에 붙였는데 지원이란 남자아이가 계속 쭈뼛쭈뼛했다. 결국 나와서 한쪽 귀퉁이에 붙인 지원이의 소원을 읽어보았다.

엄마랑 함께 살게 해주세요.

지원이는 엄마, 아빠가 안 계신다. 부모님이 고등학생 신분으로 지원이를 낳았기 때문에 할머니, 할아버지가 키워주셨다. 지금은 할머니마저 돌아가셔서 할아버지랑 살고 있다. 아주 어렸을 때는 몰랐다가 학교에 들어오면서 입학식, 공개수업에 자기 부모님이 오지 않는다는 사실을 인식하게 되었을 것이다. 더군다나《부엉이와 보름달》을 읽으며 자신의 성장을 옆에서 바라보고 응원하는 부모의 존재가 더욱 그리웠을 것이다. 지원이 부모님의 빈자리를 보며 부모의 존재와 역할이란 그저 아이와 부엉이를 기쁘게 만나러 가는 것, 아이의 옆에서 또는 앞에서 함께 걸어가주는 것이면 충분하지 않을까 싶었다.

아이들과 《진정한 일곱 살》을 소리 높여 낭독하며 진정한 1학년에 대한 이야기를 나누는데 "학교에 가야 해요.", "글자를 읽을 수 있어야 해요.", "수를 배워요.", "울지 않고 학교에 가요.", "혼자 집을 볼 수 있어요."라는 아이들 사이에서 찬우가 "1학년은 힘들어요."라고 대답했다. 어떤 점이 힘드냐고 물어보았더니 여덟 살이 되니까 글자도 혼자 읽어야 하고, 학원도 많이 다녀야 하고, 무엇보다 의자에 앉아 있는 것이 제일 힘들다고 했다.

찬우는 아침 돌봄 대상자라 8시 전에 학교에 와서 돌봄 교실에 있어야 하고 방과 후에도 돌봄 교실과 학원을 전전하다 7시쯤 집에 가는 아이다. 찬우의 일상을 가만히 들여다보니 아침 8시부터 저녁 7시까지 편히 쉬거나 누울 곳이 없었다. 요즘은 학교 돌봄도 프로그램이 빽빽이 갖춰져 있기 때문에 더욱 그러하다. 집이 학교보다 좋은 까닭은 아무 때나 격식 없이 누울 수 있어서다. 유치원이나 어린이집 생활만 해도 낮잠도 있고 편하게 뒹굴며 엄마를 기다릴 수 있다. 그런데 그런 시간이 사라지니, 찬우에게 여덟 살은 힘듦의 시작일 뿐 좋고 뿌듯한 것이 없었던 거다.

이렇게 힘든 것도 견뎌내면서 아이들은 성장하고 있다. 눈에 얼른 보이진 않지만 꾸준히 커간다. 그런 성장의 과정을 지켜봐주고 인정해주고 격려해주는 축제 같은 통과의례가 생활 속에 다양하게 있으면 좋겠다. 아이들이 순간순간 자신들이 이뤄낸 크고 작은 성장에 자부심을 느끼며 살아갈 수 있도록 말이다.

시를 쓰기 전에 골라보면 시가 필요해진다

1학년 아이들과 산책하면서 지금 본 것이나 들은 것을 그대로 옮겨 쓰자고 하면 마치 기다렸다는 듯이 쓴다. 내용을 들여다보면 참신하고 기발한 상상이 다 묻어 있다. 그런데 학년이 높아지면 아이들은 달라진다. 여러 과정을 거쳐서 마지막 단계에 시를 써보자고 해도 "뭘 쓰라고요?"라며 다분히 반항적으로 나온다. 생각이나 느낌을 중심으로 써보자고 하면 "생각이 없는데요?"라고 받아친다.

　이렇게 반응하는 아이들을 보면서 초등학교에서 시 교육을 어떻게 해나가야 할지 고민이 많았다. 나름대로 시 쓰기 전략을 짜봐도 몇몇 아이들을 빼놓고는 시 교육으로 성장한다는 느낌을 받지 못했다. 어떻게 하면 아이들이 스스로 시를 찾고 시로 표현하고 싶은 욕구를 느낄 수 있을까? 몇 줄 안 되는 글로 마음을 움직이고, 감정을 흔들어놓고, 깊은 성찰에 이르게도 하는 것이 시인데, 아이들의 삶에 시가 왜 필요한지 답을 해주지 못하는 것이 늘 아쉬웠다. 그러면서 시란 이런 것이구나 느끼고, 시가 어떤 힘을 갖는지 깨닫기도 전에 시 쓰기만을 강조했던 것은 아니었는지 반성하게 되었다. 시를 배운다고 해서 모두가 시를 잘 쓰고 표현을 잘하는 것이 아닌데도, 쓰기만 계속한 것이 가장 큰 문제였다.

　아이들에게 시를 써보자고 말하기 전에, 시가 어떤 상황에서 쓰이는지를 체험하게 할 필요가 있었다. 그래서 동시집 읽기를 시작했다. 시인들은 어떤 상황에서 시를 쓰는지를 아이들과 함께 들여다보고 싶었다. 그래서 아이들이 나중에라도 자신의 경험을 표현할 때 시인들의 표현방식을 떠올려보고, 더 나아가 자신만의 시로 표현해볼 수 있으면 좋겠다고 생각했다. 우리반 아이들이 이런 시를 썼어요 하며 어디에다 내보이고 싶은 욕심은 버리기로 했다.

우선 50여 권의 동시집을 교실에 비치해두고 읽기 시작했다. 무작정 읽어나간 것은 아니다. 다양한 상황이나 감정을 제시하고 그에 걸맞은 시를 골라보게 했다. 주제 중심으로 읽기도 했고, 기발한 상상이 두드러진 시, 재미있는 표현이 들어 있는 시, 비유나 유추, 연상 등의 시적 상상력이 잘 드러난 시를 찾아보며 놀이처럼 시를 즐기도록 했다.

아침 자습시간에는 자신의 시선집에 자기가 고른 동시를 베껴 쓰도록 했다. 베껴 쓸 시를 고를 때 매번 주제를 달리 주었다. 자유의지가 잘 드러난 시, 내 기분을 대변해줄 시, 아주 창의적인 표현이 들어간 시, 웃음이 저절로 나오는 시 등으로 다양하게 제시해주었다. 특정한 감정과 어울리는 시를 동시집에서 찾는 활동을 하면서는, 아이들이 감정을 구체화하며 자신들의 경험과 결합시켜보도록 했다. 5학년 최고 범생이로 꼽히는 태균이는 '4월의 설레는 감정에 맞는 시'로 아래의 시를 골랐다.

언젠가는 나도

권영상

언젠가는 나도
늠름한 줄무늬 개구리가 되겠지.

지금은 볼품없는 꽁지로
숨죽여 사는 올챙이지만
언젠가는 나도 굵고 큼직한 목소리로
노래 부를 수 있겠지.
개굴개굴개굴개굴

지금은 좁은 물웅덩이에 갇혀 사는
어린 올챙이지만
언젠가는 나도
더 나은 세상으로 껑충! 뛰어오르는
늠름한 줄무늬 개구리가 되겠지.

-《구방아, 목욕 가자》(사계절)

또 '불쌍해'라는 주제어 밑에는 아래의 시를 찾아 적었다.

버려진 개들

오지연

플라스틱 자동차처럼
헝겊 인형처럼
가지고 놀다 싫증 난 듯
휙 버리고 간다

차 쌩쌩 달리는 길가에도
아무도 살지 않는 외딴섬에도.

개들은 횡단보도, 신호등도 모르는데
넓은 바다 건널 줄도 모르는데…….

한번 싫증 난 장난감처럼
다시 주인이 찾는 일도 없다.
이리 와, 이리 와
손 내밀어 불러도
뒷걸음치며 슬슬 피하는 개들

말은 안 해도
버려진 개들은
눈빛만 보면 다 안다.

－《빵점 아빠 백점 엄마》(푸른책들)

온작품 동화책을 읽으면서 주인공의 마음을 대변해줄 시를 고르고 주인공에게 주고 싶은 시를 고르는 활동을 많이 했다. 왜 쓰지 않고 고를까? 초등학생들은 경험도 많지 않을 뿐만 아니라 그 경험 속에서 무언가를 찾아내 시를 쓰기에는 상당히 한계가 있다. 그래서 온작품 속 인물들의 경험이나 삶에 대한 자기 생각이나 감정, 경험들을 대신 표현해주는 시를 고르는 것이다.

주인공에게 주고 싶은 시를 골라보게 하면 대체로는 아이들 스스로에게 필요한 시를 가져온다. 본능적으로 자기 삶과 연관시키는 것이다. 《갈매기에게 나는 법을 가르쳐준 고양이》를 읽고 날기 연습을 하면서 좌절하는 아기 갈매기 아포르뚜나다에게 주려고 승현이가 고른 시다. 시를 고른 이유도 함께 써서 붙였다.

자전거 배우기

박성우

이크, 넘어졌구나?
그렇지만, 뒤를 돌아봐
축구 골대가 아까 탈 때보다
훨씬 작게 보이지?

—《불량 꽃게》(문학동네어린이)

> 자전거 배우기처럼 아포르뚜나다가 처음부터 잘할 수는 없지만
> 계속 자신감을 잃지 않고 도전하다 보면 성공에 가까워져 있을 것
> 같아서 이 시를 골랐다.

동화 속 인물에게 바치는 시를 고를 때도 아이들마다 각양각색의 시를 골라오는 걸 보면 놀랍다. 비유적인 표현이 좋은 시를 찾아보자

했더니 교과서에서 배운 것보다 훨씬 더 앞선 시들을 골라온다. 현재의 자기 상태를 대변해주는 시를 고르는 과정에서 아이들은 시인들의 정선된 언어로 자기 마음이 표현되는 신기한 경험을 하게 된다. 그러면서 시란 이런 것이구나 하고 느낀다. 지금은 어떤 주제 안에서 시를 고르지만 언젠가 자기 삶 안에서 자유롭게 시를 찾아 읽거나 쓰게 될 날이 오지 않을까.

교사가 골라준 시를 아이들이 베껴 쓰고 암송하는 활동을 하다 보면 애써 골라준 시에 전혀 공감하지 못하는 아이들이 있다. 그래서 시 맛보기도 동시집으로 온책 읽기를 한다. 아이들이 읽을 만하다고 생각한 동시집 50권을 선정해 돌려 읽는다. 동시집을 돌려 읽을 때는 가장 마음에 드는 동시 한 편을 외우거나 시노래 공책에 옮겨 적고 좋은 이유를 말하게 한다.

꼼꼼히 읽는 아이도 있지만 책을 바꾸기 전날에야 허겁지겁 읽는 아이도 있다. 그렇더라도 시가 아이의 마음에 와닿지 않았기 때문이려니 생각하며 크게 신경 쓰지 않는다. 그런 중에도 동시가 아이들 삶에 훌쩍 가까워지는 것을 느끼기 때문이다.

동시집으로 감정사전 만들기

자기감정을 그대로 읽고 인정하는 것은 매우 중요하다. 특별한 처방 없이 자기감정을 인정하는 것만으로도 자기 치유가 일어난다. 마음이 힘들 때 혼자 모닝페이퍼라는 것을 한 적이 있다. 아침에 눈뜨자마자 내 안에 일어나는 감정이나 생각들을 공책에 그대로 적는 것이다. 3쪽을 쓰라고 했지만 보통 2쪽 정도를 썼다. 그리고 다시 읽지 않고 테이프로 붙였다. 다시 읽으면 내가 이런 사람이었나 하는 자괴감이 들고 자기 검열을 하기 때문이다.

모닝페이퍼 2~3쪽을 채우려면 보고 싶지 않았던 내 감정의 밑바닥까지 볼 수밖에 없다. 그렇게 1년을 보내면서 서서히 감정에 갇히지 않고 우울감에서 벗어났다. 한 심리학자는 사람들이 저마다 자기감정에 이름을 붙일 수 있다면 감정의 노예가 되지 않을 수 있다고 했다.

아이들과도 아침 자습시간에 모닝페이퍼를 해보았다. 그런데 모닝페이퍼 분량을 쓰려면 아침시간이 부족해서 대신 감정사전 만들기를 생각해냈다. 무지 공책에 '감정사전'이라고 제목을 붙여서, 그날 자기 안에 가장 많이 머무른 감정을 쓰고 어울리는 동시를 찾아 베끼는 것이다.

시는 아이들 마음을 대변해주는 통로

시를 쓰기에 앞서 시를 읽히고 시를 읽히기 전에 시가 필요한 상황을 깨닫게 하는 것이 중요하다. 시는 어느 상황에 필요할까? 시의 필요성을 깨닫도록 동시집을 가지고 다양한 활동을 했다. 한 작가의 같은 시집을 여러 가지 방법으로 함께 읽는 것도 좋지만, 다양한 시인들이 다양하게 표현한 작품들이 더 좋아서 모두 다른 동시집 50권을 준비했다.

1, 2학년 아이들은 즉시 시를 찾기 어렵기 때문에 동시집을 돌려 읽었다. 2주일에 한 번씩 친구가 읽은 동시집과 교환하면서 2주 동안 읽은 동시집에서 가장 마음에 든 것 한 편을 낭독했다. 그렇게 하면 1, 2학년 아이들도 자기 자신의 상황을 정확하게 읽고 그것을 대변해주는 동시를 찾아낸다.

　　일하는 엄마를 둔 은서는 시집을 늘 그냥 들고만 다니는 듯했다. 그런데 어느 날 자신 있게 자신이 찾은 시를 발표하겠다고 나섰다. 아침 8시경에 누구보다 일찍 학교에 오는 은서는 돌봄 교실과 각종 학원을 맴돌다 저녁 7시가 넘어서 집에 간다. 그런 은서에게 학교와 집의 거리는 얼마나 까마득했을까?

　　학교와 집 사이

　　　　　　　　　　　　　　　　　　　　　　　　　김은영

　　학교와 집 사이는
　　후다닥 걸어서 가면
　　단 5분 거리
　　하지만 나는
　　다섯 시간이나 걸린다

　　수학은 영재수학
　　국어는 독서논술
　　영어는 웰컴 투 영어나라

컴퓨터 워드 3급

태권도 품세 심사

학교와 집 사이가

점점 더 멀어져 간다

-《선생님을 이긴 날》(문학동네어린이)

　5, 6학년 아이들에게는 아침마다 동시집에서 자신의 마음을 대변하는 동시를 찾아 발표하고 베껴 쓰게도 했다. 또 동화를 읽다가 상황이나 인물에게 어울리는 시를 찾는 활동도 한다.

　현수는 모범생이다. 학습, 생활, 창의적인 활동 가릴 것 없이 두드러지는 아이다. 그런 현수는 누구보다 자유롭지만 늘 더 큰 자유를 꿈꾼다. 부모님은 장래에 거창한 일을 하길 바라시지만 현수의 꿈은 농부다. 그 아이가 고른 시를 통해 안 사실이다. 현수는 '갈등'이 주제인 시를 찾을 때도 이안의 〈고양이는 고양이〉라는 시를 골랐다.

고양이는 고양이

이안

고양이는 고양이

개가 아니죠

오란다구 오지 않고

가란다구 가지 않죠

보세요, "야옹" 소리도
마음 내켜야 한다구요

그래도 고양이를
말 잘 듣는 개처럼 키우겠다고요?
굶기고 때리고
묶어서라도요?

아빠,
제발요 아빠.

　　　　　　　　　-《고양이와 통한 날》(문학동네어린이)

　아이들은 자기가 바라는 것과 누군가의 욕망이 부딪칠 때 자기 정
체성을 지키기 위해서는 싸움도 필요하다는 것, 때로는 스스로 가난
해지는 것도 필요하다는 것을 느끼며 자란다. 그런 과정에서 자신의
마음을 대변해주는 시를 찾았을 때, 시의 필요성은 실제적으로 다가
온다.

　시의 필요성과 효율성을 나름대로 느낀 아이들은 시를 써보자고
했을 때 '뭘 쓰라는 거냐.'는 식으로 반항하지 않는다. 교과서에 나온
〈좋겠다〉라는 시를 읽고 났을 때였다. 누군가가 몹시 부러웠던 적이
있었는지 이야기해보고 그것을 시로 쓰자고 했다. 1학년 아이들은
망설임 없이 시를 써낸다. 자신에게 가장 결핍되어 있거나, 가장 갖
고 싶은 자신의 욕망을 시로 표현해낸 것이다. 우리반 1번이라서 가

장 작고 가냘픈 이언이는 물만 마셔도 쑥쑥 크는 꽃과 해만 봐도 키가 크는 나무를 부러워했다. 엄마가 안 계신 시현이는 엄마 있는 친구를 부러워했다.

좋겠다

– 김이언

꽃은 좋겠다
물만 마셔도 키가 크니까

나무는 좋겠다
해를 보면 키가 크니까

좋겠다

– 차시현

친구들은 좋겠다
엄마가 있어서

아이들은 표현함으로써 자신의 욕망이나 결핍감을 누군가에게 공감받는다고 느낀다. 누군가에게 나의 기분을 공감받은 경험이 없는 아이들은 타인의 감정에 공감해주기도 힘들다. 그래서 타인의 감정에 공감하는 훈련을 하기 전에 공감받는 경험을 많이 하는 것이 필수다. 자연스럽게 감정을 표현하고 그 감정이 그대로 수용되고 공감받는 경험은 아이들이 자신의 지금 감정을 소중하게 생각할 줄 아는 자존감의 바탕이 된다.

지난 교육과정의 1학년 2학기 국어에는 《세상에서 가장 힘이 센 말》(이현정, 맹앤앵)이라는 바탕글이 나왔다. 단원의 목표는 '상대방의 기분을 생각하며 말하기'였다. 자신이 말한 것으로 상대방이 어떤 기분이 들지 추론하는 것도 중요하지만, 1학년의 특성상 어떤 말을 들으면 어떤 기분이 드는지 말하는 것이 더 적절해서 학습목표를 수정했다. 세상에는 다양한 말이 있지만 그중에서 '사랑해.', '미안해.', '고마워.' 등은 멋지고 힘이 센 말이다. 이 책에는 이렇게 긍정적인 힘을 강하게 주는 말들이 들어 있다.

먼저 그림책 원본을 PPT로 만들어 읽어주었다. 읽어주다 보면 아이들이 책 읽는 사이에 끼어들어 이야기를 한다. '괜찮아.'라는 대목을 읽으면 자신이 들었던 '괜찮아.'에 대한 경험들을 쏟아낸다. 상대방의 감정을 짐작하기보다 그런 말을 들은 나의 경험을 이야기하기 바쁘다. 아이들이 이야기할 때마다 조용히 읽는 것을 멈추고 들어주었다. 아이들의 이야기는 너무나 다양했다.

아이들이 자주 듣는 말을 칠판 가득히 쓰고, '듣기 싫은 말'과 '듣기 좋은 말'을 색분필로 표시했다. 그러고는 듣기 싫은 말이나 듣고 싶은 말 중 골라서 그 말을 들었을 때 감정을 써보자고 했다. 1학년 아이들이라 쉽게 몇 가지의 낱말을 고르더니 써 내려갔다. 1학년이 끝나가도록 애써 말을 시키지 않으면 먼저 말하는 법이 없던 해송이가 가장 먼저 썼다.

말의 힘

－ 정해송

넌 할 수 있어를 들으면
용기가 솟아올라요
괜찮아를 들으면
마음이 맑아지고 무지개가 걸려요
사랑해를 들으면
마음에 사랑이 퍼져요
힘내를 들으면
힘이 퍼지고 마음이 맑아져요
넌 최고야를 들으면 힘이 솟아올라요

해송이는 자신을 응원하는 말들을 골랐다. 친구들과 적극적으로 관계를 맺지 않는 아이이기에 나쁜 말에 대한 부정적 감정보다는 자신에게 진짜 필요한 응원과 용기의 단어들을 고른 것이다.

소극적이면서 눈물도 많은 소민이는 '빨리 해.'라는 재촉하는 말과 '오지 마.'라는 거부의 말을 들었을 때의 힘든 마음을 제대로 표현했다.

말의 힘

– 임소민

빨리 해를 들으면 잔소리 같아
잘했어를 들으면
100점 받은 기분이 나요
오지 마를 들으면 상처받는 것 같다
괜찮아를 들으면
모든 걸 할 수 있을 것 같다
미안해를 들으면
다친 것도 이겨낼 수 있을 것 같다

소극적인 아이가 애써 다가가려 노력하다가 '오지 마.'라는 말을 들었으니 얼마나 상처가 되었을까. 그런데 가만 생각해보니 '오지 마.'는 내가 가장 많이 쓰고 있는 말이었다. 쉬는시간이나 점심시간에 밀린 일이나 다른 업무 처리를 하고 있으면 1학년 아이들이 내 주변으로 몰려들어 개별적인 관계를 갖고 싶어 한다. 그럴 때면 나는 기계적으로 "오지 마.", "오지 마."를 외쳤었다. 그중에 힘들게 겨우 다가온 소민이도 있었을 것이다.

1학년 아이들이 시 속에 자신의 이야기를 밀어 넣을 수 있다는 것은 시를 많이 접했기 때문인지도 모른다. 1학년 아이들과도 동시집을 읽고 말놀이 동시를 날마다 낭송했다. 읽기 학습지라는 것을 통해 아이들이 읽을 만한 동시를 제시하고 1주일 동안 소리 내어 읽기도 하고 암송하기도 했다.

분리불안으로 1학기 내내 눈물바람을 하던 민주라는 아이가 있었다. 민주는 달리기를 잘한다. 체육시간에 1학년끼리 이어달리기 시합을 하자고 계획하고, 우리반에선 민주가 제일 잘할 거라고 기대를 하고 있었다. 여느 날과 마찬가지로 복도에서 신발장을 부여잡고 우는 민주에게 "민주가 학교 안 다니면 우리반 달리기 선수는 누가 하나?" 했더니 아이가 며칠을 꾹 참고 달리기 할 날을 기다리는 게 아닌가. 그러고는 하늘을 날듯 달리기를 해냈고, 민주의 불안감도 조금씩 작아졌다. 그런 민주가《괜찮아》를 읽고 나서 이런 시를 썼다.

괜찮아

– 이민주

뱀은 다리가 없어도 괜찮아
뱀은 잘 기어 다니니까

소라는 작아도 괜찮아

> 소라는 적이 오면 숨을 수 있으니까
>
> 난 키가 작아도 괜찮아
> 나는 달리기를 잘하니까

익숙하지 않는 공간과 사람들 사이에서 불안을 겪던 민주도 자신의 괜찮은 장점을 발견하면서 힘듦을 견딘 것이다. 그리고 자신을 시속에 밀어 넣고 시를 통해 자신을 표현하면서 불안감은 더욱 줄어들었을 것이다. 아이들은 이렇게 또 한 단계 자라나간다.

너는 왜 사니?

선택적 함구증을 앓는 6학년 아이가 있었다. 아이는 학교에서 무기력한 상태로 거의 말을 하지 않았다. 집에서는 더욱더 입을 닫고 지낸다고 했다. 부모님은 한의원을 운영하고 형은 유명한 국제중학교에 다니는데, 막내아들이 2년 정도 말을 하지 않자 부모님은 아주 애타하고 있었다. 학부모 상담을 해보니 부모님의 기대가 조금 과하다는 것 외에는 특별한 점이 없었다.

어느 날 교과서에 부분적으로 실린 《곰돌이 워셔블의 여행》(미하일 엔데, 보물창고)이라는 책을 읽었다. 당시는 온작품 읽기를 학교에서 지원해주질 않을 때여서 그림책의 내용만 타이핑해서 나눠주고 천천히 함께 읽었다. 곰돌이 워셔블이 어느 날 '넌 왜 사니.'라는 질문을 받으면서 여행을 떠나게 되고, 길에서 만난 여러 동물에게 같은 질문을 던지는 내용의 작품이다.

읽으면서 각 동물들이 사는 이유를 학습지에 적게 하고 가장 마음에 드는 동물의 가치관과 가장 마음에 들지 않는 동물의 가치관도 쓰게 했다. 함구증인 아이는 마음에 드는 가치관 칸은 비워둔 채 마음에 들지 않는 가치관 칸을 엉망인 글씨체로 토해내듯 빼곡하게 메꾸고 있었다.

아이가 싫다고 고른 동물은 암탉과 생쥐였다. 암탉이 사는 이유는 알을 낳기 위해서이고, 생쥐가 사는 이유가 가족을 먹여 살리기 위해서라면 그것이 사는 이유가 될 수 있느냐며 서투른 문장으로 표현하고 있었다. 그러면서 마음 깊은 곳에 묻어둔 이야기들을 작은 지면에 쏟아냈다.

우리 엄마 아빠도 날 위해 산다고 한다. 난 그 말이 싫다. 엄마 아빠는 엄마 아빠대로 자기가 하고 싶은 것을 하고 살았으면 좋겠다. 내가 내 맘대로 살면 엄마 아빠의 인생도 망가진다는 말이 나는 싫다. 엄마 아빠는 나한테 한의대에 가서 한의원을 물려받으라고 한다. 형이 유학을 간다니까 그때부터 엄마 아빠는 인생을 걸고 가꾼 한의원을 나에게 물려받으라고 하면서 "엄마 아빠가 누굴 위해 이 고생하는데!"라는 말을 달고 산다. 난 닭이나 생쥐처럼 자식을 위해 사는 인생이 싫다.

아이는 과도한 부모님의 기대에 질식할 것 같은 심정을 이 책을 만나면서 폭발하듯이 분출해내고 있었다. 부모나 주변 사람들의 과도한 기대로 인해 질식 상태에 있는 것이 어디 이 아이뿐이겠는가. 물론 아이가 책을 통해 드라마틱하게 자기 문제를 다 해소한 것은 아니었다. 하지만 이런 기회에 마음의 병이 자기 문제가 아닌 부모 문제로 생겼다는 것을 깨닫고, 그것을 꺼내놓은 것만으로도 아주 좋은 문제 해결의 출발이다. 말하기 시작하는 순간부터 문제는 해결되기 시작하기 때문이다.

아이는 자기 글에 적극적으로 반응해주는 교사와 친구들로부터 공감과 지지를 얻었다. 그리고 용기를 내서 부모님에게 말해보라는 조언도 받아들이면서 한결 밝아진 모습을 보였다. 2년 후쯤 스승의 날이라고 몰려온 중학생들 틈에 그 아이도 끼어 있었다. 여전히 말은 많이 안 했지만 빙긋 웃고 짜장면도 맛있게 먹었다. 내가 "○○이는 여전히 말이 없구나." 했더니 친구들이 "아니에요, 우리들이랑 있을 땐 엄청 말 잘해요. 게임할 땐 욕도 해요."라고 했다.

몇 년 후 5학년 아이들과 그림책으로 이 작품을 제대로 천천히 읽었다. 인물들의 가치관에 점수 매기기, 우리 주변에 등장인물과 닮은 사람 찾기 등을 했다. 마지막에는 '왜 사느냐.'라는 질문에 대한 대답을 시로 써보라고 했다. 가족의 행복을 위해, 놀기 위해, 멋진 차를 갖고 멋진 집에서 살기 위해 등의 이유가 나오는 가운데, 우리반에서 가장 개성 넘치는 성실이는 이런 시를 썼다.

왜 사느냐고 묻거든

– 김성실

네가 만약 왜 사느냐고 묻거든

나는 말하겠지

몰라

네가 왜 모르냐고 묻거든

나는 말하겠지

굳이 사는 이유를 생각하면서

살아야 하는 거냐고

살다 보면 사는 이유가

생기지 않을까?

그러면서 성실이는 곰돌이가 만난 인물들 중 코끼리가 가장 마음에 안 든다고 했다. 아이들도 코끼리가 나오는 부분을 다시 읽었다. 지혜롭다는 코끼리는 곰돌이에게 "넌 진짜 살아 있는 생물이 아니로구나. 그렇다면 넌 영혼도 없는 그냥 물건일 뿐이야. 아무짝에도 쓸모없게 되면 그대로 휴지통에 버려지는 신세가 되고 마는 거지."라는 말을 했다. 성실이는 왜 꼭 쓸모가 있어야만 하냐고 되물었다. 특정한 상황, 특정한 사람에겐 쓸모가 없을지라도 다른 곳에서 쓰이고 의미가 생길 수 있다는 거다.

아이들은 어른들에게 쓸데없는 짓을 한다는 지적을 많이 받는다. 성실이도 끊임없이 낙서, 그림, 음악, 수다, 인터넷 글쓰기, 연예인 사진이나 영상 모으기 등을 하는 아이다. 사는 이유와 의미가 꼭 있어야 한다고 강요하고, 쓸모 있는 것들만을 추구해야 한다고 가르치는 세상에 대한 열두 살 아이의 갈등이 드러나고 있는 것이다. 아이들은 이런 갈등을 통해 한 뼘씩 성장한다.

왜 사느냐고 묻거든

– 서인우

살아 있는 것이라면
전부 사는 거야

아이들이 인우의 시를 듣고는 다들 박수를 쳤다. 우린 왜 저 생각을 못했지 하는 표정들이었다. 자기들도 사실 왜 사는지 잘 모르겠다고 했다. 그러고는 나한테도 물었다. 나도 바로 대답하지 못하고 다시 자문했다. 과연 사는 이유라는 것이 있을까? 하루하루 살아가면서 무언가에 집중하고 몰입하기는 하지만 그것이 사는 이유일까? 자식, 돈, 업무, 작품도 매순간의 목표일 뿐 사는 이유가 될 수 있을까? 인우의 시처럼 살아 있는 것이 사는 것이었다. 아이들이 묻고 아이들이 답을 찾아주었다.

소설이나 동화를 읽을 때 인물들 간의 갈등이나 인물 개인의 갈등이 작품 속의 갈등으로 끝나버리면 이야기의 의미가 없다. 진정한 갈등은 이야기 속의 인물들과 독자들 간의 갈등이어야 한다. 즉 독자들이 책을 읽으면서 다양한 갈등을 겪어야 그 이야기의 의미가 생기는 것이다.

《곰돌이 워셔블의 여행》을 읽으며 인물들의 다양한 삶의 이유를 듣고 "음, 그렇구나."에 그쳤다면, 이야기 속에 몰입되어 충분히 갈등을 겪어내지 않았다는 것이다. 인물들이 가진 삶의 가치관을 보면서 내 삶의 가치관을 이야기하고, 각 가치관들이 갖는 문제점들을 따져보고, 각기 다른 가치관을 가진 주변 인물들과 어떻게 관계를 맺으며 살아가야 하는가를 생각한다면, 이건 작품과 끊임없이 갈등하는 것이다.

갈등이 직접적으로 드러나 있는 이야기를 읽을 때도 마찬가지다. 《엄마의 마흔 번째 생일》은 그림을 그리려고 화실에 나가는 엄마를 두고 가족 간의 갈등이 빚어지는 이야기다. 이 책을 읽으면서 내가 엄마 입장이라면, 내가 아빠 입장이라면, 우리 엄마 아빠가 저렇게 갈등한다면 나는 어떻게 해야 할지 스스로에게 질문을 계속할 수 있을 때, 책 읽기가 삶 읽기로 바뀌는 것이다.

가치 평가 수업하는 법

《곰돌이 워셔블의 여행》은 아이들과 가치 평가 수업을 해보기 좋은 작품이다. 낡아빠진 곰돌이 워셔블은 어느 날 문득, 자신이 사는 이유가 궁금해진다. 그는 곧 여러 동물 친구들을 찾아가서 '왜 사느냐.'고 물어본다. 가족을 먹여 살리기 위해 사는 생쥐, 아름다워지기 위해 사는 백조, 알을 낳기 위해 사는 닭, 언제나 부지런히 일하기 위해 사는 꿀벌, 조직을 만들기 위해서 사는 원숭이, 오래 살기 위해 사는 거북이, 다른 동물의 귀에 들어가서 둥지를 틀기 위해 사는 귀벌레, 항상 더 나은 존재로 발전하기 위해 사는 나비 등 동물마다 모두 사는 이유가 다르다. 절망에 빠진 곰돌이 워셔블은 결국, 가난한 소녀를 만나 사랑받게 되면서 존재의 이유를 깨닫는다. "넌 정말 예쁘구나. 난 네가 정말 좋아. 내 곰인형이 되어줄래?"라고 소녀가 말하자 톱밥과 스펀지로 채워졌던 곰돌이 워셔블의 가슴은 온통 따뜻한 기운으로 가득 찬다.

1. 함께 읽기
모든 온작품은 함께 읽는 것을 원칙으로 하지만 이 책은 특별한 서사가 없이 많은 동물이 나열식으로 나오기 때문에 함께 읽으며 인생관이나 가치관에 대해 쉬운 말로 이야기해가며 읽는 것이 좋다.

2. 내용 파악
함께 처음부터 끝까지 읽고 내용을 파악한 다음에 각자 개인 읽기를 하며 학습지에 각 동물들의 가치관을 요약해본다. 이해가 되지 않으면 정리하지 않고 빈칸으로 두어도 된다.

3. 각 동물들의 인생관에 점수 주기 및 주변 인물과 닮은 사람 뽑기

각 동물들의 인생관이나 가치관을 요약하고 개인의 선호도에 따라 1~10점까지 점수를 준다. 그 가치관을 가진 주변 인물들을 써보고, 떠오르지 않으면 그냥 빈칸으로 둔다.

4. 가장 문제 있는(점수 낮은) 인물 뽑기, 가장 좋은(점수 높은) 인물 뽑기

가장 문제 있는 인물에 빨간색 스티커, 가장 좋은 인물에 초록색 스티커를 붙이고 가볍게 토론을 한다.

5. 주변 인물과 닮은 동물 찾기와 그 이유 말하기

동물들의 가치관과 비슷한 인생관을 보이는 주변 인물을 찾아보는 과정이다. 암탉의 가치관을 가진 부모님, 코끼리의 가치관을 가진 선생님, 백조 같은 가치관을 가진 친구 등을 이야기하며 자신은 그들과 어떻게 관계를 맺으며 살아갈 것인지를 말해본다.

6. 시 쓰기

자신의 이야기를 시로 써본다.

가치 평가 학습지

《곰돌이 워셔블의 여행》을 읽고			
이름:			

곰돌이가 여행을 떠난 이유			

동물	삶의 이유	점수	닮은 사람(나, 부모, 친구)
파리			
생쥐			
닭			
되새			
꿀벌			
백조			
뻐꾸기			
원숭이			
코끼리			
거북이			
도마뱀			
귀벌레			
방울뱀			
나비			
곰돌이			

이 글을 읽고 느낀 점을 중심으로 시를 써보자.

제목: 왜 사느냐고 묻거든

가족과 함께 읽기

온작품 읽기라는 말이 아직 낯설던 4월 어느 날이었다. 지혜가 온작품으로 읽으려고 나눠준 책을 집에서 안 가져왔다. 엄마가 읽는 중이라서 못 가져왔다고 한다. 그땐 그냥 깜빡하고 와서는 엄마 핑계를 대나 했다. 그런데 재현이도 다른 책으로 온작품 읽기를 할 때 엄마가 책을 읽고 있어서 못 가져온 일이 있었다. 엄마들이 온작품으로 선정된 책을 너무 좋아한다고 했다.《책과 노니는 집》,《갈매기에게 나는 법을 가르쳐준 고양이》로 시작해《푸른 사자 와니니》,《마당을 나온 암탉》을 읽을 즈음에는 꽤 많은 부모님들이 책을 함께 읽었다.

그래서 부모님과 함께 읽을 만한 작품을 가족과 함께 읽으면 어떨까 해서 시도한 책이《엄마의 마흔 번째 생일》이다. 동화 속 엄마는 치매에 걸린 할머니를 집에 두고 그림을 그리러 다닌다. 아빠 몰래 학교에 나가 방과 후 교사로 활동하며 미술도 가르친다. 언니 도시락도 안 싸주고 떨어진 교복 단추마저 깜박한다. 아빠는 할머니가 아픈 건 전부 엄마 탓이라면서 화만 낸다. 식구 모두가 엄마 때문에 사는 게 불편해졌는데, 엄마는 더 늦기 전에 엄마의 인생을 제대로 살고 싶다고 한다. 갈등이 시작되고 갈등 끝에 엄마 아빠는 이혼이라는 결말에 이른다.

2주일의 시간 동안 엄마 아빠 두 분 모두, 혹은 한 분만이라도 이 책을 아이들과 함께 읽으면 좋겠다고 했더니 21명 중 20명이 과제를 해왔다. 엄마가 베트남 사람이어서 아빠가 모두 읽어준 아이, 책을 잘 읽어내지 못해서 아빠가 처음부터 끝까지 읽어준 아이, 엄마와 딸이 한 쪽씩 번갈아가며 읽은 아이 등 다양했다. 부모와 책을 읽은 후에 나눌 만한 대화 주제를 학습지로 만들어 나눠주고, 형식에 맞춰 이야기를 해도 좋고 참고만 하고 그냥 자연스럽게 이야기 나누어도 좋다고 했다. 그리고 책 대화 내용을 바탕으로 글을 써보기로 했다.

가족과 함께 읽기 학습지

《엄마의 마흔 번째 생일》을 읽고 부모님과 나눌 이야기
이름:

1. 읽으면서 든 생각이나 느낌 나누기
부모님:
나:

2. 각자 가장 인상 깊은 대목 쓰기
부모님:
나:

3. 부모님의 어릴 적 꿈을 알아보고 그에 대한 이야기 나누기
부모님:
나:

4. 꿈을 찾아 떠나는 엄마를 보면서 드는 생각 쓰기
부모님:
나:

5. 엄마 아빠의 이별을 받아들이는 가영이의 자세를 보며 드는 생각 쓰기
부모님:
나:

6. 부모님의 현재 삶의 만족도 점수 조사(10점 만점) 및 그 이유 쓰기
점수:
이유:

이 책을 가족과 함께 읽자는 과제를 주었을 때 가족들의 반응도 다양했다. 그중 해리 아빠의 반응이 가장 인상적이었다. 가족과 온작품 읽기를 한 후 이어진 학부모 상담을 통해 해리 아빠의 자세한 이야기를 들을 수 있었다. 해리 아빠는 처음에 아이들 책을 자기에게 읽으라는 거냐고 학교에 항의를 하려 했다고 한다. 하지만 상담 때 학교에 오셔서는 나에게 90도로 인사해주셨다. 책을 읽으며 딸인 해리가 문해력이 많이 떨어진다는 것을 알았고, 그런 아이에게 1년 동안 꼬박 책을 읽어주며 수업해준 것에 감사해하셨다. 본인도 200쪽이 넘는 책을 처음부터 끝까지 소리 내어 딸에게 읽어주셨다고 한다.

읽기 능력이 2~3년 뒤처지는 아이는 학급에서 소외되기 쉽다. 학교에서의 복지란 바로 수업이다. 수업에서 소외되는 것에 대해 외면하면서 다른 복지에 대해 이야기한다는 것 자체가 어불성설이라고 믿는다. 나는 책을 읽어주는 방식이 수업의 소외를 막는 방법이라고 보았다.

집에서 긴 책을 가족들과 읽는 과제를 해봄으로써 해리 아빠에게도 온작품 읽기 방식에 대한 신뢰가 생겼다. 해리 아빠는 책을 읽어주며 참 많은 생각을 하셨다고 했다. '아, 이렇게 읽어주어야만 우리 해리가 책을 겨우 이해할 수 있구나.', '내가 이 책 속의 아빠랑 과연 얼마나 다른가.', '해리 엄마가 책 속의 엄마처럼 자기 삶을 찾겠다고 하면 나는 과연 얼마만큼 쿨하게 받아들일까.' 하는 복잡한 마음이 들었다고 한다.

엄마랑 책을 함께 읽은 하정이는 엄마의 꿈이 책 속 엄마처럼 화가였다는 것을 알았다고 했다. 그리고 그 꿈을 포기할 수밖에 없었던 청춘 시절 엄마의 아픔을 함께 느꼈다고 했다. 못 가본 길에 대한 아쉬움이 그대로 전해져오는 엄마의 글을 직접 낭독하며 하정이도 울컥했다. 하정이 엄마는 인터뷰 학습지 끝에 긴 소감을 써주셨다.

나의 꿈은 미술학원 선생님이었다. 4B연필 소리가 사각사각 끊임없이 들리는 미술학원의 선생님. 고3 시절을 미술학원에서 보내며, 선생님과 미술을 함께 전공할 친구들과 쌓은 추억은 너무나 소중하다. 세상의 기준에서 1등은 아니었지만, 꿈이라는 틀 안에서 그림에 대해 고민했던 열정만큼은 1등이었던 것 같다. 그때 친구들과 나눈 이해와 공감이 타인을 바라보는 나의 시선을 조금은 성장시켜주었다.

책 속 가영이 엄마의 모습은 100점은 아니다. 하지만 모든 엄마가 100점을 포기할 수도 있을 만큼 엄마의 자리, 아내의 자리, 며느리의 자리에는 힘든 점들이 많다. 그래서 자신의 꿈과 모든 것을 위해 고민하고 몸부림치는 가영이 엄마의 모습이 더욱 이해가 되고 안타까웠다.

유빈이는 이 책을 읽으며 엄마들도 이 세상에 한 번 왔다 가는 존재라는 사실을 깨닫고, 가영이 엄마가 꿈을 찾아 떠나는 장면에서 떠오르는 시를 골라 엄마들을 응원하며 낭송하기도 했다.

하루살이

정유경

어느 날 하루살이들은 생각했네.

'어차피 우리에게 주어진 시간이
하루뿐이라면
밥 먹은 시간도 아껴야겠어.
말하는 시간도 아껴야겠어.'

그래서 하루살이들은
밥도 먹지 않고
말도 하지 않고
무얼 할까 고민도 더는 하지 않고

대신 아름다운 하늘을 날기로 했네.
대신 아름다운 사랑을 찾기로 했네.

-《까만 밤》(창비)

엄마가 베트남인이어서 아빠와 함께 엄마에게 책을 낭독해주었다
는 차희는 대형 마켓에서 배달서비스를 하는 아빠의 이야기를 썼다.

기억에 남은 대화는 아빠의 꿈 이야기였다. 아빠 꿈이 애니메이터였다는 걸 처음 알았다. 아빠의 꿈이 그림과 관련된 것임은 알았지만 자세히는 몰랐었다. 아빠는 그 꿈을 이루려고 베트남에 가서 엄마를 만났다. 어쩌면 꿈은 아빠에게 성취감, 아내, 동료까지 모든 걸 다 가져다준 것인지도 모른다. 아빠가 인생의 행복을 거기서 찾았다고 하시는 것이 이 모든 걸 말해주는 것 같다.

가족을 주제로 하는 시나 그림책, 동화를 가족과 함께 읽는 것은 또 다른 공부의 확장이다. 예전 6학년 국어교과서에 〈남자들의 약속〉(이정인)이란 시가 있어서, 이 시를 가족 앞에서 낭송하는 과제를 준 적이 있었다. 사춘기 아이들이 엄마의 심정을 대변하는 시를 낭송한다는 것이 부모들로서는 신선한 충격이어서인지 아주 색다른 반응들이 많이 나왔다.

《엄마의 마흔 번째 생일》을 가족과 함께 읽는 것도 여러 형태의 파장을 만들었다. 책을 잘 읽지 못하는 딸을 위해 끝까지 책을 읽어주며 남편과 아빠로서 자신의 부족함을 들여다본 해리네, 너무 일찍 하늘나라로 간 엄마를 아빠와 처음으로 소리 내어 이야기하기 시작했다는 다혜네, 엄마의 꿈을 함께 이야기하며 깊이 소통한 하정이네, 그리고 베트남인 엄마를 위해 아빠가 책을 소리 내어 읽어준 차희네.

물론 엄마와 아이가 따로 책을 읽고 별 이야기를 나누지 못했다는 가족도 여럿 있었다. 하지만 아이들의 온작품을 통해 자기 자신, 아내, 남편, 엄마, 아들, 딸을 돌아보며 서로에 대한 생각이 깊어졌다면 온작품 읽기를 가족 읽기로 확장시킨 시도에 의미가 있었다고 생각한다. 물론 자주 하면 역효과가 날 수도 있다. 그런데 부모님과 같이 읽고 생각해볼 만한 시나 그림책, 동화를 1년에 1~2작품 골라 '가족과 함께 온작품 읽기'를 하는 것도 좋을 것이다.

처음으로 소리 내어 엄마를 이야기하다

다혜는 3월 첫날 전학을 왔다. 예쁘게 생긴 생김새에 비해 지나치게 표정이 어둡고 긴 머리로 얼굴의 7할은 덮고 있었다. 학부모 상담을 통해 엄마가 다혜를 낳고 돌아가시고 아빠와 할머니랑 살고 있다는 것을 들었다. 아이의 표정이 어두운 것은 외로움 때문이구나 싶어서 다가가려 해도 쉽게 곁을 내어주지 않았다.

그러던 어느 날 《무릎딱지》를 읽어주었는데 그날 하루 종일 다혜는 머리카락으로 얼굴을 다 덮고는 자기감정에 빠졌다. "엄마가 오늘 아침에 죽었다. 사실은 어젯밤이다. 아빠가 그렇게 말했다."라는 간결하면서도 충격적인 문장으로 시작되는 작품은 엄마의 죽음에 대한 애도의 과정을 그리고 있다.

책을 읽어주며 다혜가 신경 쓰였지만, 상처를 극복한다는 것에 대해 이야기하고 싶어서 끝까지 읽었다. 눈물을 터뜨릴 것 같던 다혜는 잘 버티다가 오후에 따로 남아 내 앞에서 1시간여를 울기만 하다 갔다. 다음 날 다혜는 책에 몇 개의 포스트잇을 붙여 내밀면서 간접적

으로 자기 상태를 알렸다. 주인공 아이가 엄마와 마지막 이별의 말을
나누는 장면 밑에 '가장 슬픈 장면'이라고 썼다. 자꾸만 지워져가는
엄마 냄새를 잡기 위해 주인공이 숨을 참고 창문을 닫는 장면에는
'너무 마음이 아프다.'라고 썼다.

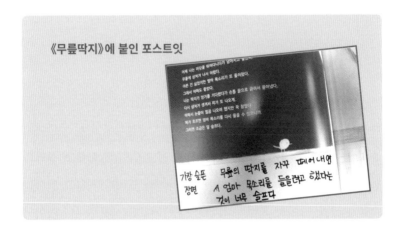

다혜는 엄마를 붙잡는 말도 해보지 못했고 엄마 냄새도 기억하지
못했다. 그러기에 엄마에게 떼를 쓰고 엄마 냄새를 붙잡는 주인공이
안쓰럽기도 하고 부럽기도 했을 것이다. 그날 오후에 다혜에게 남으
라고 해서 아무 말 없이 안아주기만 했다.

2학기에 《엄마의 마흔 번째 생일》로 가족과 함께 온작품 읽기를
했을 때, 다혜도 아빠와 책 한 권을 꼬박 읽었다. 엄마가 없는 아이에
게 이 책이 어떻게 다가갈지 걱정이 되었는데, 다혜는 이런 글을 써
주었다.

아빠와 처음으로 "엄마"를 소리 내어 말했다. 우리 두 사람은 서로가 마음 아플까 봐 엄마를 이야기하지 못했다. 엄마는 그림 그리는 것을 좋아하고, 아빠랑 같은 옷을 입고 데이트하는 것을 좋아했고, 옷을 자기 맘대로 바꾸어 리폼해서 입는 것을 좋아했다고 한다.

그러면서 글의 말미에 이렇게 적었다.

이젠 엄마 이야기를 하는 것이 그렇게 슬프지 않게 되었다.

《엄마의 마흔 번째 생일》과 직접적인 관련이 있는 글은 아니었다. 하지만 책의 내용이나 작가가 이야기하려고 하는 것만이 중요한 것은 아니다. 작품을 통해 내 삶의 문제를 직면하고 그것을 풀어나가는 작은 계기가 마련된다면 그것이 공부이다.

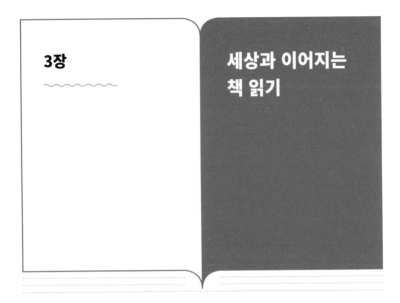

3장

세상과 이어지는 책 읽기

살아 있다는 걸 어떻게 가르칠까

교사는 아이들에게 말뿐만 아니라 삶으로 가르쳐야 한다고들 한다. 하지만 삶으로 보여주기란 쉬운 일이 아니다. 그중에서도 가장 보여주기 어려운 것이 '왜 사느냐'의 문제이다. 살아 있는 것은 어떤 가치가 있는지, 살아내면서 누릴 수 있는 것은 무엇인지, 우리 삶은 어떤 것들에 기대어 유지되는지 아이들에게 보여주고 싶지만 일방적인 잔소리가 되기 십상이다.

 그래서 선택한 책이 《살아 있어》이다. 이 책은 학년 구분 없이 읽어줘도 충분히 그만한 가치를 지닌다. 어른이 읽어도 생각할 거리가 많은 책이다.

　　살아 있어 살아 있어 살아 있어 살아 있는 건 어떤 거지?
　　살아 있어 살아 있어 숨 쉬고 있어
　　아, 살아 있다는 건 숨 쉬는 거네

　살아 있는 것은 숨 쉬는 것이다. 움직이는 것을 보면 살아 있다고 하지만 움직이지 않는 것도 살아 있다. 그리고 살아 있는 것은 자라고 있다. 아픈 것, 눈물 나는 것, 슬픈 것, 시드는 것도 살아 있는 것이고, 죽는 것도 살아 있는 것이다. 그렇다. 활동하고 성장하는 것도 살아 있는 것이지만, 고통받고 슬프고 힘겨운 것도 살아 있음의 한 모습이다.

　그런데 이 그림책을 읽을 때 나에게 가장 크게 다가온 것은 뒷부분이었다. 살아 있는 벌레를 물고기가 먹고, 살아 있는 물고기를 새가 먹고, 살아 있는 새를 짐승이 먹고, 그 짐승이 죽어 나무 아래 묻히고 그 나무에 열린 사과를 내가 먹는, 얼핏 먹이그물이나 먹이피라미드를 풀어쓴 것 같은 내용이다.

　과학적 사실로만 보았을 때는 큰 깨달음이 없었지만, 그림책을 통해서 다시 읽으니 '뭇 생명은 모름지기 다른 생명에 기대어 살아간다.'는 내용이 사실을 넘어 진실로 다가왔다. 아무 상관없어 보이던 흙 한줌이 결국은 나와 연결되어 있다는 깨달음은 우리가 사람뿐만 아니라 동물, 자연 모두와 연결되어 있다는 연대의식을 갖게 한다. 그리고 그들과 소통해야 한다는 마음도 심어준다.

이 책에는 "살아 있어 살아 있어 살아 있어 살아 있다는 건 ○○○ 는 거네." 하고 노래처럼 반복되는 구절이 있다. 저학년 아이들일수록 이 대목을 빨리 흥얼거린다. 1학년 아이들에게 이 책을 읽어주었더니 점심을 먹기 위해 줄을 서서 식당으로 가는 내내 흥얼흥얼거린다. 그리고 자기가 발견한 것들을 모두 빈칸 자리에 넣기 시작한다.

> 살아 있어 살아 있어 살아 있어 살아 있다는 건 밥을 먹는 거네.
> 살아 있어 살아 있어 살아 있어 살아 있다는 건 싸우는 거네.
> 살아 있어 살아 있어 살아 있어 살아 있다는 건 노래하는 거네.

누군가 "살아 있어 살아 있어 살아 있어 살아 있다는 건 똥을 싸는 거네." 하니까 오줌, 방귀 등 살아 있는 증거들이 속속 쏟아진다. 그렇게 아이들은 킥킥거리며 살아 있어서 누릴 수 있는 것들을 오랫동안 찾아냈다. 그 흥얼거림을 놓치기 아까워서 5교시에는 아이들에게 살아 있는 것은 어떤 것인지 그림이나 글로 간단하게 표현해보게 했다. 말로 할 때 장난스럽던 아이들도 제법 진지하게 그림을 그리며 표현했다. 장난꾸러기 시현이는 사람 하나를 덩그러니 그리더니 그 사람의 마음 안에 안겨 있는 작은 아이를 다시 그려 넣었다. 그리고 말주머니 안에 "살아 있는 건 사랑을 많이 받고 싶고 많이 주고 싶은 것"이라고 쓴다.

시현이는 다섯 살 때 엄마를 하늘나라로 보냈다. 아마 크게 그린 사람은 엄마였고, 마음에 안긴 작은 생명은 자신이리라. 엄마가 살아 있다면 실컷 사랑받고, 사랑도 하고 싶은 것이다.

사랑을 많이 받고 싶어

그리고

사랑을 많이 주고 싶어

평소에 마음을 잘 표현하지 않는 세윤이가 그린 그림도 눈에 띄었다. 한 아이가 울고 있고, 아이 옆에는 할머니가 무덤에 누워 계신 그림이 있었다. 말주머니에는 "살아 있어 살아 있어 그립고 있어."라고 씌어 있었다. 살아 있는 것은 누군가를 그리워한다는 뜻이다. 세윤이는 돌아가신 할머니가 그리운 것이고, 할머니를 그리워하는 것도 살아 있는 증거라고 생각한 것이다.

살아 있어 살아 있어

그립고 있어

살아 있어 살아 있어

울고 있어

아, 살아 있다는 건

울고 있어

누군가를 그리워하는 것도 살아 있는 사람만이 할 수 있다는 것을 1학년 아이가 알려주는 것이다. 그때 누군가 그리움이 뭐냐고 물었다. 1학년 아이들에게 그리움을 뭐라고 설명해야 할까 하다가 "그리움이란 너무 보고 싶어서 마음이나 머릿속에 그림이 그려지는 것"이라고 말해주었다. 그랬더니 방금까지 사랑하고 사랑받고 싶다던 시현이가 "아, 그리움은 베이(팽이의 일종)네." 해서 모두들 깔깔거렸다.

읽기 능력이 떨어지는 아이도 소외되지 않는 수업

승원이는 4학년 말에 전학을 온 아이다. 5학년이 되어서 처음 나와 만났을 때는 학교에 아직 적응을 못한 상태였다. 학원 공부에 많이 치어 있었고 다분히 경쟁적이었다. 조금만 깊이 들어가는 공부에도 짜증을 냈고 글쓰기나 책 읽기도 싫어했다. 동시집에서 자기 마음을 대변하는 시를 골라 베껴 쓰라고 하면 이렇게 쓸데없는 짓을 왜 하나 싶은 표정으로 제일 짧은 시를 골라 쓰곤 했다. 며칠째 같은 동시만 베껴 쓴 적도 있었다.

아이들의 독서능력을 테스트해보기 위해 《만국기 소년》을 읽고 몇 가지 문제를 내주었는데, 승원이는 거의 답을 하지 못했다. 책을 읽었다고 했지만 실제로는 거의 읽어내지 못한 것이다. 미리 책을 소개하고 함께 읽어나가자고 안내해주었는데도 승원이는 책 읽기에 자체에 대한 거부감과 두려움이 큰 상태였다. 《책과 노니는 집》을 읽을 때도 승원이는 계속 남은 쪽수를 확인하고 머리를 짚으며 골치 아파

했다.

그런데 어느 순간부터인가 승원이가 달라지는구나 싶었다. 여전히 혼자서는 잘 읽어내지 못하지만 진심으로 책에 몰입하기 시작했다. 책 속의 상황에 맞는 동시나 인물에게 주고 싶은 동시를 고를 때도 진지함이 묻어났다.

장이가 홍교리에게서 '책과 노니는 집'이라는 현판을 받는 마지막 장면에 어울리는 동시를 찾으라고 하자 승원이는 아래의 시를 골랐다. 한글로 된 책이나 천주학 책을 필사했다는 이유로 매를 맞아 돌아가신 장이 아버지의 꿈은 책방을 내는 것이었다. 그런데 장이가 아버지의 꿈을 이어 드디어 서점을 내는 것을 보면서 죽음을 넘어 뜻이 이어진다는 생각이 담긴 시를 고른 것이다.

고양이 무덤

이안

장마 지나니
고양이 묻은 자리가 우묵해졌다
그릇이 되어,
다보록이 새싹을 담아냈다

-《고양이의 탄생》(문학동네어린이)

호흡이 짧은 단편도 읽어내기 힘들어했던 승원이가 장편동화를 읽고 아버지의 꿈과 장이의 꿈이 죽음을 넘어 연결되었다는 것을 찾아낸 것이다. 게다가 죽음과 삶은 연결된다는 내용의 시를 골라낸 것이다. 정말로 대단한 발전이어서 기쁘고 대견스러웠다.

동화에 대한 몰입이 없었다면 이 동시가 눈에 들어오지 않았을 것이다. 승원이의 변화는 온작품 함께 읽기에 대한 확신을 갖게 해주는 계기가 되었다.

처음부터 교사가 함께 읽어나가며 배경이나 낱말 뜻, 문학적 장치에 대해 맥락 있게 설명해주면 읽기 능력이 많이 떨어지는 아이도 책을 깊게 읽어낼 수 있다. 물론 읽기 능력이 어느 정도 향상되고 몇 개의 작품을 깊이 있게 읽었다고 해서 스스로 책을 찾아 즐겨 읽는 습관까지 만들어지지는 않는다.

하지만 맥락에 몰입할 수 있는 온작품 함께 읽기가 아니었다면 책 읽기에서 소외되지 않고, 이야기에 몰입하며 깊은 주제를 시에 연결해낸다는 것이 아예 불가능했을지도 모른다.

마음이 메마른 아이들을 어루만지는 책 읽기

1학년 때부터 학교에서 유명했던 세찬이는 5학년이 되어서도 배경 독서가 많이 모자라는 상태였다. 자기를 봐달라는 행동을 대놓고 하고, 혼자 책을 읽으라고 하면 수없이 많은 핑계를 대며 거부했다. 늘 무기력하다가도 지나치게 경쟁적인 모습을 보였고, 자기보다 못한 사람을 심하게 무시하는 것으로 자기만족을 얻기도 했다.

그런 세찬이가 하루는 교과서의 질문 칸에 왜 답을 안 써넣느냐고 나에게 따져 물었다. 아무것도 쓰여 있지 있으면 엄마가 의심한다는 것이다. 그때서야 세찬이가 그동안 엄마를 위해 공부하고, 엄마에게 인정받기 위해 시키는 것을 모두 하며 지냈다는 것을 알았다. 그러다 보니 책을 읽을 마음의 여유 또한 없었던 것이다.

하지만 온작품 읽기 수업을 할 때만큼은 세찬이의 모습이 편안했다. 특히 주인공이 자유롭게 자기 의지로 살아가는 이야기를 좋아했다. 《푸른 사자 와니니》를 읽을 때도 누구보다 적극적이었다. 이 작품으로 낭독공연을 할 때도 평소의 무기력한 모습을 찾아볼 수 없었다. 《마당을 나온 암탉》의 잎싹이가 마당에서 첫 밤을 보내는 대목을 읽고 동시집에서 시를 찾거나 시를 써보라고 했을 때 세찬이는 스스로 이런 시를 썼다.

후회

― 이세찬

잎싹은 언제나 마당으로 나오고 싶었지
지긋지긋한 닭장에서
그런데 아무도 반겨주지 않아
그래서 마당 귀퉁이에서 잠을 잔다

족제비한테 당할까 봐 두려워

> 닭장이 그리워졌지
> 맞아, 선택의 한 귀퉁이에는
> 후회도 있는 거지

　꿈에 그리던 마당으로 나왔지만 새로운 세계 대신 목숨을 노리는 동물들의 배척에 맞닥뜨리며 다시 닭장으로 들어갈지 고민하는 잎싹이를 보면서 세찬이는 "선택의 한 귀퉁이에는 후회도 있는 거지."라는 표현을 쓴 것이다. 이 시를 읽으며 세찬이에 대한 걱정이 한결 가셨다. 자신이 어떤 선택을 하든 조금씩은 후회를 안고 살아가야 한다는 걸 이미 알고 있었기 때문이다. 그렇다면 자신의 선택을 다른 이의 책임으로 돌리며 대상 없는 원망감에 삶을 낭비하지 않을 것이라는 확신이 들었다.

　《마당을 나온 암탉》은 16권의 온작품과 50권의 동시집으로 1년을 살았던 5학년 아이들과 마지막으로 읽은 온작품이다. 온작품으로 동화와 그림책을 읽어내고 동화의 장면과 동시를 연결시키는 활동을 해오면서 세찬이의 생각과 표현력이 깊어지고 넓어졌다는 생각이 들었다.

　《마당을 나온 암탉》의 각 장에서 낭독하고 싶은 대목을 뽑고 그 장면에 어울리는 시를 각자 써서 시낭독회와 결합하기로 했을 때, 차분한 표정으로 말없이 생활해오던 윤정이는 자기가 쓴 시를 낭독극 마지막 부분에 배치해달라고 했다. 잎싹이의 삶 전체를 이야기하는 시라서 그렇다는 이유도 덧붙였다.

오르골

– 하윤정

오르골은 태엽만 돌려주면
매일 똑같은 노래와
매일 똑같은 동작으로
매일 똑같은 속도로
돌아가지

그 누구도
매일 똑같은 인생을
살고 싶진 않을 거야

반복되고 정해진 잎싹이의 삶을 보고 오르골을 연상시키는 5학년
이라니, 나는 깜짝 놀랐다. 아마도 꾸준히 동화와 동시를 연결시켜본
덕분이 아닐까 싶었다. 초등학교에서 시 읽기의 확장은 이렇게 현실
체험의 한계를 극복하게 해주는 방식으로 확장되어야 한다는 생각
도 더욱 확고해졌다.

맥락이 있어야 문장도 자기 것이 된다

《갈매기에게 나는 법을 가르쳐준 고양이》를 아이들과 온작품으로 온전히 읽고 싶었던 이유는 작품 속 동물 주인공들의 진지한 윤리의식과 세계관, 다른 존재에 대한 성숙한 태도, 세계와 삶을 긍정하는 논리 등 생각할 만한 것이 많았기 때문이다. 교과서에 일부가 실려 있고 학습목표도 제시되어 있지만 온작품으로 읽지 않으면 피상적인 활동에 그칠 것 같았다. 아이들과 이야기의 내용을 좀 더 깊이 나누며 보고 싶었다. 그래서 작품 전체를 읽으며 가장 감동적인 문장을 고르는 활동을 했다.

> 우리들은 그냥 너를 사랑하는 거야. 네가 우리를 사랑하고 있다는 것도 잘 알아. (……) 우리들은 너 때문에 많은 자부심을 가지게 됐고, 많은 것을 배웠다는 것도 알아줬으면 좋겠구나. (……) 우리와 같은 존재들을 받아들이고 사랑한다는 것은 아주 쉬운 일이야. 하지만 다른 존재를 사랑하고 인정한다는 건 쉬운 일이 아니지. 그런데 너는 그것을 깨닫게 했어.

많은 아이가 이 문장을 골랐다. 자신이 고양이가 아니라는 것에 실망한 아포르뚜나다가 날기를 포기하고 익숙한 세계에 머무르려고 할 때 고양이 소르바스가 그를 타이르는 내용이다.

내가 이 작품을 온작품으로 읽으려고 했을 때 아이들에게 가장 전하고 싶은 주제나 문장도 이 부분이었다. 나와 다른 존재를 만났을 때 배척하거나 나와 같아지라고 강요하지 않는 것, 그의 고유한 존재성을 잃지 않게 하면서 사랑할 줄 아는 것이 얼마나 아름다운 일인지 아이들에게 이야기하고 싶었다.

위의 문장은 교과서 바탕글에도 나온다. 그런데 교과서의 바탕글만 보았을 때는 저 문장이 얼마나 아름다운 문장인지 알 수가 없다. 저 문장이 아름답다고 느끼려면 고양이가 갈매기 알을 품어 키워내고 그를 날려 보내기까지의 과정에 대한 몰입이 있어야 한다. 고양이를 엄마라고 생각하고 살아온 아기 갈매기 아포르뚜나다가 날기를 포기하고 고양이로 살고 싶은 유혹에 흔들리는 상황도 모두 알고 있어야 한다. 이런 맥락의 이해가 없으면 위의 문장은 별 의미를 가지지 못하는 교훈적이고 상투적인 말에 그칠 뿐이다. 모든 과정에 대한 몰입과 맥락에 대한 이해가 있었기에 위의 문장이 갖는 가치를 발견할 수 있었다.

온작품을 읽을 때, 아이들이 혼자 읽고 내용 중심으로 활동을 하는 것보다 한 권밖에 못 읽더라도 한 문장 한 문장 같이 읽어나가는 것이 의미 있는 이유도 여기에 있다. 온전히 작품을 이해하지 못하면 책을 읽은 후 아무리 다양한 활동을 하더라도 의미가 없다. 그저 활동만 있지, 큰 배움은 없는 것이다. 배움이 일기 위해서는 이야기의 서사에 몰입이 되어야 하고, 서사에 몰입이 되어야 인물에게도 몰입하면서 성찰이 일어난다.

교과서는 이야기를 서사 없이 뚝 자르고 차시별로 쪼개 섬처럼 앉혀놓았다. 그 조각글로 교과목표는 달성할 수 있을지 모르지만, 어떤 몰입도 이끌어내지 못한다. 몰입이 일어나지 않으면 나를 성장시키는 작은 바람도 일어나지 못한다.

실내에서 자란 나무는 아무리 잘 가꾼다 해도 벌판에서 자란 나무의 생명력을 따라가지 못한다. 그 가장 큰 차이가 바람이라고 한다. 크고 작은 바람에 끊임없이 흔들리며 견뎌낸 나무가 튼튼하게 뿌리를 내리고 열매를 맺듯이, 아이들에게도 몰입에서 오는 흔들림이 있어야 제대로 된 배움과 성장을 해나갈 수 있는 것이다.

책을 읽는다는 것은 텍스트를 읽고, 작가를 읽고, 그리고 나를 읽는 것이라고 한다. 혼자 읽기로는 텍스트를 읽는 단계에도 이르지 못하는 경우가 많다. 혼자 텍스트를 읽어냈다고 하더라도 스토리만 따라가며 읽는 데 그치기 때문에 작가의 의도를 만나거나 성찰의 과정까지 이르지 못한다. 책을 통해 주변의 사람들이 얼마나 다양한 삶의 무늬를 가지며 살아가는지 깨닫는 사고의 외연 확장으로도 이어지지 못한다.

4학년 아이들에게 《조커, 학교 가기 싫을 때 쓰는 카드》를 혼자 읽으라고 한 적이 있다. 글자 수는 적고 그림이 많은 데다 분량도 적어서 충분히 혼자 읽어낼 거라고 생각했다. 하지만 아이들은 생각만큼 깊이 읽어내지 못했다. 그리고 몇 년 후 6학년을 맡으면서는 아이들과 이 책을 천천히 함께 읽었다.

노엘 선생님의 첫인상을 가장 잘 효과적으로 묘사한 문장 찾기, 가장 마음에 드는 문장 찾기, 노엘 선생님이 책 읽기를 통해 받을 수 있다고 한 선물 중 내가 받은 것 찾기, 현재 나에게 있는데 사용하지 못하는 카드 찾기, 노엘 선생님이 가장 멋지다고 생각한 대목 찾기 등을 하며 아이들과 삶에 대해 두루 이야기 나눌 수 있어서 좋았다.

만약 6학년 아이들도 혼자 읽기를 했다면 이렇게 다양한 이야기를 스스로 떠올리지 못했을 것이다. 우리는 그동안 수업에서 텍스트만 분석하고 읽어내려고 했지, 그것을 넘어 나를 읽어내거나 나를 둘러싼 세계를 읽어내려는 시도는 부족했다. 더구나 글을 잘 못 읽어내는 아이들과 함께하는 수업을 생각해보면, 이런 함께 읽는 책 읽기가 선택이 아니라 필수가 되어야 하지 않을까 싶다.

마음에 드는 문장 베끼는 방법

좋은 작품을 읽는다는 것은 다양한 선물을 받는 일이다. 이야기 선물, 감정 선물, 낱말 선물, 역사 선물 등이 가득하다. 특히 아이들 모두가 각자의 책으로 읽기를 하면 더 다양한 선물을 받을 수 있다. 아이들에게 책이 없고 교사가 읽어주기만 하면 이야기 줄거리와 주제만 남기 쉽다. 인물들의 감정에 이입되어 편지를 쓰거나 응원하는 말을 쓰는 활동을 통해 아이들은 다양한 감정 선물을 받을 수 있다. 또 하나의 좋은 활동 중 하나가 문장 베껴 쓰기이다.

가장 마음에 드는 문장을 베껴 쓰라고 하면 저학년들도 그냥 베껴 쓰지 않고 자기만의 이유를 생각해본다. 그리고 현재 마음에 가장 와닿는 부분을 고른다. 《갈매기에게 나는 법을 가르쳐준 고양이》를 읽고 마음에 드는 문장을 골라 쓰라고 했을 때 유사자폐로 모든 시간을 만화 그리기에 몰두하던 상혁이도 글자를 꾹꾹 눌러 베껴 적었다. 수업을 거의 듣고 있지 않는 것처럼 보였지만 사실은 다 듣고서 자신의 마음에 드는 "오직 날려고 노력하는 자만이 날 수 있다는 사실이죠."라는 문장을 고른 것이다.

　마치 상혁이 스스로에게 하고 싶은 말을 고른 것 같았다. 좋은 작품의 글말은 더할 나위 없이 정제되어 있다. 그래서 입말에서 갖추지 못한 논리 등이 글말에선 정리되어 표현된다. 아이들이 그런 좋은 문장을 베껴 써보는 것은 자신의 생각이나 감정을 논리정연한 말로 표현하는 또 다른 방법이다.

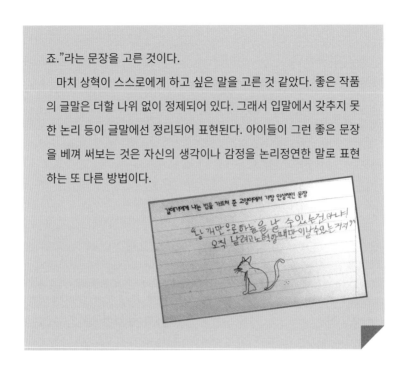

삶에 대한 의문에 답해주는 책 읽기

지은이의 장래 희망은 유튜브 크리에이터이다. 한창 유튜브에 열심히 자신의 콘텐츠를 올렸고, 옆반 아이들까지 늘어가는 구독수를 부러워했다. 지은이가 그런 활동을 한다는 것은 사실 예상치 못한 일이었다. 학교에서의 지은이는 쉬는시간에도 학습지를 풀고 영어 단어를 외우고 늘 학원학습 준비로 바빴다. 그래서 공부에 집중하는 아이로 여겼다. 하지만 실제 학습 상황을 보니 기본학습이 많이 부족했다. 열심히 하는데도 별로 성과가 없으니 스스로도 자존감이 많이 떨어져 있었고 보는 사람들도 안타까웠다.

　지은이는 이혼한 부모에 대한 원망과 혼자서 자신의 양육과 교육을 맡으며 직장생활을 하는 엄마에게 빚진 마음을 늘 가지고 있었다. '보란 듯이 우리 잘 살아야 돼.' 하며 과도하게 학원을 보내는 엄마에게 힘든 내색도 못하고 버거운 학원 스케줄에 맞추는 시늉을 한 것이다.

　《엄마의 마흔 번째 생일》을 읽는 동안 지은이는 애써 눈물을 참으며 내내 손가락을 잘근잘근 씹었다. 그러다가 가장 마음에 남는 대목으로 주인공 가영이가 엄마 아빠의 이혼을 받아들이며 하는 혼잣말을 골라 읽다가 참았던 눈물을 터뜨렸다.

　　남들이 우리 집에 대해 어떻게 말하건 나한테는 하나도 중요하지 않다. 엄마랑 아빠랑 행복하게 살면 좋겠지만, 그렇지 않아도 불행하지는 않다는 말이다. 엄마 아빠 때문에 힘들었지만 나는 밥도 먹고 잠도 자고 공부도 했다. 나는 엄마 아빠의 딸이지만 나 혼자 살아가야 할 시간이 따로 있다는 것을 확실하게 알았다.

　지은이가 이 글을 읽었다고 해서 당장 엄마에게 혼자만의 삶을 살아갈 거라고 하진 않을 것이다. 하지만 이런 문장을 통해 지은이는 꾸준히 일어나는 삶에 대한 의문을 풀어줄 대상, 자기 욕구의 정당성을 인정해주는 말들을 찾았을 것이다. 그리고 그것은 지은이의 마음에 충만함을 가져다주었을 것이다. 아이가 가진 그대로를 인정해주는 책 속의 소리가 어떤 지식의 저장으로도 대체할 수 없는 진짜 배움이 아니었을까.

자폐 증상이 있는 상혁이는 늘 창밖을 쳐다보거나 만화를 그리며 혼자 생활하는 아이다. 《푸른 사자 와니니》를 읽는 동안에도 상혁이가 별로 집중하지 못해서, 아이에게 맞지 않는 책인가 보다 생각했다. 그런데 책 한 권을 다 읽을 때쯤 상혁이가 스스로 시를 썼다.

들개 무리

― 이상혁

엄마가 그랬다
사나운 쫓겨난 개는 산속으로 들어가
다른 개들과 들개무리를 만든단다
아마 와니니도
그래서 무리를 만들었을 거야

그리고 낭독공연을 할 때도 꼭 이 시를 자신이 낭독하고 싶다고 했다. 조금은 다른 세계에 살고 있는 자신을 있는 그대로 받아줄 무언가가 필요했던 상혁이에겐 《푸른 사자 와니니》가 어떤 만족감을 주었을 것이다. 이런 배움이야말로 나중에까지 상혁이를 응원해주는 힘이 된다.

부모님의 행복을 위해 불행하게 사는 아이들

오직 나만을 위한다는 것은 무엇일까? 자신이 소중하다고 생각하고 누군가 돌봐주길 바라면서도 정작 자신을 위해서 어떤 일을 해야 할지 잘 모른다. 다른 누군가를 위해서 해야 하는 일들은 많지만, 자신을 위해 하는 일은 생각보다 많지 않다.

독서캠프에서 '나를 인정하기' 프로그램을 진행하며 《난 내가 좋아》(낸시 칼슨, 보물창고)라는 그림책을 읽어주었다. 그리고 주인공의 여러 행동을 보며 자기 자신을 위해 하는 일이 무엇인지 말해보자고 했다. 구체적으로 항목을 나누어 먼저 "나의 몸을 위해 하는 일은 무엇이 있나."라고 질문했다. 아이들은 "물을 많이 마신다, 아침밥을 꼭 먹는다, 운동을 한다." 외에 별다른 답을 하지 못했다. 또 "마음을 위해 어떤 일을 했나."라는 질문을 이었다. 이번에도 아이들은 "운동을 한다, 책을 본다, 멍 때린다." 등의 빈약한 답을 했다. 아마도 아이들이 스스로를 위해 뭔가를 하는 것에 익숙하지 않고, 해야만 하고 시켜서 하는 일만 많이 하고 있어서일 것이다.

내 몸과 내 마음이 요구하는 것이 무엇인지를 깊이 들여다보는 것이 무엇보다 중요하다고 이야기해주면서 《줄무늬가 생겼어요》(데이빗 섀논, 비룡소)를 같이 읽었다. 이 작품은 5학년 2학기 국어활동에 나오는데, 토론의 방식을 익히기 위한 읽기자료로 제시되어 있다.

주인공 카밀라는 남의 시선을 의식하는 줄무늬병에 걸린 아이이다. 옷을 입을 때도, 음식을 먹을 때도 다른 아이들이 좋아할지를 신경 쓴다. 결국 카밀라는 사람들의 말에 따라 몸이 변한다. 세균으로,

알약으로, 심지어는 방과 가구로 변한다. 그러다 정말 좋아하고 먹고 싶은 강낭콩을 먹으며 자기 자신으로 돌아온다.

토론의 형식을 배우는 것도 중요하지만 토론할 내용이 더 중요하다는 생각으로 이 책을 온작품으로 충분히 읽었다. 그런 뒤 과연 아이들이 얼마나 자신을 돌아보며 자기 의지로 살고 있는지 이야기 나누기로 했다. 동시에 '나를 알고 인정하기' 프로젝트도 진행했다. 각자 자신의 시선 의식도를 체크해보았다. 그리고 왜 남의 시선을 의식하게 되었는지 자신에게 편지를 써서 낭독하는 것으로 수업을 진행했다. 누군가의 시선 때문에, 누군가의 바람 때문에 억지로 하고 있는 일은 무엇인지에 대해 깊이 들여다보는 시간을 가진 것이다.

5학년 아이들은 다른 사람의 시선보다는 부모님의 바람을 가장 의식하고 있었다. 스스로 동의하긴 했지만 부모님의 권유 때문에 학원을 다니고 있으며, 자신이 안 다닌다고 했을 때 부모님이 실망하는 것이 가장 두렵다고 했다. 부모들의 말대로 해야 부모님이 행복하기 때문에 아이들에겐 자기 의지보다 부모님의 기대가 먼저인 것이다.

우리반 최고의 범생이 민준이는 "나는 나를 위해 살고 싶기도 한데 부모님이랑 부딪칠 자신이 없어요."라고 했다. 민준이는 준수한 외모에 운동도 잘하고 바른 생활을 하며 친구 관계도 좋다. 민준이가 하고 싶은 일은 영화를 만드는 것이다. 그래서 학급에서 뉴스 만들기를 하면 그럴싸하게 콘셉트를 잡아 편집도 도맡아 하고, 온작품을 정하는 날엔 오후에 남아서 책을 다 읽고 가곤 했다.

그런 민준이가 2년 전까지는 학원이며 과외에 엄청 많이 시달렸다고 한다. 어느 날 진지하게 부모님에게 "너무 힘들어 살고 싶지 않다."라고 토로한 뒤로 부모님이 모든 것을 접고 민준이가 하고 싶은 것을 하게 두었다고 한다. 민준이가 자신에게 쓴 편지 말미에 덧붙인 부모님에 대한 이야기이다.

엄마, 아빠.

아직도 내 눈치를 보며 하늘이 이야기를 왜 하시는지 알아요. 같이 과외하던 하늘이만 앞으로 나아가는 것 같아서 초조하시겠지요. 하지만 전 제 생활이 마음에 들어요. 읽고 싶은 것 실컷 읽고 학교에서 놀다가 저녁 때 집에 가는 것도 좋고, 사진 마음대로 찍고 아이들과 노는 것도 좋아요. 언젠가 제가 마음이 변해 어쩜 엄마 아빠가 원하는 공부만 할 수도 있겠지만 지금은 이렇게 사는 것이 좋아요. 나중에 후회하더라도 내 선택이니까 내가 책임지며 살게요.

한 번의 진통을 겪어서인지 민준이는 책 속 마지막 장면의 카밀라처럼 쉽게 흔들리지 않을 것처럼 보여서 다행이었다. 하지만 카밀라가 쉽게 자기 모습을 되찾는 것과는 달리, 현실에선 자신을 한 번 잃어버린 아이들이 스스로의 모습으로 돌아오는 것이 쉽지 않다. 본래 모습을 잃어가며 자기가 무엇을 하고 싶은지도 모른 채 부모님이나 어른들이 바라는 대로만 사는 아이들은 어쩜 줄무늬병에 걸려 시름시름 앓고 있는 건지도 모른다.

이런 상태가 계속되면 중·고등학교 때 심하게 좌절을 겪고 우울증이나 무기력증에 걸려 일어나지 못하는 경우도 있다. 그래서 나는 이 책을 몇 년 전부터 고학년 아이들과 온작품으로 읽곤 했다. 아이들뿐만 아니라 어른들도 함께 읽으면 좋기 때문에 가족 온작품 읽기도 권하고 있다. 《엄마의 마흔 번째 생일》이나 《곰돌이 워셔블의 여행》, 《줄무늬가 생겼어요》 등은 가족과 함께 읽으면 좋다.

삶은 가르치는 것이 아니라 보여주는 것이라는 말이 있다. 삶을 가르치는 가장 잘못된 방식이 "너는 나처럼 살지 마."라고 한다. 엄마가 책 읽는 것을 즐기지 않으면서 아이들에게 책 읽으라는 것도, 교사가 책을 읽으며 즐거운 모습을 보이지 않고서 책 읽기가 즐겁고 유익한 것이라고 말로 가르치는 것도 배움에 아무 소용이 없다.

말로 가르치는 것은 절대로 아이들 삶에 녹아들지 않는다. 내가 아이들에게 어떤 삶이 멋지고 바른가를 이야기로 가르치려 하면 아이들은 마음속으로 "그러면 당신부터 그렇게 살지?" 한다. 우리는 아이들에게 직업이나 삶의 구체적인 방식을 일일이 가르칠 수 없다. 멋지고 신나게 살아가는 것을 보여줄 수 있을 뿐이다.

아이들이 부모에게서 가장 많이 배우는 것은 사회성과 삶의 태도이다. 한글을 억지로 가르치기보다는 글자의 세계가 얼마나 신나고 흥미로운지를 느끼게 해줘야 한다. 책을 읽으라고 강요하기 전에 책의 세계가 얼마나 즐겁고 의미 있는지를 보여주는 것이 먼저이다. 온작품을 천천히 함께 읽는 것은 책을 통해 새로운 세계를 만나도록 해주는 것이다. 책으로 만난 세상에서 나를 다시 만나고 내가 사는 세상을 다시 바라보는 경험을 하게 해주는 것이다.

시선 의식도 체크리스트

1. 다음 질문을 읽고 자신에게 해당되는 점수를 표시해봅시다.

(아니오는 0점, 매우 그렇다는 3점)

① 내 외모에 대해 다른 사람들이 낮게 평가할 것 같다.

0	1	2	3

② 새로운 옷을 입고 나가면 남들 시선이 신경 쓰인다.

0	1	2	3

③ 학원이나 학교에서 점수를 못 받으면 가장 먼저 부모님 얼굴이 떠오른다.

0	1	2	3

④ 학원을 다니고 과외를 하는 것은 나의 의지보다 부모님의 선택이다.

0	1	2	3

⑤ 내가 실수를 하면 누군가 날 비웃을 것 같다.

0	1	2	3

· **0~5점**

당신은 절대로 줄무늬병에 걸리지 않을 겁니다. 혹시 주변에 당신의 말 한마디에 잠 못 이루는 친구가 있는지 둘러보세요.

· **6~10점**

줄무늬병에 걸릴 가능성이 있어요. 다른 사람들이 별 생각 없이 내뱉는 말에 너무 신경 쓰지 마세요.

· 11~15점

벌써 줄무늬병에 걸렸군요. 자기의 진짜 모습이 무엇이었는지 곰곰이 생각해

보세요. 그리고 용기를 내어 크게 말해보세요. "난 나야." 하고 말이죠.

2. 줄무늬병의 점수 결과를 쓰고 자신에게 편지를 써봅시다.

슬픔과 외로움이 곧 불행인 것은 아니다

6학년의 마지막 단원은 자신이 좋아하는 문학작품을 골라서 왜 좋아
하는지 소개하는 동시에 다른 친구들이 좋아하는 작품과 좋아하는
까닭을 듣고 이해하는 단원이다. 졸업과 이별이라는 주제에 어울릴
것 같아 《아빠 보내기》(박미라, 시공주니어)를 선택했다.

　《아빠 보내기》의 주인공 민서의 아빠는 3년을 간암과 싸우다 돌아
가신다. 시간이 흐르면서 민서의 슬픔은 점차 누그러지지만, 엄마의
슬픔은 나아질 기미를 보이지 않고 우울증으로 깊어진다. 이웃 할머
니의 도움으로 민서는 엄마의 상처를 치료해줄 방법을 궁리한다. 민
서가 엄마를 위해서 어릴 적 이불 속에서 들었던 동요를 불러주자
엄마는 소리 내어 울음을 터뜨리고, 아빠에게 진정한 작별 인사를 건
넨다.

학년 말이라서 책을 음미하려고 하루에 5~6쪽씩 읽어나갈 생각이었다. 그런데 몇 쪽 안 읽어서 아이들이 혼자 읽게 해달라고 했다. 내용이 그리 어렵지 않고 혼자 조용히 읽으며 이야기에 빠져드는 기회도 필요할 듯해서 혼자 읽기로 바꾸었다. 그리고 가끔씩 어느 대목에서 어떤 마음이 드는지 적기로 했다.

그러다가 누군가 "선생님, 〈Try to remember〉라는 노래 알아요?" 했다. 이야기 속에서 이웃 할머니가 슬플 때 듣는 음악이다. 할머니는 이 노래를 들으며 실컷 슬퍼하고 나면 슬픔이 가신다고 했다. 음악을 찾아 틀어주었더니 아이들은 어느 때보다 집중해서 들었다. 어떤 아이는 다음 날 가사를 해석해서 들고 와 노래에 담긴 뜻도 들려주었다. 며칠 동안 아이들은 자기가 슬플 때 듣는 음악, 기분 좋을 때 듣는 음악을 찾아와 틀어달라고 했다.

책을 읽은 소감과 가장 인상 깊은 대목이나 느낌을 이야기하자고 했을 때 진영이가 제일 먼저 시작했다.

아빠가 돌아가셨을 때도 별로 울지 않던 민서 엄마가 우울증이 깊어져 밤중에 사라지자, 민서는 엄마도 죽을까 봐 무서워한다. 민서 엄마가 아빠의 셔츠를 매일 빨아서 물을 짜지도 않고 걸어놓고 아빠를 대하듯 하는 장면이 슬펐지만 엄마가 민서 품에서 실컷 울고 나서 아빠를 떠나보내고 소풍도 가고 텃밭도 가꾸며 다시 웃게되었을 때 마음이 맑아졌다.

아이들은 너도나도 공감했다. 그런데 재경이가 궁금해서 묻는 건지, 이의를 제기하는지 알 수 없는 말투로 "결국 눈물의 힘인가요?" 하고 물었다. 재경이는 마음에 남는 게 있을까 싶을 정도로 책을 빨리 읽어치우는 아이다. 제대로 눈물을 흘리고, 제대로 슬퍼하고, 제대로 애도했을 때 비로소 슬픔이나 이별의 다음 단계를 이야기할 수 있다고 알려주고 싶었지만 말을 아꼈다. 지금은 다 이해할 수는 없을지라도 성장해나가며 어느 순간 마음에 다가올 때가 있을 거라 생각했기 때문이다.

재경이 이야기가 끝나자 가연이가 책에서 가장 멋진 사람으로 7층 할머니를 뽑겠다고 하며 이야기를 시작했다. 7층 할머니는 민서 엄마의 우울증이 깊어지자 민서에게 엄마를 위로할 방법을 찾게 해주고 엄마를 집밖으로 나가게 해준 인물이다. 가연이는 7층 할머니야말로 새로운 가족이라는 말을 했다. 7층 할머니가 결국은 민서와 엄마가 건강하게 웃으며 살 수 있게 해주었다는 것이다. 책에서 가장 인상 깊은 대목도 7층 할머니를 설명하는 내용으로 찾아 읽었다.

나는 가끔 아빠는 돌아가셔서 큰 슬픔을 남겼지만 그 빈 자리를 채워 주는 것들이 생긴다는 걸 느낀다. 7층 할머니만 봐도 그렇다. 얼마나 든든한지······.

아이들은 가연이 이야기가 끝나자 7층 할머니의 멋진 점을 이야기하기 시작했다. 친척이나 가족이 아니면서 민서네 모녀에게 가족이 되어주었다는 점이 멋지다고 했다. 소중한 사람을 잃는 것, 사랑하는 사람과 헤어지는 것은 누구든 겪을 수밖에 없는 일이다. 그 상실감과 슬픔과 외로움도 남은 자의 몫이다. 하지만 그런 감정들이 불행으로만 남지 않도록 하는 것은 옆에 있는 사람들의 몫이기도 하다.

책에서 인물을 배운다는 것은 주인공이 어떻게 고난을 극복하는가를 알아내는 것이기도 하다. 동시에 주인공을 둘러싼 주변 인물들의 삶에서 많은 것을 찾기도 한다. 《아빠 보내기》에서도 민서네와 직접 관련이 없는 7층 할머니에게서 아픈 이웃과 연대하는 법, 가족과 작별하는 법을 배우고 함께 살자는 아들에게 '사는 건 다 각자의 몫이 있고 그걸 인정해주는 게 더 큰 사랑'이라고 말하는 부분을 읽으며 독립적인 삶을 살아가는 태도를 얻는 것이다.

아이들과 온작품을 함께 읽을 때 가장 감동적으로 느껴지는 순간이 있다. 바로 혼자 읽을 때는 발견하기 힘든 또 다른 삶과 인물을 만나는 순간이다. 그림책 《샤를의 기적》과 《샤를의 모험》 시리즈를 읽을 때도 그랬다. 공룡인 샤를이 이뤄내는 기적과 모험만이 감동적인 것은 아니다. 샤를의 옆을 지키는 파리와 무당벌레 같은 존재들에 대한 인식은 함께 읽고 이야기 나누는 과정에서 훨씬 더 눈에 띈다.

누구나 살면서 너무나 많은 이별과 상실을 경험하고 그 이별과 상실에서 오는 슬픔과 외로움도 어쩔 수 없이 받아들여야 한다. 하지만 그 슬픔과 외로움이 불행함으로만 남지는 않아야 한다. 사랑하는 누군가를 잃은 슬픔이나 외로움은 어쩔 수 없는 것이지만 또 다른 만남과 존재로 또 다른 사랑과 우정을 주고받을 수는 있다. 슬픔이나 외로움이 곧 불행이라는 등식이 아님을 알게 해주는 존재가 《아빠 보내기》의 7층 할머니, 《샤를의 모험》의 무당벌레들이다.

초등학교를 졸업하고 새로운 장으로 나아가는 아이들이 살아가면서 상실을 겪었을 때, 슬픔에 눌려 세상을 향한 마음의 문을 닫지 않았으면 한다. 또 슬픔과 외로움을 겪는 주변 사람들을 위해 기꺼이 함께 서줄 수 있는 마음이 이 작품을 읽는 동안 생겨나기를 바랐다.

주인공이 되어보는 책 읽기

서사가 있는 이야기에서 갈등은 매우 중요하다. 그런데 갈등을 통해 배우는 것이 갈등요소를 찾아내는 것에서 그쳐서는 안 된다. 갈등 국면을 대하는 자세는 어떤지, 갈등을 어떻게 풀어나가는지, 갈등의 결과는 어떤 식으로 삶에 스며드는지, 갈등의 결과를 어떤 태도로 수용해야 하는지를 배워야 한다.

5, 6학년에서 《엄마의 마흔 번째 생일》을 온작품으로 읽는 것은 이런 이유 때문이다. 이 책은 갈등이 치밀하게 드러나고 갈등 해결 과정도 뻔하지 않다. 이혼에 이르는 과정을 모두 보여주는 동화이면서도 이혼의 결과를 건강하게 받아들이는 아이의 모습을 보여주는 작품이라서 고학년 담임을 할 때 온작품으로 다룬다.

축구를 좋아하는 열세 살 가영이는 치매에 걸린 할머니를 두고 꿈을 찾아 그림을 그리러 다니는 엄마를 이해하지 못한다. 아빠 역시 엄마의 변화를 전혀 이해하지 못하고 이해하려고도 하지 않는다. 엄마와 아빠의 갈등은 심해져 가정은 깨진다. 하지만 가영이는 '나, 엄마, 할머니'로 이어지는 여성의 삶과 정체성에 대해 생각하기 시작한다. 그러면서 엄마를 이해하게 되고 불행해하거나 엄마를 원망하지 않는다.

여태 우리 동화에서는 부모의 이혼을 비정상적이고 이상한 것으로 주로 다루어왔다. 이혼 가정의 아이들은 심하게 고통받은 아이, 문제 행동을 하는 아이, 무조건 배려해줘야 하는 존재들로 비춰진다. 자연히 이혼에 책임이 있는 엄마와 아빠는 죄인처럼 그려진다. 이혼의 이유를 설명하기보다는 숨기고, 서로 원망하는 부모의 모습을 보여주었다.

《엄마의 마흔 번째 생일》은 이혼으로 가기까지의 모든 과정을 아이들 눈으로 바라본다. 이혼은 부모 한쪽의 일방적인 잘못으로 인한 결과가 아니라 부모 모두의 더 나은 삶을 위한 선택이었음을 이해시킨다. 이런 과정을 통해 아이들은 서서히 이를 받아들인다. 그리고 누군가를 원망하며 자기 자신을 비관적인 틀에 넣는 일을 하지 않게된다. 물론 부모의 이혼이 아이들에게 아무런 상처를 내지 않을 수는 없다. 중요한 것은 그 상처를 어떻게 딛고 일어나는가이다. 이혼에 이르는 과정에 대한 납득이 있어야 아이들도 이 결과를 받아들일 수 있다.

이 책을 읽게 된 이유가 인물들 간의 갈등을 찾기 위해서였기 때문에 아이들에게 갈등에 집중하면서 물어나갔다. 처음에 아이들은 이야기 속 남녀 문제에 꽤 집중했다. 여자아이이지만 축구를 좋아하고 축구시합에 나가고자 하는 가영이를 남자아이들이 반대하는 내용이 나오기 때문이다. 책 속 아이들이 이 문제를 어떻게 푸는지 관심 있게 지켜보며 자신들도 진지하게 함께 토론했다. 결국 축구를 잘

하는 가영이가 여자라는 이유로 경기에 나가지 못하는 자체가 이해가 안 된다며 책 속 아이들보다 훨씬 앞서가는 결론을 냈다.

이어서 아이들은 현실에서의 남녀차별 문제를 가지고 토론해보자고 했다. 요즘 아이들은 가족 안에서의 성차별 문제는 그리 많이 느끼지 않는다고 한다. 오히려 학교에서 출석번호를 남자에게 먼저 붙이는 일, 물리적으로 힘든 일이 있으면 무조건 남자들이 도와야 하는 것이 역차별이 아니냐고 했다. 여자아이들은 적게 먹는다는 편견으로 식당에서 밥을 조금 주는 것도 문제라고 지적했다. 여성 비하적인 언어생활의 문제도 나왔다. 작품 속 엄마 아빠의 갈등으로 이야기가 옮겨가면서 남녀의 역할에 대한 토론과 가영이 아빠의 여성관, 아내관에 대한 신랄한 비판이 이어졌다.

이쯤에서 아이들에게 '이야기 속 인물이 되어 일기 쓰기'를 해보자고 했다. 이야기 속 인물이 되어 사건과 결과들을 어떻게 바라보는지, 이야기 장면에서 인물들은 어떤 내적 갈등을 겪고 있는지 등을 생각해보는 것이다. 이는 작품 속 인물의 내면에 몰입하는 데 아주 좋은 전략 중의 하나이다. 아래는 작품 속 상황과 인물에 직접 이입되어 아이들이 쓴 일기다.

> 가영이가 되어
> 오늘 할머니의 장례식날이다. 아빠는 엄마한테 장례식장에도 들어오지 말라고 난리치셨다. 그래도 엄마가 곁에 있어서 좋다. 엄마는 할머니가 귀찮고 싫은 줄 알았는데 계속 우셨다. 이해가 잘

안 되는데 언니는 그런 것이 정이라고 했다. 정이랑 사랑은 다른 건가? 아참! 그리고 오늘 엄마의 마흔 번째 생일이다. 엄마! 엄마는 이제 멋진 화가로 다시 태어나신 거예요. 함께 생일파티는 못 하지만 슬퍼하지 않을게요. 엄마, 마흔 번째 생일 축하해요.

가영이가 되어 장례식장에도 못 오게 하는 아빠를 보면서 느끼는 생각이나 자신의 길을 가는 엄마를 바라보는 가영이의 마음이 잘 드러난다.

엄마가 되어

어머님이 돌아가셨다. 치매에 걸려 고생하셨는데 끝까지 돌봐드리지 못했던 것이 죄스럽고 미안했다. 그래서 눈물만 나왔다. 가영 아빠는 소리를 고래고래 지르며 나가라고 했는데, 그래도 애들 고모가 아빠를 말려서 장례식에는 참석할 수 있었다. 장례식을 마치고 친정집으로 돌아왔는데 그때서야 내 생일임을 알았다. 애들이 오늘만 나랑 자고 아빠한테 가기로 했다. 씩씩하게 밝게 잘 지내주길 간절히 바란다. 그리고 언젠가 나를 이해하게 되는 날, 나의 전시장을 찾아줄 거라 믿는다.

엄마가 되어 시어머니의 죽음을 바라보는 마음이나 아이들과 떨어져야 하는 슬픔, 아이들이 건강하고 씩씩하게 자라길 바라는 마음이 일기를 통해 드러난다.

인물이 되어 일기를 쓴다는 것은 인물의 상황 속에 깊이 들어가보는 것이다. 이런 활동은 맥락이 이해되지 않으면 할 수 없는 활동이다. 인물이 되어 갈등을 어떻게 겪어내는가를 경험해보는 것은 현실의 갈등을 공부하는 데 아주 중요한 요소다. 갈등이란 상대의 마음을 충분히 이해하지 못하고 내 방식으로만 상대를 이해하려 했을 때 더 커진다. 그럴수록 해결의 기미도 보이지 않는다. 엄마가 되어보고 딸이 되어보면서 그 인물들이 겪을 갈등을 내가 직접 겪어보는 것이다. 그리고 어떻게 문제를 풀어갈 것인가를 깊이 생각해볼 수도 있다.

《꿈을 나르는 책 아주머니》(헤더 헨슨, 비룡소)를 읽을 때도 마찬가지였다. 이 작품은 경제공황이 심각했던 1930년대, 영국의 가난한 산골 가정에 책을 날라주었던 아주머니의 이야기다. 책을 싫어하는 칼과 책을 아주 좋아하는 라크, 그리고 책 아주머니에게 고마워하는 엄마와 아빠가 등장한다.

처음에 아이들은 책을 싫어하는 아이와 책을 좋아하는 아이를 보는 부모의 마음과 표정을 읽지 못했다. 또한 험난한 산골로 책을 나르는 책 아주머니의 감정에 이입하는 것도 힘들어했다. 하지만 책을 읽어가는 어느 시점에 인물이 되어 일기를 쓰게 했더니 그 인물들의 상황에 즉각적으로 몰입했다.

라크가 되어

- 서수민

나는 책을 좋아한다. 책을 읽는 시간이 제일 좋다. 책 아주머니가 말을 타고 온다. 책 아주머니가 이번에는 어떤 선물을 가지고 오셨을까? 나는 책이 들어 있는 가방을 초롱초롱한 눈으로 쳐다보았다. 아버지는 책 아주머니를 고마워하는 나를 보며 "물물교환을 하면 되겠지. 책 한 권에 열매 한 주머니."라고 말씀하셨다. 나는 뛸 듯이 기뻤다. 드디어 내가 좋아하는 책 아주머니께 은혜를 갚을 시간이라니. 하지만 책 아주머니는 단호하게 열매를 받지 않겠다고 하신다. 그래도 괜찮다. 마음이라도 전해졌을 테니까.

칼이 되어

- 권효준

아침에 울타리가 부서져 있기에 울타리를 고치고 있었다. 그런데 어디서 말발굽 소리가 들려 쳐다보았다. 어떤 아주머니였다. 그런데 그 아주머니는 바지를 입고 있었다. 정말 신기한 광경이었다. 그 아주머니는 집에 들어오셔서 우리에게 가방 속에 있는 걸 보여 주었다. 누나는 눈이 반짝거렸다. 바로 책이었다. 하지만 우린 책을 살 수 없다. 아빠가 "물물교환을 하면 되겠구나." 하셨다. 아빠 손에 들려 있는 건 내가 울타리를 손보다 딴 열매였다. 난 얼른 열매를 등 뒤로 숨겼다. 하지만 아주머니가 그 무엇도 받지 않고 가셨다. 그 책은 모두 공짜였다. 정말 놀랍고 내 열매를 책 따위와 바꾸지 않아 다행이다.

책 아주머니가 되어

– 하재경

나는 오늘도 책을 전하러 간다. 누가 있을까? 내가 도착했을 때 울타리를 고치고 있던 아이가 나를 본다. 집에 들어서니 여자아이와 그 아이의 부모님으로 보이는 사람들이 나를 반겼다. 내가 책을 보여주자 여자아이가 굉장히 관심을 보인다. 아이들의 아빠가 나무딸기를 주시려고 했지만 나는 받지 않았다. 칼이라는 아이는 책에 관심이 없다. 칼이 책에 관심을 가지면 좋겠다.

아이들 몇몇이 책을 싫어하는 칼이 되어 일기를 썼다. 그러고는 시답잖은 책과 산골의 귀한 먹을 것을 바꾸려는 부모에 대해 못마땅함을 드러냈다. 험난한 산골로 책을 주러 가는 사람이 느끼는 보람과 책을 반기지 않는 아이에 대한 안타까움이 교차하는 책 아주머니의 심정을 읽어내 쓴 일기도 있다. 몰입이 되지 않았다면 '책을 읽자'는 교훈만 주는 그저 그런 그림책에 그쳤을 작품에서 여러 다른 면들을 발견해낸 것이다.

작품 속 인물이 되어 일기를 쓰는 것은 작품에 몰입되는 과정이

고, 맥락이 있어야 몰입이 되고 몰입되어야 이야기가 자기 삶의 문제
에 닿는다.

맥락에 몰입하면 모든 교과목표를 넘어선다

그러지 마세요

김용택

제발 그러지 마세요.

제발 그러지 마세요.

제발 이러지 마세요.

제발 이러지 마세요.

우리는 어쩌라고

우리는 어쩌라고

제발 그러지 마세요.

제발 이러지 마세요.

그렇게 여기저기

농약을 뿌려 대면

우리는 어쩌라고

우리는 어쩌라고

정말 우리는 어쩌라고.

-《너 내가 그럴 줄 알았어》(창비)

《책과 노니는 집》을 함께 읽으며 가장 인상 깊은 장면에 어울리는 시를 동시집에서 골라보자고 했을 때 민서가 고른 시다. 장이가 홍교리네 서가에서 동녘 동 자를 찾아 뒤지는데 영문을 모르는 홍교리네 일꾼들이 장이를 내동댕이치는 장면(즉 교과서에 제시된 장면)에 어울리는 시라고 고른 것이다.

아이들이 고른 시를 보면 비록 자신들이 쓴 시는 아니지만 충분한 감정이입이 있었다는 것을 알 수 있다. 장이가 천주학 책과 어떤 관련이 있고 홍교리는 장이에게 어떤 존재이며, 홍교리가 천주학 책을 가진 것이 들켰을 때 어떤 결과를 가져올 것인지를 알지 못하면 이 긴장되는 장면을 이해하더라도 함께 긴장감을 느끼며 감정에 이입되기는 힘들다. 하지만 온작품으로 맥락을 따라가며 읽은 아이들은 시를 고른 이유도 잘 밝혀둘 정도로 작품에 몰입할 수 있었다.

시를 고른 이유

– 김민서

천주학 책을 가진 홍교리가 단속반에 걸릴까 봐, 그래서 아버지처럼 죽을 수도 있다는 생각에 장이가 홍교리 책방에 있는 동녘 동 자를 찾으려고 했다. 그런데 홍교리네 강 서방이 다짜고짜 책장을 뒤지는 장이를 말리다가 장이를 대문 밖으로 내동댕이칠 때 장이의 마음이 이 시와 같은 마음일 것 같아 고른 시다. 그리고 《책과 노니는 집》에 나오는 등장인물들이, 특히 천주학 책을 읽는 모든 사람들이 단속을 원망하는 마음을 표현한 것 같다.

추론도, 감정이입도, 인물의 삶과 행동, 생각과 가치관을 비판하는 것도 맥락이 있어야 가능하다. 교과서에서도 앞뒤 내용을 요약해서 싣고 이 장면을 제시했지만 교과서의 조각글에서는 아이들이 이런 감정이입을 경험하지 못했으며 교과서 목표인 추론 활동도 충분히 일어나지 못했다.

또한 교과서에서는 나오지는 않지만 온작품인《책과 노니는 집》에서 아이들이 꽤나 인상 깊다고 한 인물은 홍교리나 최서쾌가 아니라 허궁제비였다. 허궁제비는 건달이다. 심부름 가는 장이의 소중한 물건을 빼앗고 돈을 요구하며 장이를 더욱 곤궁에 빠뜨린다. 결국 이 사실을 알게 된 최서쾌에게 혼이 난 뒤로 일자리를 얻지만 한글 책을 돌려보고 소장하는 사람들의 정보를 관원들에게 알려주고 단속에도 앞장서게 된다. 아이들에게 반감을 많이 주면서 동시에 생각거리를 많이 던져주는 인물이다.

바르게 사는 사람을 통해서도 배우지만 바르지 않는 길을 가는 사람에게서도 아이들은 또 배운다. 이렇듯 인물에 대한 비평이나 문장에 대한 선택은 온작품으로 작품의 맥락에 몰입하지 않으면 절대 나올 수 없다. 교과서나 교육과정이 제시하는 목표 달성만 생각할 것이 아니라, 하나의 작품을 읽더라도 다양한 선물을 얻을 수 있는 수업을 해야 한다.

"이 책이 법적으로 너희 소유는 아니지. 그렇지만 너희가 그 책을 길들이는 순간부터, 다시 말해서 그것을 읽는 순간부터 책은 너희 것이 된단다. 나는 너희에게 역사 선물, 인물 선물, 단어들, 문장들, 사상

들, 감정들의 선물을 준 것이야. 일단 책을 읽고 나면 그 모든 것이 일
생 동안 너희 것이 된단다."

《조커, 학교 가기 싫을 때 쓰는 카드》에 나오는 이 구절은 책 읽기
의 의미와 그것을 온전히 감상하는 것의 가치를 잘 말해준다. 책을
온전히 이해했을 때만이 받을 수 있는 선물, 온전한 맥락이 드러난
온작품에서만 얻을 수 있는 선물이다.

책을 읽는 동안 또는 국어수업을 하는 동안 우리는 아이들에게 학
습목표로 제시된 국어적 기능만 선물했을 뿐 한 권을 온전히 읽는
동안 얻을 수 있는 인물 선물, 역사 선물, 사상 선물, 감정 선물들을
놓치고 있었던 것이다. 온작품 함께 읽기는 이 모든 선물을 아이들에
게 평등하게 주는 종합선물세트다.

3부

책을 통해
아이들의
마음이
퍼져나가다

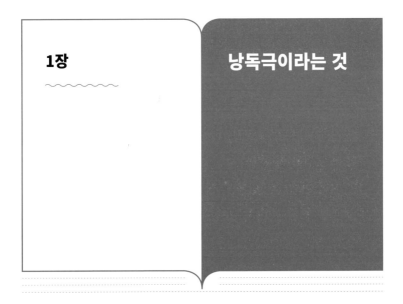

1장

낭독극이라는 것

왜 연극이 아니고 낭독극인가?

연극은 참 매력적인 예술이다. 무대 위에서 배우 스스로가 멋진 그림이 되어 움직이며, 이런 장면들이 모여 흥미진진한 이야기가 만들어진다. 많은 예술 장르는 매개체를 통해 소통한다. 무용은 몸으로 말하고, 음악은 악기나 목소리로, 미술은 붓을 통해 말한다. 반면 연극은 무용과 음악과 미술 등을 극의 성격에 맞게 적절히 투입하는 종합예술이다. 무엇보다 관객과 서로 호흡을 주고받는 것은 연극만이 가지고 있는 가장 큰 매력일 것이다.

한 편의 연극이 만들어지기 위해서는 무대, 음향, 조명, 연기 등 많은 사람들의 노력이 모여야 한다. 더불어 연출과 배우, 스태프까지 작품에 대한 이야기를 서로 이해하고 공유해야 좋은 연극이 된다. 배우들은 '나'라는 사람을 파악하는 동시에 다른 인물들과의 어울림도 생각해야 한다. 각자 맡은 역할에 따라 주제에 맞는 관계를 빚어나가야 극은 매끄럽게 전개된다. 누구 한 사람의 특별한 능력으로 좋은 연극이 되는 것은 어렵다.

대학 시절 나는 연극반에서 활동했다. 긴 연극 연습의 과정을 비롯해 화려한 조명과 의상, 관객의 웃음과 눈물이 어우러진 무대 위의 경험은 아직도 몸 안에 생생하게 남아 있다. 그중 무엇보다 잊혀지지 않는 것은 무대 뒤 좁은 틈에서 일어나는 일들이었다. 관객과 마주한 무대 앞이 아니라 무대 뒤라니, 좀 이상할 수도 있겠다. 하지만 무대 뒤에서 내가 나갈 차례를 기다리며 숨죽여 듣는 배우들의 대사는 더 마음 깊이 전달되었다. 그때만큼 누군가의 말을 귀담아들어본 적도 드물 것이다. 무대 뒤에서 무대 앞의 일을 상상하며 귀 기울여 듣는 일은 단순히 내 차례를 기다리는 일만이 아니다. 그들이 잘되길, 잘하길, 관객에게 마음으로 이해받고, 박수받길 간절히 원하는 것이다.

같은 내용, 같은 무대라도 연극은 매일 다르다. 그날의 날씨와 상황, 배우의 컨디션에 따라 무대 위에서 화합되는 모습이 다르다. 그 미세한 차이에 더해 관객의 상황도 중요하다. 여유 있고 포용적인 관객과 냉철한 관객, 어린이 관객과 청소년, 어른들, 거기에 연극을 생각하는 정도와 개인의 성격 등 매우 다양한 반응들이 뒤섞여 연극을 함께 만든다. 곧, 연극이란 연극을 만든 소수의 인원이 다수의 생소한 사람들과 펼쳐내는 최고의 관계 예술인 것이다.

그래서 연극은 어렵다. 연극을 많이 해본 사람에게도 한 편의 연극을 준비하는 것은 만만한 작업이 아니다. 아이들에게 연극을 지도하는 일은 더욱 버겁다. 성격을 형성해나가는 시기의 아이들에게 작품 속 인물의 성향을 해석해서 자기가 가진 능력에 더해 표현하고, 다양한 관계를 파악하며 무대 위에서 부드러운 움직임을 요구하는 일은 결코 쉬운 일이 아니다.

이렇게 연극의 어려움을 이야기하는 이유는 2015개정 5, 6학년 국어 교과서에 연극이 들어오기 때문이다. 물론 교과서가 학생들에게 고도의 연기를 기대하는 것은 아닐 것이다. 사실 연극을 잘 몰라도 연극을 할 수 있다. 무대나 조명, 음향이 없어도 연극은 만들어진다. 아주 간단하게 연극을 만들 수도 있다. 교육활동 안에서 연극적인 요소를 접목시켜 다양한 모양새로 도입하고 아이들의 마음을 끌어낼 수도 있다.

그런 의미에서 나온 것이 교육연극일 것이다. 교육연극의 출연으로 교육을 염두에 둔 연극적 움직임이 정말 많아졌다. 교과서만으로는 다양한 생각을 끌어내기 힘든 교육현장에서 먼저 움직이고 생각하는 교육연극의 다양한 사례는 아이들에게 좋은 의미로 다가가고 있다. 온작품 읽기와 교육연극이 만난다면 아주 다양한 이야기가 나올 것이라고 생각한다.

하지만 아무리 연극을 편하고 쉽게 교과서에 소개한다고 해도 여전히 부담스럽다. 아주 간단한 연극을 만든다고 해도 많은 시간과 노력이 들어간다. 학교에서 연극을 해본 선생님들은 연극 한 편을 함께 만든다는 것이 얼마나 힘든 일인지 알고 있을 것이다.

어떤 대본으로 연극을 할지부터 고민이다. 대본을 선정한 뒤에는 배역을 정하는 것도 쉽지 않다. 누구는 주인공, 누구는 단역을 맡아야 한다. 누가 잘하고 못하고, 또 누군가는 하고 싶지만 주인공감은 아니고, 무대공포증이 있는 아이도 있다. 무대에 서는 것을 간절히 원하지만 막상 그 위에서 어쩔 줄 모르는 아이도 많다. 어렵게 배역을 정하고 나면 연기 연습을 해야 한다. 무대 만들기도 무시할 수 없다. 간단하게 만들고 싶어도 어떤 기준으로 어떻게 무대를 세워야 할지 감을 잡기 어렵다. 이처럼 연극을 만드는 일은 연극에 대한 이해와 경험 이외에도 많은 에너지가 필요한 일이다.

연극이 교과서에 들어오는 것을 반대하는 것은 아니다. 연극은 아이들의 숨겨진 능력을 이끌어내기에 좋은 수업 도구가 될 수 있다. 실제로 낭독극을 여러 번 경험한 아이들은 결국 연극을 하고 싶어 했다. 낭독극이 연극으로 가는 탄탄한 연결 고리가 된 셈이다. 다만 그 무게감은 만만치 않다는 것이다.

그러나 늘 그래왔듯이 이렇게 무게감 있는 내용이 교과서에 들어오는데도, 교사들의 의견은 묻지 않는다. 공무원 총조사는 참여율을 100퍼센트로 만들기 위해 노력에 노력을 거듭하지만 전국에 일률적으로 배포되는 국정교과서에 대한 의견 수합은 지금껏 한 번도 제대로 하지 않았다. 교사는 아직 교과서를 만드는 데 고려해야 할 대상이 아닌 것 같다.

낭독극이 뭐예요?

처음엔 나도 낭독극이 뭔지 몰랐다. '낭독'은 들어봤지만 '낭독극'은 생소했다. 단순히 연극적 요소가 들어간 낭독이라고 생각했다. 낭독극과 연극을 한마디로 비교하자면 낭독극은 연극 연습에 불과한 분야이다.(연습에 불과하던 낭독극에 사람들이 관심을 보이고, 관객이 모이면서 낭독공연이라는 용어가 생긴 것 같다.) 낭독극은 스테이지 리딩(stage reading), 즉 제작발표회에서 배우들이 목소리만으로 연기하는 것에서 유래했다. 쉽게 말해 연극이나 드라마, 영화의 배우들이 대본을 든 채 실감 나게 읽어보는 일을 말한다. 무대나 조명, 음향 등 여러 시스템이 갖추어지지 않은 상태에서 맡은 역할에 따라 대사를 주고받는 일종의 대본 연습인 것이다.

요즘엔 도서관에서 하는 '낭독회'란 이름의 문화 프로그램들이 자주 눈에 띈다. 작가나 책을 읽은 고등학생이 낭독회를 열거나 일반시민을 모집해서 '낭독공연(reading performance)'을 기획하곤 한다. 대학로에서도 '낭독공연'이라는 이름을 심심치 않게 볼 수 있다. 노력에 비해 관객 몰이가 힘든 연극계에서도 특별한 무대장치 없이 목소리로만 연기를 하거나 담담하게 책을 읽어주는 '낭독공연'을 충분히 투자할 만한 가치가 있다고 판단하는 것 같다.

이렇게 대본 연습에 불과한 낭독은 현재 교실에서도 얼마든지 이루어지고 있다. 교과서에 제시된 글에 역할을 나누어 실감 나게 읽어보는 장면은 교실에서 자주 연출되기 때문이다. 여기에 이런저런 노력을 더하면 꽤 그럴듯한 작품이 만들어진다. 나는 그것을 '교실 속 낭독극'이라 부르고 싶다.

낭독을 단순히 '소리 내어 읽기'라고 생각하면 그것은 묵독과 실감 나는 목소리 연기 사이의 어느 단계쯤일 것이다. 그렇다면 낭독극은 글을 소리 내어 읽기와 연극의 중간 단계쯤이 될 것이다. 아울러 연극을 교실로 들여오는 징검다리가 낭독극이라고 생각한다. 낭독극은 단순 책 읽기보다는 형식을 갖추었으면서도 연극보다는 훨씬 단순한 모습을 보여주기 때문이다.

물론 교과서에서는 낭독이라는 용어가 거의 등장하지 않으며 낭독극이라는 용어는 아예 나오지 않는다.(낭독극과 낭독공연이라는 용어를 혼용해서 쓰고 있는 것 같다. 그러나 무대 설치나 의상, 분장 없이 그냥 의자에 앉아 희곡 대본을 읽는 형식이라는 점에서는 같다. 각종 무대 효과나 연기가 들어갈 때는 낭독극과 구분하기 위해 '입체 낭독극'이라는 말을 쓰기도 한다.) 하지만 많은 관심을 받고 있는 온작품 읽기와 낭독극을 연결하면 큰 교육적 성과를 거둘 수 있다고 생각한다. 실제로 연극을 잘 마치면 "너희들 연기 잘하는구나. 연습하느라 고생했겠다."라는 반응이 일반적이지만 낭독극을 잘 마치면 "너무 감동적인 작품이었어. 나도 읽어보고 싶어."라는 작품 중심의 피드백을 받았다. 낭독극을 발판으로 아이들도, 선생님도 연극으로 가는 발걸음이 좀 더 가벼워질 수 있을 것이다.

하지만 낭독극 역시 손쉽게 만들어지지는 않는다. 그렇더라도 연극 한 편을 올리는 일보다는 훨씬 수월하게 '덤벼볼 수 있다'고 생각한다. 연극이 연출가의 주도로 이루어지는 것처럼 교실 연극에서는 선생님 역할이 매우 중요하다. 낭독극 안에서도 선생님은 극의 조정자, 결정자가 된다. 하지만 연극만큼 많은 책임감과 피로감이 따르지는 않는다.

내 경우에는 온작품 읽기를 접하면서 우연히 낭독극을 시작하게 되었다. 수줍음이 많은 아이들과 연극을 하려고 했다. 그러나 아이들은 기본적인 연기뿐 아니라 무대 앞에 나서는 것조차 매우 힘들어했다. 고민 끝에 연극적 요소를 최소화한 형태에서 대본을 읽기로 했고, 결국 교실 속에서 낭독극이 만들어졌다.

온작품 읽기의 중요한 목적 중 하나는 온전한 작품을 통해 아이들이 감동을 받고 자신의 삶을 투영해낼 수 있도록 돕는 일이다. 이렇게 아이들이 온작품을 섭취하며 마음을 성장시켜간다고 할 때 낭독극은 온작품이라는 맛있는 요리를 잘 담아낼 수 있는 퍽 쓸모 있는 그릇이 될 수 있을 것 같다.

온작품 읽기와 낭독극이 만났을 때

1. 혼자서 묵독하는 것보다 소리를 통하여 분위기를 파악할 수 있고 같이 듣는 상대방의 느낌까지 전달받을 수 있다.
2. 읽기에 즐거움과 흥미를 줄 수 있다.
3. 내용 전달 시 시각에 뺏기는 것을 최소화하고 좀 더 감정에 파고들 수 있다.
4. 장편의 작품도 핵심을 추려 소개하거나 나눌 수 있다.
5. 낭독극을 준비하는 과정에서 온작품은 더 깊이 다가온다.

6. 연기력이 필요하지 않으며, 모든 아이들이 참여할 수 있다.

7. 주인공과 더불어 다른 작은 역할의 중요성도 깨닫게 된다.

8. 아이들은 주로 무대 옆 또는 아래에 있고 중심은 작품이 되어 부담이 덜하다.

9. 낭독극을 통해 읽은 책을 어렵지 않게 공유(질의응답, 소감 발표 등)할 수 있다.

10. 다 아는 내용이라도 낭독을 하면 또 다른 느낌을 받는다.

11. 교실에서 실물 화상기를 이용해 아이들의 작품을 보여주면 낭독극을 쉽게 할 수 있다.

12. 중요한 장면에서는 정지된 장면만 보여주고 낭독을 해도 큰 효과를 발휘한다.

13. 무대, 조명, 음향 등 다양한 무대효과를 가능한 범위에서 필요한 만큼 사용할 수 있다.

14. 장소에 크게 구애받지 않는다.

수업이 발명한 낭독극

사실 낭독극은 엉뚱한 실수에서 탄생했다. 교육과정에서 국어교과서는 한 학기에 두 권이다. 그런데 나는 교과서 한 권을 통째로 잊은 채, 한 권만 끝내고는 교과 진도를 다 나갔다고 착각했다. 그리고 이후 텅 빈 국어시간을 온작품 읽기로 가득 채우던 중 자연스럽게 낭독극이 탄생했다. 어찌 보면 낭독극은 교육과정 하나도 제대로 숙지하지 못한 교사의 실패한 교육과정 운영에서 나온 것이다. 실패한 운영 속에서 썩 쓸모 있는 수업 방법이 하나 만들어진 셈이다.

그러나 가르쳐야 할 교과서도 손에서 놓은 채 노는 듯 공부하다가 어디선가 툭 하고 튀어나온 낭독극이어서인지 더욱 반갑고 통쾌하다. 마치 플레밍이라는 과학자가 실험실을 지저분하게 내버려둔 덕분에 우연히 발견하게 된 페니실린 같다. 그가 "내가 페니실린을 발명한 것이 아니다. 그것은 우연히 발견된 것이다. 페니실린은 자연이 발명한 것이다."라고 한 것처럼 "내가 낭독극을 발명한 것이 아니다. 그것은 우연히 발견된 것이다. 낭독극은 수업이 발명한 것이다."라고 스스로 위안하고 싶다.

실패가 좋은 수업을 만들어주기도 한다. 어찌 보면 교실에서도 실패는 거듭되어야 한다. 이 말은 곧 다른 시도를 위해서 다른 환경, 다른 처지가 되어보는 것도 괜찮다는 뜻이다. 교육현장에서 좀 더 획기적인 시도들이 늘어날 필요가 있다고 생각한다. 교과서만 따라가는 수업은 아이들과의 거리감을 증폭시킨다. 교과서가 국정교과서로 일원화되지 말고 다양화되어야 함은 물론이고, 교육부나 교육청이 꼭 해야 하는 수업내용을 제시하기보다 교사가 자유롭게 활용할 시간을 충분히 제공해주었으면 좋겠다. 아이들과 충분히 엎치락뒤치락 한바탕 뒹굴 시간을 준다면 다양한 교육방법은 샘솟듯 쏟아져 나올 것이다.

주변에서는 내가 처음 낭독극을 시작했다고들 하지만 아마 그렇지 않을 것이다. 이미 많은 교실에서 낭독극과 비슷한 형태의 수업이 진행되어 왔을지 모를 일이다. 낭독을 하고 있으면서도 소리 내어 읽기 그 이상의 의미를 찾지 못했을 뿐일 수도 있다. 온작품 읽기를 하다 보니 낭독이 좋아졌고, 우연히 낭독극을 만들게 되었다. 그런데 이런 우연이 교실에 많은 변화를 가져다주고 있다. 그 옛날처럼 교실에서 다시 낭독이 살아나고 있는 듯하다.

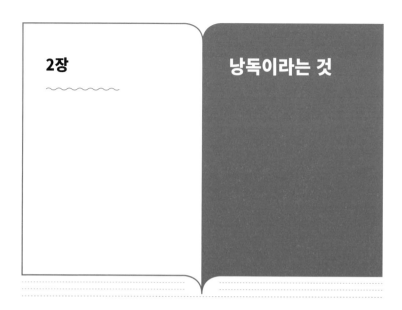

2장

낭독이라는 것

사라진 낭독, 살아야 할 낭독

옛날 서당에서는 글 읽는 소리가 울타리 밖으로 울려 퍼졌다. 엄격한 훈장님이 지그시 눈을 감은 채 한 줄씩 읽어 내려가면 아이들이 이리저리 몸을 흔들며 따라 읽었다. 소리가 작으면 바로 곰방대가 타닥 타닥! 움찔 놀란 아이들이 한껏 소리 높여 다시 읽었다. "지금 읽은 것이 뭔 뜻인 줄 아니?" 하고 훈장님이 물으면 아이들이 답했다. 꼭 서당이 아니라도 글줄깨나 읽는 사람이 있는 집에서는 어른 아이 할 것 없이 책 읽는 소리가 깊은 밤까지 이어졌다.

서당의 이런 교육방법을 강(講)이라고 한다. '강'이란 이미 배운 글을 소리 높여 읽고, 그 뜻을 질의 응답하는 전통적인 교수법이다. 조준구라는 선비는 자식들의 글 읽는 소리를 '우리 집의 음악'이라 했고, 정약용은 '하늘과 땅 사이에 가장 맑은 소리'로 '눈 덮인 깊은 산속 글 읽는 소리'를 꼽았다. 곧 소리 내어 읽는다는 뜻의 '낭독'은 우리가 꾸준히 강조한 훌륭한 교육방법이었던 것이다.

조선 후기는 '낭독의 부흥기'였다. 직업적인 낭독가 '전기수(傳奇叟)'는 오늘날 연예인에 버금갈 만한 인기를 누렸다고 한다. 책에 대한 수요가 많아지면서 책을 옷소매에 넣고 다니며 팔았던 '책쾌'의 등장이나 돈을 벌기 위해 책을 빌려주며 필사본을 제작했던 '세책점'의 등장은 이런 배경을 뒷받침해주고 있다.

이렇듯 생활 전반에서 늘 존재했던 낭독은 이제 학교 현장에서는 쉽게 찾기 어려워졌다. 물론 선생님이 소리 내어 책을 몇 줄 읽어준다든지, 아이들이 돌아가면서 줄줄이 책을 읽는 경우도 있지만 그건 공부법이라기에는 너무 단순한 형식이다. 공부란 단순히 소리 내는 데서 그치는 것이 아니기 때문이다.

그렇다면 19세기 후반, 20세기 초까지 이처럼 계속되던 낭독은 대체 어디로 사라졌을까. 우리는 왜 묵독의 시대에 태어난 것일까. 간단하게 말하자면 아이러니하게도 바로 이런 '낭독의 부흥기가 지금의 묵독 시대를 열었다.'는 평이 있다. 이야기의 힘에 매료된 사람들은 책을 갖고 싶고, 읽고 싶었지만 신분상 글을 소리 내어 읽기 어려웠다는 것이다. 그들이 조심조심, 떠듬떠듬 글을 읽으면서, 바로 묵독의 시대가 시작되었다고 한다. 거기에 더해 일제 강점기와 한국 전쟁은 묵독을 더욱 확장시키는 결정적 역할을 했을 것이다.

서양에서도 묵독 시대 이전에 낭독 시대가 있었다. 아우구스티누스 황제는 묵독하는 귀족들의 모습을 보고 "저이들이야말로 천재다."라고 할 만큼 조용히 글을 읽을 수 있는 능력을 가진 사람을 천재로 생각했다. 1800년대 중반 쿠바와 템파 지역에서 담배 산업이 한창 번성할 때 노동자들의 단조로움을 덜어주고자 책을 읽어주는 일까지 있었다고 한다. 프랑스 역사학자 로제 샤르티에는 낭독에서 묵독으로, 경전에서 일반서적에 대한 광범위한 독서로의 점진적 이행을 '독서 혁명'이라고까지 칭했다.

이렇듯 동서양에 걸친 독서법의 역사는 낭독과 묵독이 공존하며 번갈아 주목받아왔지만 학자들은 대체로 묵독보다 낭독이 먼저 시작되었다는 사실에 동의하고 있다. 뭐가 먼저냐는 중요치 않다. 주목할 것은 우리가 묵독 시대의 한 토막을 가르며 태어나 그것을 책을 대하는 아주 당연한 태도로 익혀왔으며, 아이들에게도 똑같이 가르치고 있다는 것이다.

그러나 《우리 아이 낭독혁명》(고영성·김선, 스마트북스)에서 흥미로운 내용을 보았다. 아이는 말과 소리를 익히는 천재적인 귀를 타고나며, 그렇게 발달한 귀로 스쳐 들었던 말도 곧잘 따라하게 된다는 것이다. 글을 가르치는 사람은 있어도 말을 가르치는 사람이 없는 이유도 그 때문이라고 한다. 그런 귀를 더욱 발달시켜줘야 하는 시기에 아이들은 초등학교에 입학한다. 그리고 학교에 들어간 아이는 바로 '묵독의 방'으로 초대된다. 하지만 아이들은 적어도 열세 살까지 좋은 문장을 듣고, 소리 내 읽을 권리가 있다는 것이다.

이 말에 전적으로 동감한다. 한글을 익혀야 하는 아이는 물론이고 이미 익힌 아이라 할지라도 자꾸 소리 내어 읽는 일은 글을 더 쉽고 재밌게 배우도록 돕는다. 책을 속으로 읽으며 무수한 혼란에 빠지는 경우의 수를 줄이고, 책에 대해 즐거움과 흥미를 느끼게 해준다.

묵독과 낭독은 똑같은 내용을 두고 메시지로 전하는 것과 마주보고 대화를 나누는 일처럼 차이가 크다. 글을 소리 내어 읽으면 조용히 읽을 때와는 어딘가 다른 점들이 자꾸 발견되기 마련이다. '묵독이 뭐가 문제인가?'라면 나는 딱히 대답할 만한 것이 없다. 묵독을 해도 충분히 작가의 마음에 도달할 수 있기 때문이다. 단지 보편화된 묵독에 대한 단점을 들추어내기보다 살아나지 못하고 있는 낭독의 장점에 주목하고 싶을 뿐이다.

우리의 대화는 어찌 보면 즉흥연주와 같다. 머릿속 논리와 마음속 감정이 복합되어 평소 저장되거나 쌓인 말들이 순식간에 쏟아져 나오기 때문이다. 반면 낭독이란 책이라는 악보를 따라 자기만의 노래를 부르는 일이라고 할 수 있다. 낭독은 자기 색깔을 냄과 동시에 책과 나누는 대화를 물리적 울림으로 그려내기 때문이다. 대신 책은 어떤 리듬과 박자로 읽으라는 표시가 없는 악보다. 정해진 음이 아닌, 각자의 리듬과 박자에 맞춰 읽으면 그만이다. 그래서 낭독은 책을 가장 자유롭게 읽는 방법 중 하나이다.

사실 모든 이에게 낭독을 권하는 것은 아니다. 그러나 우리는 책을 사이에 두고 아이들과 배움을 나누는 사람들이다. 어린아이를 둔 부모도 마찬가지다. 그들에게 낭독은 책 그 이상의 것을 전해주기도 한다. 낭독은 너와 나의 이야기에서 살짝 벗어나 책이라는 오솔길을 걸으며 나누는 대화이며, 같은 방향을 보고 정답게 이야기를 주고받는 일은 매우 자연스러운 일이기 때문이다. 집이나 학교에서 이런 편안한 주고받음이 낭독을 통해 살아났으면 좋겠다. 책이라는 악보가 딱딱한 책장을 벗어나 훨훨 날아다녔으면 좋겠다.

잘 듣는 사람이 잘 말한다

음식은 오감으로 먹는다. 음식의 색과 그 조화를 눈으로 보고 먹으며, 조리되는 음식이 주는 특유의 냄새는 코로 먹는다. 아울러 음식은 소리로도 먹는다. 음식이 준비되는 동안 나는 소리부터 음식을 먹는 동안 나는 소리, 서로 나누는 대화도 음식의 일부다. 그래서 음식은 귀로도 먹는다.

책도 마찬가지다. 우리는 책을 80퍼센트 이상 눈으로 보고 있다. 묵독의 시대에 살아서 더욱 그렇다. 하지만 책도 귀가 필요하다. 귀로 듣고 맛보고 씹고 느끼는 '듣는 문학'이 필요하다. 잘 들으면 내 몸 안에 더욱 잘 스며든다. 잘 스며든 말들은 내 안에 차곡차곡 쌓인다. 눈치채지 못하는 사이, 몸과 마음 안에 하나둘씩 쌓였다가 내가 꺼내주는 만큼 입에 붙고 귀에 걸린다.

우리가 대화를 할 때 그냥 생각나는 대로 이야기하는 것 같지만 결코 그렇지만은 않다. 대부분 상대방의 이야기를 듣고 내 안에서 나름의 정리가 되어 말이 나오는 것이다. 빠른 속도로, 해야 할 말을 말 저장 창고에서 찾아내는 셈이다. 무심코 튀어나오는 말일지라도 이미 내 안에 담겨 준비된 상태의 말들이 나온다고 생각한다.

그래서 어떤 사람과 대화를 하면 할수록 그 사람의 진심은 말 속에서 쉽게 찾을 수 있다. 그 사람이 쓰는 어휘나 말투, 어조나 말의 내용에서 속마음의 많은 부분이 드러난다. 평소 쉽게 쓰는 말 속에서 그 사람의 진짜 마음이 나오기 때문이다. 잘 묵히고 차곡차곡 쌓인 진심이 입으로 내뱉어지는 것이다.

책을 소리 내어 읽을 때도 마찬가지다. 작가의 머릿속, 가슴속에 잘 차올라 정리된 내용이, 독자의 입을 통해 활자 그대로 내뱉어진다. 작가의 말이 다져지고 다져져서, 또는 체로 걸러지고 걸러진 뒤 나온 것이라서, 그 글자들을 정성껏 입에 담는 일은 다른 이와 대화하듯 말하는 것과는 또 다른 차원의 일이다.

부드럽거나 혹은 날카롭게, 또는 씩씩하고 시원하게 차올라 종이 위에 박힌 글자를 줄줄이 읽어본다는 것은 글자 위를 따라 촘촘히 박음질을 하는 것과 같다. 한 땀 한 땀을 내가 살아온 리듬과 호흡과 어조로 읽으며 글자들을 내 색깔의 실로 새롭게 꿰매는 일이다. 같은 밑그림이 그려진 도화지 위에 읽는 사람마다 다른 색으로 그림을 입히는 것과 같다. 같으면서도 다르고, 다르면서도 같은 것이 낭독이다.

또 낭독을 하면 아이들에게 적절한 피드백을 해줄 수 있는 기회를 얻는다. 아이들에게 글을 읽혀보자. 내용이 어떻게 이어지는지 알고 있는 아이와 그렇지 않은 아이는 확연히 차이가 난다. 내용을 알고 있는 아이는 그 문장이 주는 효과를 잘 살리려고 노력한다. 하지만 그렇지 않은 아이는 내용을 더듬거리거나 살짝 흘려보내는 모습을 보인다.

낭독은 잘 들도록 도와주기도 한다. 연극에서 연기 지도를 할 때 중요한 것 중 하나가 '내 대사만 외우지 않는 것'이다. 내 대사는 나보다 먼저 말한 사람의 말로 인해 나오는 말이며, 다음 사람의 대사를 이끌어내는 말이기 때문이다. 낭독을 하게 되면 서로 말을 잘 들으려고 노력할 수밖에 없다. 이어지는 글에서 자꾸 내 위치가 어디인지 확인하는 일이 필요하기 때문이다. 이런 이야기를 아이들에게도 꼭 알려주고 낭독을 시작하면 좋다.

낭독의 우선순위도 입이 아니라 귀다. 교실에서 한 아이에게 책을 읽히면 다른 아이들이 노는 것으로 착각하는 경우가 많다. 하지만 20명은 듣고, 한 명이 읽는 것이다. 듣는 행위 자체를 너무 수동적으로 생각하고, 잘 듣고 있는지 눈으로 확인하지 못하기 때문에 아무것도 하지 않는다고 생각하는 것이다. 한 사람의 목소리를 듣는 20명의 머릿속에서 더 많은 일들이 일어나고 있을지 모를 일이다.

낭독을 통해 좋은 단어, 좋은 이야기를 자주 듣다 보면 귀가 열리게 되는 날이 있을 것이다. 그리고 귀가 입에게 알려주는 날도 있을 것이다. '이렇게 말하면 돼.', '이렇게 말하는 게 좋아.'라고 말이다. 귀는 입의 좋은 선생님이다. 말하는 것보다 우선할 것은 듣는 일이다. 눈으로 보고 입으로 말하는 것은 중요시하지만 귀로 듣는 일은 소홀히 한다. 잘 말하는 사람이 잘 듣는 게 아니다. 잘 듣는 사람이 잘 말한다.

듣기만 해도 다 읽은 것

서당에 갈 수 없는 아이들은 담벼락에 붙어 안에서 소리가 들리는 대로 따라 중얼거렸다. 듣기만 해도 '오늘 공부를 다했다.'는 아이들도 많았다. 담벼락 공부가 더 큰 아이를 만들 수도 있었다. 서로 바라보며 같은 책을 함께 소리 내어 읽는 것은 말할 나위 없이 큰 공부이지만, 아예 읽을 수 없거나 읽기에 서툰 아이들도 귀 기울여 들으면서 함께 큰 공부를 할 수 있다.

온작품 읽기를 하면서 함께 읽는 여러 가지 방법 중 낭독하기를 택했다. 거의 대부분의 책을 소리 내어 함께 읽었다. 소리를 내면 집중력이 분산될 것 같지만 그렇지 않다. 한 아이가 담고 있는 울림은 오로지 그 아이를 통해서만 나올 수 있기 때문이다.

6학년이 되었는데도 글을 떠듬떠듬 읽는 학생이 있었다. 그 아이가 내게 다가와 "선생님 저도 다 읽은 거 맞죠?"라고 물었다. 처음 이 말을 들었을 때는 '어? 니가 언제 읽었다고 그래? 너 읽는 연습 좀 많이 해야겠는데.'라고 생각했다. 그런데 아이는 머뭇거리는 나를 보고 이렇게 덧붙였다. "저도 몽실이가 웃을 때 같이 웃고, 몽실이가 울 때 같이 울었어요. 친구들이 슬프게 읽으면 슬픈 거고, 밝게 읽으면 기분 좋다는 뜻이잖아요."라고 말이다.

나는 머리를 망치로 땅! 하고 맞은 것 같았다. 그리고 얼떨결에 칭찬을 해주었다. "그럼, 당연히 너도 다 읽었지. 꼭 한 글자 한 글자 틀리지 않고 소리 내며 읽는 것만 다 읽었다고 할 수 없지. 아이들이 읽는 것을 잘 들었고, 그 문장에 반응하고, 감동받고 눈물도 흘렸잖아.

너도 모두 다 읽은 거 맞아. 분명해."라고 말이다. 밝게 웃으며 집으로 가는 아이의 뒷모습을 보며 생각하게 됐다. '그래, 듣기만 해도 다 읽은 거야.'

좋은 관계는 훌륭한 귀를 선물해준다

교실에 있다 보면 간혹 이런 일이 있다. 한참 떠들다가 순간 모두 조용해지는 것이다. 큰 소리를 듣거나 충격을 받은 것이 아닌데도 그렇다. 왜 그런 일이 생기는지는 잘 모르겠다. 하지만 굳이 이유를 끼워 맞춰보자면, 나는 이렇게 이야기한다. 순간 21명의 리듬과 호흡이 딱 맞아 떨어졌다고 말이다.

교실에서 아이들에게 짧은 문장이라도 소리 내어 읽으라고 권한다. 같은 문장이나 단락을 여러 아이들이 반복해서 읽더라도 각자 다른 소리를 내기 때문이다. 단순히 소리가 다른 것이 아니라 저마다 몸에 익은 리듬과 호흡과 어조가 다르다는 뜻이다. 아이가 태어나서 가족들이나 주변 사람들에게 들은 소리와 배우고 익힌 어휘, 문장들이 모두 아이 몸 안에 남아 있다. 그것이 지금 아이가 읽는 소리 안에 하나씩 묻어나기 마련이다. 하나의 문장 안에서도 아이들은 저마다 자연스럽게 갖춰진 대로 읽는다. 어디는 사이를 두고 띄어 읽고, 어딘가는 큰 소리로 강조하고, 어떤 문장은 빨리 읽어 내려간다. 이렇게 저마다 다르게 읽어내면 아이가 가진 고유한 색을 통해 문장이 재탄생하는 기분이 든다.

물론 그 소리를 발견하는 것은 쉬운 일이 아니다. 책을 자주 읽혀 본다고 들리는 것도 아니다. 많은 시간을 지켜본다고 저절로 들리는 일도 아니다. 공들이지 않으면 잘 들을 수 없다. 식물이 싹을 틔우고 가지를 뻗는 소리가 잘 들리지 않는 것과 같다.

아이들이 가진 리듬과 호흡, 어조는 교실보다 운동장에서 더 잘 들 린다. 각진 의자와 책상이 놓인 답답한 교실보다 운동장이 아이들에게 더 포용적이기 때문이다. 아이들이 체육을 수업으로 잘 인식하지 못하는 것도 그래서일 것이다. 아이들은 실내화를 운동화로 갈아 신으면서 마음까지 갈아입는다. 운동장의 아이들은 교실과 달리 더 크게 소리 내고 더 다양한 표정을 보여준다. 나에게 걸어오는 말투도 다르다. 내가 조금만 호응을 해줘도 나를 친구처럼 생각한다. 누구 한 명이 먼저 나를 편하게 대하면 누가 먼저랄 것도 없이 다른 아이들도 쉽게 다가온다.

함께 뛰고 땀을 흘리면 아이들의 거친 숨이 내 리듬과 호흡의 박자에 맞춰지는 기분이 든다. 흙 위에서 우리는 같은 박자에 맞춰 춤을 추는 것이다. 이렇게 운동장은 나와 아이들을 하나로 묶어 가장 편한 표정을 나눌 수 있도록 도와준다.

아이들과 운동장에서 뛰어 노는 일은 책을 읽는 일과 아무런 상관이 없어 보인다. 하지만 실상은 그렇지 않다. 아이들은 더 이상 나를 교실 안의 모습으로만 판단하지 않는다. 운동장 위에서 선생님과 다양한 표정과 말투와 행동을 공유했기 때문이다. 선생님이 피구 공에 맞아 아파하는 모습을 봤기 때문이다. 그리고 그 앞에서 통쾌하게 웃었고, 선생님도 함께 웃었기 때문이다.

이제는 교실에서도 즐겁다. 쉬는시간이나 점심시간에 가족이나 친구에 관한 이야기, 게임이나 좋아하는 연예인 이야기 등 시시콜콜한 이야기까지 나누게 된다. 그러면 서로 눈을 마주치는 일이 편하고 좋다. 이런 시간이 쌓이고 쌓이면 어느 순간 말로 다 설명할 수 없어도 저 사람이 어떤 사람인지 우리를 어떻게 생각하는지 직감할 수 있다. 서로 잘 귀담아듣게 되는 것이다. 그런 선생님과 함께 책 읽기를 하는 일은 그 전과 확연한 차이가 있다. 책을 통해 서로를 보고 서로에게 귀 기울인다. 서로를 좀 더 잘 보고 좀 더 잘 들을 수 있게 되는 것이다.

나와 아이들의 보이지 않는 관계는 책과 운동장을 오가며 많이 달라졌다. 더 이상 우리는 교실 안에서 책을 읽히는 사람, 책을 읽는 사람의 관계에 그치지 않는다. 책 위에서도 함께 호흡과 박자를 맞출 수 있는 사람이 된다. 평평한 운동장에서 함께 웃고 땀 흘린 것처럼 교실에서도 책 위에서 스텝을 조절하며 춤을 출 수 있는 파트너가 된 셈이다. 이제 우리는 책 안에서 웃을 수도 있다. 그래서 교사는 아이들의 웃는 표정을 좋아하고 힘들고 괴로운 표정을 읽어낼 수 있을 만큼 충분한 시간을 함께해야 한다고 생각한다. 그 이후의 책 읽기는 아이들의 다채로운 모습을 발견하도록 도와준다.

아이들을 자주 골칫거리라고 한다. 부정할 수 없는 사실이다. 하지만 그것이 사실인 이유는 아이들을 대부분 교실 안에서만 바라보는 현실 때문이기도 하다.(안타까운 세월호 참사 이후 교육현장은 더욱 위축되었다.) 그 아이들과 교실 안에서 1년을 비비적거리기보다 소규모테마형교육여행(수학여행)이나 수련활동을 통해 단 며칠이라도 함께 있어보는 것이 좋다. 그 시간을 통해 우리는 아이의 새로운 면을 쉽게 마주하게 된다. 오후나 밤 시간의 아이, 여행지에서의 아이는 교실에서와는 또 다른 모습을 보여준다. 교실에서는 전혀 웃지 않았던 아이가 여행지에서 활짝 웃으면서 말을 건다. 운동장에서 뛰기 싫어하던 아이가 뛰기 시작한다. 전혀 다른 환경 안에서 딱딱하게 굳어 결코 변할 것 같지 않던 아이들이 움직이며 말을 걸어온다.

이것은 집에서도 똑같이 적용된다. 책 읽기를 함께 한다고 부모의 역할을 다한 것이 아니다. 더 많은 세상을 함께 발로 걷고 뛰면서 만들어진 좋은 관계가 책으로 연결되어야 한다. 반대로 책으로 차곡차곡 다져진 관계는 책 밖으로 연결되어야 할 것이다. 이처럼 좋은 관계는 서로에게 많은 것을 들을 수 있도록 이끌어준다. 또한 훌륭한 귀를 선물해준다. 훌륭한 귀는 서로를 이해하도록 돕고 결국 좋은 관계로 보답해줄 것이다.

귀도 표정이 있으면 좋겠다

내가 안경을 쓰고 싶었던 이유는 아주 단순했다. 바로 귀를 움직여보고 싶었기 때문이다. 초등학교 시절에 장기자랑 시간을 호령하던 오락부장이 있었다. 오락부장이 주로 하는 일은 돌아가며 장기자랑을 시키는 일이었다. 장기자랑이 도중에 끊기면 공부를 해야 하기 때문에 많은 아이들이 어찌 됐든 장기 하나씩은 해내도록 하는 게 그 친구의 큰 임무 중 하나였다. 그중 정말 얌전한 아이가 했던 장기자랑이 아직도 기억에 남는다. 그 아이는 나오자마자 "귀를 움직여보겠습니다!"라고 했다.

'아니 사람이 귀를 움직여?' 눈이 번쩍 뜨였다. 반이 술렁거렸다. 친구의 귀는 아무리 봐도 움직이지 않았지만 나는 충격에 휩싸였다. 귀가 움직이는 것은 〈동물의 왕국〉에서만 봐왔기 때문이다. 더한 충격은 하굣길에서 내 짝꿍이 건넨 "나도 귀 움직일 줄 아는데."라는 말이었다. 친구는 나를 진정시키면서 조용히 잘 봐야 한다며 길모퉁이로 자리를 옮겼다. 그리고 진짜 귀가 움직이는 걸 봤다. 바로 비결을 물어보았더니 그것은 안경에 있다고 했다. 안경을 쓰면 알게 된다고 했다.

몇 개월이 지나 진짜 안경을 쓰게 되었고 어느 날 나도 귀가 움직인다는 것을 알게 되었다. 땀으로 흘러내리는 안경을 치켜올리는 일이 3분의 1을 차지했던 체육시간이었다. 그 안경을 뒤로 당기는 얼굴 근육이 발달하면서 귀가 아주 살짝씩 움직인다는 것을 알게 되었다.(의학적 근거는 전혀 없다.) 내 귀는 아직도 조금씩 움직인다. 더 잘 듣고 싶은 내용이 있을 때는 일부러 귀를 살짝씩 움직여본다.

귀도 스스로 표현할 줄 안다면 무슨 일이 벌어질까? 귀도 표정이 있다면 어떤 모습일까? 사람의 마음이 귀의 움직임으로도 확인된다면 참 재밌을 것 같다. 교실에서 아이들이 잘 듣고 있다는 것이 귀로도 나타났으면 좋겠다. 잘 들었는지 확인하는 절차가 꼭 눈이나 입, 얼굴 표정에 국한되는 것은 좀 불공평한 것 같다. 눈과 입과 코에는 붙지 않는 '기울이다'는 말이 귀에만 호응되는 것도 그럴 만한 이유가 있을 텐데 말이다.

잘 듣고 있다는 뜻으로 귀를 살짝 움직이거나 듣기 싫으면 귀도 눈꺼풀처럼 닫아버릴 수 있으면 좋겠다. 아이들이 내 말을 귀담아들을 때 귀가 쫑긋 서 있거나 살짝 움직인다면 참 즐거울 것 같다. 하지만 내가 말도 꺼내기 전에 귀를 닫고 있거나 축 늘어뜨려놓으면 어떤 말도 할 수 없는 상황이 될 것 같기도 하다.

옛말에 '귀가 열린다.'라는 말이 있다. 항상 열려 있는 귀가 또 열린다니 무슨 말일까. 아마 그 말은 마음이 열린다는 말일 것이다. 곧 옛사람들은 마음과 귀를 같은 것으로 생각했던 모양이다. 아이들의 마음이 열려 있는지 확인하려면 잘 듣고 있는지를 꼭 확인해봐야 한다. 잘 들으라고만 강요하기보다는 듣기 편한 말이나 좋은 문장으로 그 귀를 가득 채워 열리게 해주는 일이 더 중요하다. 가끔 생각한다. 사람들 모두 귀를 조금씩 움직일 수 있으면 좋겠다고.

3장

낭독세포를
가진다는 것

모르는 사이 쌓여 놀라운 힘으로 변하는 낭독

고등학교 1학년 때부터 기숙사 생활을 했다. 각 호실마다 전년도에 그 방을 썼던 호실 선배가 있었는데, 신입생들은 선택의 여지없이 그 선배가 속한 동아리를 들어야 하는 전통이 있었다. 우리 호실 선배들은 모두 클래식 감상반이었다. 그래서 우리도 어쩔 수 없이 클래식 감상반이 되었다. 물론 다른 동아리에 더 가입하는 것은 자유였지만, 내키지 않는 클래식 감상반에 무거운 발걸음을 이끌며 다녀야 했다.

그리고 몇 년 전, 지방으로 운전해서 가던 길이었다. 우연히 라디오를 켰는데 주파수가 클래식 채널에 맞춰져 있었다. 고등학교 이후 스스로 찾아 들어본 적 없던 클래식, 하지만 그날은 2시간 넘게 그냥 듣게 되었다. 매일 클래식을 들었던 사람처럼, 아주 오래 들어왔던 것처럼 편안하게 느껴졌기 때문이다. 그 이후로 몇 년째 줄곧 클래식을 듣고 있다.

어느 날 하루의 특별한 경험이 내 안의 클래식 세포를 이끌어낸 것은 아닐 것이다. 사춘기 시절, 이리저리 럭비공처럼 뛰는 세포들 안에 나도 모르는 사이 조금씩 클래식 음악이 스며들었던 모양이다. 내재된 클래식의 기운이 고등학교를 졸업한 지 20년 가까이 되어 깨어난 것이다.

대구가톨릭병원에서는 전신마취 수술을 한 뒤 회복하는 과정에서 이상 행동을 보이는 아이들에게 미리 녹음해둔 엄마 목소리를 들려주는 실험을 해보았다고 한다. 어땠을까? 짐작대로 엄마 목소리를 들려주면 흥분과 불안정한 상태가 크게 완화된다는 연구 결과가 나왔다.

연구에서처럼 가장 친밀한 사람의 소리는 아이의 마음에까지 스며들게 된다. 그 친밀한 소리 위에 무수히 쏟아지는 그림책, 동화책, 동시들의 좋은 문장을 얹어주면 어떨까? 집이나 학교에서 아이들에게 책을 소리 내어 읽어준다면 어떤 일이 벌어질까? 아이들과 깊은 관계를 맺고 있는 부모나 선생님이 읽어준다면 어떤 변화가 일어날까? 아마도 아이의 세포 안에 차곡차곡 깊이깊이 쌓인 소리와 문장들은 결국 아이가 자라서도 큰 힘이 되어줄 것이다.

그러나 현실은 장애물투성이다. 특히 스마트폰이라는 변수가 등장하면서 아이들의 세포를 굳게 하고 변화 가능성을 잔뜩 움츠리게 하고 있다. 스마트폰으로 세상과 소통하고 그 틀 안에서 머물고 놀기를 희망하는 아이들에게 교육의 힘은 때로 너무나 보잘것없어 보이기도 한다. 아동독서의 세계적 권위자인 매리언 울프는 "활자를 더 많이 읽어야 뇌가 발달합니다. 인간의 아름다운 이해력을 지켜가려면 디지털 화면에서 멀어져 책의 세계에 빠져야 합니다.", "부모나 다른 어른이 책을 읽어주며 보낸 시간의 양이 몇 년 후 그 아이가 성취할 독서 수준을 예언해줄 좋은 척도입니다."라고 했다.

사람 몸에는 약 60조 개의 세포가 있다고 한다. 거르지 않은 영상과 자극적인 이야기가 아이의 세포 방을 미리 차지하기 전에 아이 몸 안에 낭독세포를 심어주자. 아무리 언변이 좋은 어른이라 하더라도 집이나 학교에서 아이에게 해줄 수 있는 말들은 매우 한정적이다. 매번 비슷한 상황이 반복되는 일상 안에 있기 때문이다.

우리가 새로운 경험을 자꾸 해야 하는 것도 바로 그런 이유다. 사람은 새로운 시간과 장소에서 색다른 언어를 사용하고 싶어 하고 새롭게 표현하며 감탄하고 싶어 한다. 가족의 새로운 면을 발견해야 새로운 어휘로 표현하게 된다. 새롭게 발견한 만큼 새로운 칭찬거리가 만들어지고 새로운 어휘로 표현하게 되는 것이다. 그러나 모든 경험을 직접 할 수 없으니 우리는 주변의 책을 집어 들어야 한다.

찰흙은 한 번 굳으면 그 형태를 바꿀 수 없다. 만약 바꾸고 싶어서 힘을 주어 비튼다면 조각조각 갈라지고 깨지고 말 것이다. 아이들 몸과 마음은 아직 굳지 않은 말랑말랑한 찰흙과 같다. 아직 바꿀 수 있는 기회가 많다. 지금껏 차마 눈과 귀와 입에 담기 힘든 것들만 담아왔다고 할지라도, 아직 더 낫고 아름다운 것으로 바꿔 채울 수 있는 여지는 얼마든지 있다.

흙을 빚어 도자기를 만드는 과정을 보면, 도자기를 구울 때 유약을 바르고 무늬를 내지만 가마에 들어간 도자기는 불꽃의 상태에 따라서 모두 다르게 만들어진다. 도예가가 의도한 대로 만들어진 도자기는 많지 않다. 오히려 예상치 못한 작품이 거의 대부분이라고 한다. 교사가 하는 일도 도예가의 일과 크게 다르지 않다. 부드러운 흙이 형태를 갖추도록 옆에서 물레를 돌려주는 일이 우리가 할 일이다. 흙을 아무리 열심히 다지고 무늬를 그려 넣어도 그 완성품의 형태를 가늠하기 어렵다.

하지만 아이들은 수없이 변할 수 있는 과정에 서 있고 교사는 그 길에서 만난 나침반 같은 존재다. 변하는 그 과정에서 어떤 것을 어떻게 가르쳐주는가는 매우 중요해 보인다. 또한 어떤 교육을 어떻게 받는가에 따라 아이들의 변화 가능성은 무궁무진해진다. 그래서 좋은 책을 함께 소리 내어 읽는 일은 아이들 삶에 든든한 나침반을 선물해주는 일과 같다.

이를 위해서는 가정과 학교의 힘이 중요하다. 부모나 교사들이 온작품 읽기를 통한 독서교육에 접근하는 것이 필요하다고 생각한다. 온작품 읽기야말로 아이들의 삶과 책을 이어주는 훌륭한 다리가 되어주기 때문이다. 한 발 더 나가 온작품을 꼭 '함께 소리 내어' 읽었으면 좋겠다. 그래서 아이들의 눈, 코, 입, 모든 세포가 좋은 말, 고운 문장들로 가득 채워져 어딜 가나 다양한 어휘, 따듯한 문장의 향기가 풍겼으면 좋겠다.

낭독에 기대고 낭독으로 치유받다

나는 아이를 혼자 키우고 있다. 아이가 다섯 살 때 아내와 사별했다. 아내는 아픈 와중에도 아이에게 책 읽어주는 일을 꾸준히 해왔다. 많이 아파서 힘든 날에도 스스로에게 한 결심을 꼭 지키겠다는 듯 꿋꿋이 읽어주었다. 책을 읽어줄 때는 자주 웃었다. 다만 못 견디게 아픈 날은 어쩔 수 없이 내가 대신 읽어주었다. 아이와 새로운 시간을 함께한다는 것은 행복했지만 아내보다 내가 책을 읽어주는 시간이 늘어난다는 것은 슬픈 일이기도 했다.

아내가 없는 지금도 잠들기 전 아이에게 소리 내어 책을 읽어주고 있다. 아이도 책 읽어주기를 기다린다. 아이는 나보다 엄마 목소리가 듣고 싶은 눈치였지만 묵묵히 참는 게 분명했다. 책을 읽으면 엄마 생각이 더 날 수도 있겠다는 생각은 들었지만 이제 그 시간을 아빠와 만나는 시간으로 만들어야 했다. 그래서 처음엔 대부분 밝고 유쾌한 그림책을 읽어주었다. 그리고 아이는 나와 책 읽기를 통해 점점 안정되어가는 듯했다.

하지만 아이가 학교에 들어가면서 예상치 못한 일이 일어났다. 아이가 학교에서 집으로 가져온 책들은 우리가 그동안 애써 외면하던 책들이었기 때문이다. 그중엔 '엄마'가 들어간 책은 기본이고, 아예 엄마가 돌아가셨다는 그림책도 있었다. 그림책들의 대다수에 우리가 일부러 꺼내지 않던 가족 이야기들이 잔뜩 들어 있었다. 엄마가 자신에게 다시는 돌아올 수 없다는 것을 안 것도 그림책을 통해서였다.

하지만 언제까지 엄마 얘기가 안 나오는 그림책만 골라 읽을 수는 없었다. 엄마는 그 존재 여부를 떠나, 아니 엄마와의 헤어짐이 늦고 빠름을 떠나, 모든 사람에게 평생 가슴으로 부르고 싶은 단어이기 때문이다.

그래서 그냥 읽어줬다. 아이의 반응은 적당히 무시한 채 말이다. 그러나 아이에게 엄마라는 단어가 그렇게 괴롭게 들릴 줄 몰랐다. 하루를 따뜻하게 마무리하고 싶은 잠자리가 잔뜩 신경이 곤두서는 시간이 되었다. 아이는 그림책 속의 엄마 이야기 자체를 싫어했다. 엄마라는 단어가 나오는 것조차 힘들어했다. 엄마와 손잡고 가는 모습, 엄마가 아이를 꼭 안아주는 그림 등 엄마와 함께하는 모든 것을 시기 질투하고 눈물을 쏟아냈다. 급기야 엄마라는 단어는 빼고 읽어달라거나 엄마를 아빠로 고쳐 읽어달라고 했다. 엄마라는 단어에 리듬을 맞춰 귀를 막아버리기도 했다. 누군가에겐 가장 정다운 이름인 엄마가 누군가에겐 가장 괴로운 이름이 되기도 하는구나 싶었다.

그래도 책 읽기는 계속됐다. 내가 교사이고 책 읽어주기의 중요성을 어느 정도 알고 있었기에 망정이지, 만약 그렇지 않았다면 엄마가 많이 등장하는 이야기는 애초부터 걸러냈을지도 모른다. 하지만 그건 진정으로 아이를 위한 것이 아니라는 생각이 들었다. 아이가 마주한 삶은 내가 보여주고 싶은 아름다운 모습만 있는 것이 아니기 때문이다. 책 속의 엄마를 피하기 시작하면 앞으로 아이가 살아가며 주위에서 들을 수많은 '엄마'는 정말 피하기 힘든, 괴로움 그 자체가 될 것 같았다. 엄마가 곁에 없어도 자신 있게 엄마를 부를 수 있도록 해주어야 했다.

그러자 아이는 조금씩 변하기 시작했다. 엄마가 좋아했던 음식이 뭔지, 엄마도 나를 저렇게 안아줬는지, 엄마는 어떤 색깔을 좋아했는지 자연스럽게 물어오기 시작했다. 가끔은 엄마라는 단어를 더 큰 소리로, 더 즐겁게 읽는다. "엄마는 나한테 어떻게 해줬어?", "나랑 어떤 얘기를 했어?", "엄마는 돌아가면 언제 또 돌아와?", "돌아간다는 게 뭐야? 다시 온다는 거지?" 하고 묻는다. 아이가 엄마라는 단어를 가장 많이 말하고 들을 때는 지금이다. 아이는 그저 엄마를 소리 내 불러보고 싶었던 것이다. 돌아올 수 없다는 것을 알지만 부를 수조차 없는 것은 너무 괴로운 일이었을 것이다.

그러면서 나는 아프다고 고개를 돌리지 말고 더 당당하게 읽어야겠다고 마음먹었다. 책 읽기란 바로 지금 여기 우리가 살아가는 어둠의 무수한 단면을 이해하는 과정의 부드러운 손잡이가 되어주기 때문이다. 아울러 책을 소리 내어 읽는다는 것은 아픔을 이겨내는 큰 힘이자 따뜻한 이불이다. 나를 대변해주는 든든한 나팔소리 하나 갖는 것이다.

아이와 나는 어젯밤에도 《진짜엄마 진짜아빠》(박연철, 엔씨소프트)를 함께 소리 내어 읽었다. 그리고 잠들기 전에 이야기를 나누었다.

"아빠, 나는 그림책이 참 좋아."
"왜?"
"그림책에 엄마라는 단어가 많이 나오니까. 그러면 엄마를 불러볼 수 있잖아."

어쩌면 아이는 벌써, 엄마가 없어도 입술 꾹 깨물고 울음을 참을 수 있을 만큼 커가고 있는지도 모른다. 그림책이 엄마가 될 수는 없어도 엄마를 불러볼 기회를 주었으니 연말에 감사해야 할 대상으로 꼭 그림책을 넣어야겠다.

책을 읽어줄 때 알아두면 좋은 것들

1. 아이들에게 지속적으로 읽어주거나 읽도록 하는 분위기를 만드는 것이 중요하다.
2. 책을 미리 살펴보고 꼭 소리 내어 읽어주고 싶은 부분을 골라서 읽어보자. 분량이 많은 책 전체를 소리 내어 읽어주는 일은 쉽지 않다.
3. 어수선한 분위기를 정리하고 싶을 때 책을 읽어주면 좋다.
4. 잠자리에 들기 전 편안한 복장으로 이불의 부드러움과 함께 읽어보자.
5. 꼭 연기하듯 실감 나게 읽어주지 않아도 아이들은 잘 듣는다.
6. 좋은 문장은 읽다가 멈추고 함께 이야기를 나눠보자.
7. 아이가 책을 읽을 수 있다면 몇 줄씩, 한 페이지씩 번갈아 읽어보자.
8. 같은 책을 반복해서 읽어준다고 해도 아이가 지루해할 것이라고 단정 짓지 말자. 어제 읽었던 책이라도 오늘의 아이는 내가 상상하지 못한 대목에서 다른 반응을 보이기도 한다.
9. 다양한 세계의 경험이 그림책으로 가능하다. 가끔은 일상 이야기에서 벗어나 함께 놀라며, 웃을 수 있는 환상적인 이야기 세계로 들어가보자.

10. 평소 다툼이 있거나 힘든 날에 함께 읽는 그림책은 하루를 따뜻하고 편안하게 마무리 짓도록 도와준다. 부모와의 관계가 매우 좋아진다.

11. 여행지에서도 책을 읽어주자. 기껏 찾아간 여행지에서 싸워도 밤이 되면 책으로 풀어진다.

12. 짐 트렐리즈는 《하루 15분 책읽어주기의 힘》(북라인)이라는 책에서 책 읽어주는 선생님은 아이를 크게 변화시키고, 책 읽어주는 부모는 책 읽는 아이를 만든다고 했다.

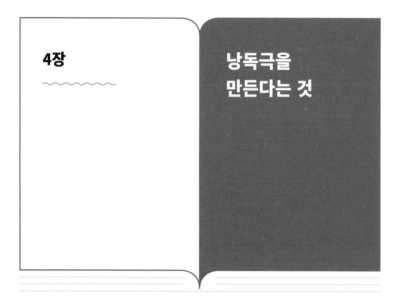

4장

낭독극을 만든다는 것

낭독극 탄생기

수업을 준비하며

1년 3개월의 휴직 후 복직했을 때 익숙할 줄 알았던 모든 것이 새로웠다. 교실도, 아이들도, 기안 올리는 것도 어색하고 서툴렀지만 그중에서 가장 마음에 걸렸던 것은 바로 교실에 있는 많은 책들이었다. 줄줄이 우리반 책꽂이에 꽂혀서 나를 노려보는 그것들이 자꾸 '나 언제 읽어줄래?' 하면서 압박해왔다. 20권이 나란히 꽂힌《몽실 언니》에서는 20명의 아기가 크앙크앙 울고, 여러 명의 마사코가 자꾸만 질문을 해대는 것 같았다.

내가 근무하는 학교는 혁신학교이고, 이미 온작품 읽기 수업을 진행하고 있었다. 그러나 휴직 전이나 휴직 후나 내가 온작품 읽기에 대해 모르는 것은 매한가지였다. 아침 자습시간에 아이들은 자연스럽게 책을 꺼내 읽었는데 오히려 나만 불편했다. 게다가 학교가 작아 5, 6학년이 동학년인데 5학년에는 국어교육 전문가 전국구 선배님이 계셨다. 온작품 읽기를 슬쩍 피해갈 수도 없게 됐다. 아! 동학년을 잘못 만났다.

처음엔 '나도 책을 읽어주고 싶지만 읽을 시간이 없잖아? 교과서 진도는 어쩌고? 책을 읽어주고 나면 또 뭘 할 수 있나?'라는 생각이 가득했다. 하지만 그냥 무작정 시작했다. 그렇게 두 번째 만난 책이 바로 《내가 나인 것》이다. 일본 작가가 썼고 글씨도 작고 그림도 별로 없었다. 학교에서 고학년을 위해 사놓은 책이지만 그동안 5, 6학년 아이들 모두 거들떠보지 않았다. 우리반 아이들도 읽기 힘들어할 것 같아 다른 책을 찾고 있었다. 하지만 책 표지에 자꾸 눈길이 갔다. 샛노란 배경에 무릎 꿇은 주인공 남자아이는 금방이라도 울 것 같기도 하고 웃을 것 같기도 한 묘한 표정을 짓고 있었다.

그런데 가만 보니, 표지 속 주인공이 우리반 한 아이와 너무나 닮아 있었다. 그 아이는 자기 세계에 빠져 내가 어찌 해볼 수 없는 아이였는데 사회, 음악 두 시간 만에 《내가 나인 것》을 잡고 단숨에 모두 읽어버렸다. 그날 하교 후 그 아이의 책상 위에 《내가 나인 것》이 놓여 있었다. 주인공과 너무도 닮은 그 아이를 생각하며 나도 책을 읽어보았다.

이 책은 6학년 남자아이 히데카즈가 주인공이다. '히데카즈'는 일본어로 '가장 뛰어나다'라는 뜻이지만 역설적으로 이 아이는 뛰어난 점이 없다. 오히려 가족과 주변 사람들에게 좋은 소리 한 번 듣지 못하며 지낸다. 히데카즈는 엄마와의 관계가 매우 안 좋은 상황에서 가출을 결심하는데, 얼떨결에 올라탄 짐차가 시골마을로 떠나버린다. 그곳에서 같은 또래의 여학생 나츠요를 만나고 여름방학을 보낸 후 집으로 돌아온다. 자신에 대한 생각이 달라졌을 것이라는 기대를 안고 돌아온 히데카즈는 가족들이 자신을 대하는 태도가 여전하다는 것을 느끼고 다시 방황을 한다.

책에서 내가 주목하고 싶었던 것은 히데카즈가 가족으로부터 벗어나 가출 후 새로 만난 사람들을 대하는 태도였다. 6학년 아이들이 보이는 문제점들을 종합해보면 결국 태도에서 비롯되는 경우가 많았기 때문이다. 그것은 또한 가정의 문제와 맞닿아 있었다. 책을 읽으며 내가 본 우리반 아이들의 모습을 하나씩 정리해보았다. 그리고 우리반 아이들이 이 책을 꼭 읽어봤으면 좋겠다는 생각이 들었다.

우리반 아이들의 모습

· 한마디로 어디로 튈지 모르는 럭비공 같은 아이들
· 내 생각이 없는 아이들. 때론 내 생각이 너무 많은 아이들
· 수업시간에 말 한마디 잘못하면 꼬투리를 잡아 진땀을 빼게 하는 아이들
· 조금만 딴 길로 새면 이때다 하고 질문 세례를 퍼부어 수업시간을 잡아먹는 아이들

- 고운 말 바른 말보다 줄임말, 파격적인 단어를 사랑하는 아이들
- 우리말의 최상급을 표현하는 단어 '가장'을 모두 '개'로 바꿔 쓰는 아이들
- 사랑받고 사랑하고 싶지만 표현이 서투르고 어색한 아이들
- 외롭지만 그것을 표현할 줄 모르고 해결할 수 없는 아이들

또 책을 통해 내가 아이들과 이야기하고 싶은 것들을 생각나는 대로 적어보았다.

책을 읽고 아이들과 나눌 이야기

- 나 자신에게 말을 걸어본 적 있니?
- 학교에서, 집에서, 학원에서, 나름대로 많은 스트레스가 있을 텐데 어떻게 해결하고 있지?
- 내가 누구인지 모를 때, 관계 맺음의 두려움이 가장 크게 다가오는 것 아닐까?
- 내가 오롯이 나일 때, 내가 가장 나로서 빛나 보일 때는 언제, 무엇을 할 때, 누구와 있을 때일까?
- 중학교에 올라가기 전 가장 필요한 것은 무엇일까? 나의 뚜렷하고 올바른 주관이 아닐까? 나의 색깔이 무엇인지 고민할 수 있는 힘이 아닐까?

이런 이야기를 아이들과 나눌 수 있을지 의문이 들었지만, 우선 아이들과 함께 책을 읽어보기로 했다.

함께 읽다

《내가 나인 것》으로 아이들과 뭔가 해보리라 기다렸던 시간이 왔다. 생각해보니 수업을 기다려본 지 오래되었다. 수업을 생각하며 설레는 마음을 느끼다니 놀라웠다. 그 첫 시간에 나눴던 대화다.

"우리반 국어 진도가 너무 빨라. 그래서 이번엔 《내가 나인 것》이라는 책을 같이 읽어보고 싶은데, 어때?"

"(시큰둥)"

"표지에 있는 인물이 주인공인데, 가출을 하게 돼. 너희 모두 가출을 한 번쯤 생각해보지 않았니?"

"그 정도는 아닌데요."

"그래? 음, 어허 그래. 근데 이 책 처음부터 매력이 철철 넘쳐. 한 번 들어볼래?"

그러고는 천천히 책을 읽어주기 시작했다.

히라타 히데카즈, 끝내 주게 좋은 이름이다. 어쨌거나 가장 뛰어나다는 뜻이니까. 하지만 이름 따위는 믿을 게 못 된다. 뭣보다 이름이 암만 좋아도 속 알맹이까지 좋다는 증거는 될 수 없다. '명실상부'라는 말은 하나마나한 위로의 말일 뿐이다. 실제로 히데카즈는 그야말로 끝내 주게 풀 죽은 얼굴로 교문을 나섰다.

'어휴! 어휴! 무시무시한 지진이 일어나 우리 집이 폭삭 내려앉았으면!'

처음부터 강렬했다. '집이 폭삭 내려앉았으면!'에서 아이들은 뒤집어졌다. 말 그대로 통했다. 몇 페이지를 더 읽어주고 바로 함께 읽어보기 시작했다. 아이들은 너무 재미있다고 했다. 의외의 반응이었다. 시작이 좋았다.

아이들과 읽는 방법을 의논해보았다. 그리고 국어시간에 자유롭게 읽어보기, 페이지 정해서 다 같이 읽기, 인상 깊은 구절 찾아 읽기 등의 방법으로 책을 열심히 읽었다. 자유롭게 읽기를 제외하고는 대부분 한 사람씩 소리 내서 읽었다. 공감되는 내용이 나올 때마다 아이들은 마구 웃었고, 그러지 못한 부분에서는 표정이 일그러졌다. 라디오 일일 드라마를 청취하는 것 같았다. 친구들의 음성으로 책을 읽는 일은 혼자 속으로 읽을 때와 너무도 다른 결과를 안겨주었다.

인상 깊은 구절 찾기

《내가 나인 것》을 실컷 읽고 아이들이 찾은 인상 깊은 구절들이다. 한 줄이나 두 줄도 괜찮다고 했더니 쉽게 골라냈다.

· 어휴! 어휴! 무시무시한 지진이 일어나 우리 집이 폭삭 내려앉았으면!

· '후유, 벌써 시작이야. 하는 수 없지. 잠자코 고개나 푹 처박고 있

자. 그럼 잔소리도 머리 위로 지나가고, 시간도 지나가겠지.'

· '흥! 실컷 울어라. 고자질은 세상에서 가장 더러운 쓰레기 같은 인간이나 하는 짓이라구! 어차피 난 이제부터 지겹도록 야단맞을 거니까 상관없어……'.

· '그랬으면 얼마나 좋아? 운도 지지리 없지. 오는 길에 (성적표를) 박박 찢어 버리는 건데 깜박하고 집까지 갖고 와버렸어. 꾹꾹 구겨서 화장실에라도 확 버려 버릴걸……'.

· 여기서 울면 된다. '용서해 주세요.' 하고 눈물을 뚝뚝 흘리며 엄마한테 매달리면 된다. 그러면 히데카즈는 예전처럼 히라타 집안의 셋째 아들이 될 수 있다. 하지만 히데카즈는 그렇게 하지 않았다. 예전과 똑같아지려고 가출한 것이 아니다.

· '엄마는 내 얼굴 따위 보기 싫을지도 몰라. ……하지만 나는 이 얼굴을 보여 주겠어. 엄마는 나를 때릴지도 몰라. ……하지만 나는 피하지 않을 거야. 누가 뭐래도 나는 엄마의 아들이라는 것을 이해시키겠어. 그리고 나는 나라는 것도 알려주겠어!'

아이들은 주로 엄마와의 다툼 장면에서 히데카즈가 속으로 생각하거나 내뱉는 시원시원한 말들을 꼽았다. 인상 깊은 구절로 가장 많이 뽑힌 글은 역시 '누가 뭐래도 나는 엄마의 아들이라는 것. 나는 나라는 것.'이라는 문장이었다. 아이들과 나는 자연스럽게 몰입되었다. 그리고 이렇게 찾은 문장과 시들을 엮어서 낭독대본을 완성했다.

시와 손잡다

교실에는 동화책 말고도 많은 동시집이 있다. 시는 짧고 강렬하며 허용 범위가 넓어서 아이들이 쉽게 다가갈 수 있다. 우리반 아이들은 발표하는 것을 매우 힘들어했다. 그래서 《내가 나인 것》을 읽으면서 차오른 감정을 시를 통해 표현해보도록 했다.

우선 시집에서 주인공의 감정 찾기, 주인공에게 해주고 싶은 위로나 충고와 관련된 시 찾기, 직접 관련된 시 써보기 등의 활동을 해보았다. 아이들의 반응은 매우 좋았다. 자기감정을 대변할 좋은 돌파구를 찾은 셈이다. "내가 찾은 시가 꼭 내 감정이 아니어도 돼. 상상의 감정으로 찾아도 되는 거야."라고 했더니 훨씬 편하게 시를 찾아냈다. 아이들은 이런 시를 찾았다.

눈

이안

나는 내 뒤에 누군가 딱 서서
내가 무얼 하는지
지켜보는 것 같다

공부는 제대로 하는지
딴생각은 않는지

화장실 갈 때나

친구들이랑 놀 때도

커다랗고 차가운 눈이
따라붙는 것 같다

귀찮고 지겨워서 나는
어서 어른이 되어야지
어른이 되어
내 맘껏 살아야지
생각한다

-《고양이와 통한 날》(문학동네어린이)

달팽이

김용택

밤 새워 기어 왔나 봐요.
산 아래 풀잎 위에 달팽이가 쉬고 있네요.
산은 높지요.
그러나 저 산을 넘어야 해.

달팽이가 기어갑니다.

-《너 내가 그럴 줄 알았어》(창비)

그렇게 시를 찾은 아이들은 자연스럽게 시를 직접 써보고 싶어 했다. 여러 활동 중에서 가장 활발하게 참여한 것도 직접 관련된 시를 써보는 것이었다. 예상을 뛰어넘는 효과였다. 다음은 2017학년도 노원초등학교 6학년 아이들의 시다.

나는 로봇이 아니야

— 이원영

나는 하라는 대로 하는
로봇이 아니야

나는 엄마가 원하는 대로 하는
엄마의 소유물이 아니야

나는 잔소리를 받아주는
화풀이 대상이 아니야

나는 나 자신일 뿐이야

가출

— 김민경

가출을 하면

기분이 좋을 줄 알았니?

가출을 하면

일이 해결될 줄 알았니?

가출을 하면

행복할 줄 알았니?

가출을 하면

좋을 게 없다

어려운 결정

— 민현진

히데카즈야 안녕, 나도 너랑

같은 나이 열세 살, 나도

너 같은 생각들을 해봤지만

결정하기가 어려운 것들이 있지

엄마한테 걸리면 또 어떡할까

생각을 하고 결정을 하겠지?

하지만 가족에게서 영원히

떨어져 산다고 생각해봐

그게 진짜로 어려운 결정 아닐까?

내가 바라는 나

– 이정우

숙제 좀 해!

정리 좀 해! 방이 이게 뭐야!

자기가 할 건 알아서 해!

나의 내면에선

이렇게 소리 지르고 있는데

진정 내 몸은

따라주지 않는다

제발, 내 몸아!

내가 원하는 대로

따라주겠니?

히데카즈한테

− 김현수

히데카즈야

나츠요랑 결혼해

잘 지내렴

그리고

동생 마유미랑도

친구들하고도

잘 지내렴

엄마 아빠 말

잘 듣고

싫을 때가 있으면

나츠요를 만나러 가보렴

아프지 말고 또

가출하지 말고

잘 지내렴

히데카즈 사춘기

− 서주강

나는 오늘도 가출하고 싶다

엄마의 잔소리

게임 금지

하… 엄마는 너무 싫어

가출하고 싶어

돈은 어쩌지 먹을 거는

그래! 가출하자!

나의 사춘기도 모르는

엄마는 필요 없어!

쾅!(문 닫는 소리)

모든 사람들

— 박민수

모든 사람들은 개성이 있다

자신의 고유의 색도 있다

모든 사람의 개성은 다 다르게 생겼고

다 다른 색이기도 하다

그 모든 색을 섞으면 나오는 검정색

난 검정색이 되고 싶다

날개 달린 검정색

아이들이 쓴 시들은 말 그대로 그저 평범한 시다. 하지만 내가 볼 때는 시가 살아 숨 쉬는 것처럼 느껴졌다. 내가 아는 우리반 아이들 속마음이 고스란히 담겨 있기 때문이다. 누구에게 자랑하기 위해서, 공감받기 위해서 쓴 시가 아니다. 그냥《내가 나인 것》안에서 스스로 뽑아낸 '자기 시'였다. 아이들의 시가 너무 좋아서, 살아 있어서 감동적이었다. 솔직한 시들이《내가 나인 것》과 촘촘히 연결되었고, 책을 읽을 때마다 시와 버무려지는 느낌이 들어 짜릿짜릿했다.

낭독극에 도전하다

활어처럼 뛰는 아이들의 시를 그냥 시 공책에 가둘 수는 없었다. 시를 낭독하는 아이들의 치명적인 매력을 공유하고 싶었다. 아이들과 상의한 끝에 한 사람씩 자기가 찾은 시 또는 쓴 시를 낭독해보기로 했다.

낭독에 맞추어 기타 연주곡을 배경음악으로 깔았다. 진지하고 멋있는 분위기가 만들어졌다. 교실에서 이럴 게 아니라 좀 더 멋있는 무대가 있었으면 좋겠다고 생각했다. 그래서 시청각실에서 공개수업을 해보기로 했다.

《내가 나인 것》중에서 아이들이 고른 실감 나는 장면을 중심으로 이야기를 추린 후 중간중간 아이들이 고르고 쓴 시를 적절하게 배치하기로 했다. 처음엔 장면을 연극처럼 꾸미고 싶었지만 연극적인 요소가 너무 강한 것도 아이들에게 부담이 될 수 있다고 생각했다. 연극적 요소를 지우고 또 지우니 자연스럽게 낭독극의 형태를 띠게 되었다.

《국어 6-나》12단원에 나오는 '문학작품에서 희곡을 실감 나게 읽어보기' 부분을 먼저 학습한 뒤 대본 읽기를 연습했다. 무대 위에는 히데카즈와 엄마, 나츠요와 여동생 역할을 맡은 4명만 올라가고 별다른 동작 없이 대본만 읽기로 했다.

책의 삽화를 스캔해서 무대 중앙에 PPT로 띄워놓고 아주 극적인 장면에만 동작을 취하기로 했다. 나머지 아이들은 객석 의자에 앉아 있다가 자기 시를 읽을 차례가 되면 나오는 것으로 했는데, 객석에서 나오니까 수업에 함께 참여하고 있다는 느낌이 들지 않았다. 그래서 무대 밑에 반원 모양으로 빙 둘러앉은 다음, 자기 차례가 되면 무대 중앙에 걸터앉아 시를 읽도록 했다.

나는 PPT 장면을 전환시켜주는 역할만 했다. 그러다가 마지막에 나도 한 편의 시를 읽었다. 공개수업은 앙코르 수업까지 했으니 성공적이었다. 더욱 뿌듯한 것은 수업으로 아이들이 큰 만족감을 얻었다는 것이다.

낭독극 〈내가 나인 것〉

낭독극 이후

낭독극이 우리반에 큰 변화를 가져온 것은 아니었다. 오히려 다른 반이 더 들썩거렸다. 얌전하기로 유명한 우리반 아이들은 기대보다 더 큰 관심이 좋기도 하지만 한편으로 부담스럽다고 했다. 그러나 낭독극 수업 후 아이들 소감은 달랐다.

> 너무 떨렸는데 연기하는 애들은 얼마나 떨렸을지 상상이 안 된다. 내가 시를 읽을 순서가 점점 오는데 너무 떨렸다. 막상 읽고 나니 떨렸던 마음이 진정이 된 것 같다 선생님이 시를 읽을 때 노래 부르는 부분에서 애들도 나도 너무 웃겼다. 그래서 나중에는 6학년 다 같이 이것을 또 했으면 좋겠다.
>
> –윤은혜

공개수업을 준비할 때부터 처음 해보는 수업이라 떨리기도 하고 걱정되기도 했다. 또 다른 사람이 시를 읽을 때 너무 빨리 읽어서 속으로 '조금만 더 느리게'라고 소리치며 답답해했다. 그리고 뒷부분에 히데 오빠한테 사과하는 장면이 있는데 책에서는 '울면서'라고 나와 있기에 연습할 때 눈물을 두 번이나 흘렸다. 그러나 실제 무대에선 눈물이 고이긴 했지만 흐르지 않아서 아쉬웠다. 무대가 끝나고 2반이 "우리도 하면 안 돼요?"라고 해서 뿌듯했다.

–이원영

〈히데카즈-연극, 시 낭송〉이 끝났다. 나는 연극에서 히데카즈 엄마 역할을 맡았다. 그리고 시 낭송은 〈사파리〉라는 내가 쓴 시를 읽었다. 솔직히 원래 시가 주제였는데 1, 2학년 아이들은 어쩌면 연극이 주제라고 생각할지도 모르겠다. 나는 엄마 역할을 하면서 별로 힘든 점이 없었는데 소리 지르는 부분이 난감했다. 그래서 오늘 힘들게 성공했는데 5학년 담임선생님께서 5학년들에게 보여달라고 하셔서 놀랐다. 겨우 조금 성공했는데 말이다. 이것이 추억이고, 다음 공개수업도 이렇게 재밌게 했으면 좋겠다.

–배지현

낭독극을 본 다른 반, 다른 학년 아이들이 낭독극을 여러 번 이어서 발표했다. 그동안 읽어온 작품들을 낭독극으로 바꿔서 공개수업을 진행하거나 낭독극을 염두에 두고 작품을 선정해서 읽기도 했다. 다양한 작품의 낭독극이 진행되자 차츰 다른 학교에서도 관심을 갖게 되었다. 낭독극은 이렇게 시작됐다.

낭독극 만드는 방법

낭독극 만드는 일은 어렵지 않다. 그러나 낭독극이라는 말은 다소 생소하다. 대체로 처음 접하는 것들은 다 어렵게 느끼기 마련이다. 특히 낭독극은 대본이 있어야 하는데 책의 분량이 많으면 요약하는 일이 만만치 않다. 또한 학년이나 반 아이들의 수준에 맞는 작품을 선택하는 일부터 낭독자를 고르는 일 등등 신경 써야 할 부분이 많은 것은 사실이다. 하지만 신경 쓸 부분이 있는 것과 어려운 것은 다르다.

이제부터 낭독극 만드는 방법을 소개하려고 한다. 한 가지 염두에 둘 것은 다음에 소개된 활동들은 독후활동이 아닌 '책을 읽으면서' 이루어진다는 것이다. 또한 각 반마다 다 다른 상황에 놓여 있기 때문에 반드시 따라야 하는 정해진 규칙 같은 것은 없다.

중요한 것은 아이들과 책을 소리 내어 읽어보는 일이다. 누군가에게 보여주기 위한 목적이 아니라 우리반 안에서 우리반 아이들과 함께 소리 내어 읽으며 나누는 것이 온작품 읽기를 위한 낭독이다. 진지하게 읽고 진심으로 들을 자세가 되었다면 그것이 바로 낭독극인 것이다.

낭독극과 어울리는 책 고르기

낭독극과 어울리는 책이 따로 있는 것은 아니다. 하지만 낭독극을 하게 되면 아이들이 책을 여러 번 반복해서 읽게 되고 같은 문장을 반복해 소리 내어 읽게 된다. 이런 점을 생각할 때 이왕이면 아이들이 몸과 마음으로 느끼고 받아들일 수 있는 작품이 좋겠다.

학년마다 반마다 다 다른 특성을 가지고 있어서 책을 정해 추천하기는 힘들다. 우리반 아이들에게 주고 싶은 메시지가 들어 있는 책이 좋고, 그 메시지는 선생님과 아이들이 함께 찾아야 한다. 다른 사람들이 좋았다는 서평과 목록에 귀가 솔깃해서 책을 고르지 않았으면 좋겠다. 책은 우리반의 생김새와 흐름을 알고, 그 안에서 반짝이는 아이들과 선생님 사이에서 나와야 한다고 생각한다.

함께 소리 내어 읽기

소리 내어 읽기는 쉬우면서도 쉽지 않은 일이다. 그냥 소리 내어 읽기란 교실에서 항상 해오던 일이라서 뭔가 특별한 점이 없다. 하지만 책 전체를 함께 소리 내어 읽는 일은 다르다. 특히 분량이 많은 책 전체를 소리 내어 읽기는 무척 힘든 일이다. 책의 두께를 떠나 내용이 무겁거나 분위기가 어두워도 끝까지 소리 내어 읽기에 버겁다.

그래서 일부분은 묵독을 권하는 것도 좋다. 그럴 경우 묵독할 부분을 미리 골라두어야 한다. 전체의 흐름 안에서 좀 편하게 읽어도 좋은 부분, 어려운 낱말이나 문장이 덜한 부분, 스스로 충분히 소화해 낼 수 있는 부분 등 그 기준은 선생님들이 관찰한 아이들의 특성을 중심으로 삼으면 된다. 선생님이 미리 다 읽어내기에 벅찬 책이라면 목차만 보고 몇 부분만 골라두는 것만으로도 괜찮다.

소리 내어 읽는다고 해서 단순한 소리 내기만 하는 것은 아니다. 소리 내어 읽기에도 생각해볼 점들이 꽤 많다. 성우들을 목소리 디자이너라고 부른다. 그들은 몸이 가진 세포 하나하나를 끌어당겨 소리를 낸다고 한다. 이렇게 몸 전체를 목소리 하나로 표현하는 것이다. 그러기 위해 부단한 노력과 훈련을 한다.

좋은 목소리를 내기 위해서는 여러 가지 요소를 갖추어야 한다. 목소리의 기본 요소인 호흡, 발성, 발음, 공명이 그것이다. 이런 기본 요소를 갖추고 나면 목소리의 톤, 속도(템포), 성량, 억양, 강세, 리듬, 포즈, 어미 처리 등의 구성요소를 통해 말을 자유자재로 조절할 수 있는 능력을 키워나간다.

그러나 우리의 목적은 성우를 만드는 데 있지 않다. 단지 좋은 작품을 정성껏 소리 내어 읽으면 그것으로 충분하다. 소리 내어 읽을 때 어디서는 좀 사이를 두고, 어딘가는 강조를 하면 좋겠다는 조언 정도라도 좋다. 그런 조언도 버겁다면 이렇게 해보자. 작품 안에서 내가 맡은 역할의 처해진 상황이 어떤지, 상대방과의 관계는 어떤지를 생각해보도록 하자. 언뜻 소리 내어 읽는 일과 별다른 관계가 없을 것 같지만 그렇지 않다. 상황과 관계를 아는 것만으로 내 호흡과 속도, 강세와 리듬에 변화가 온다.

아이들에게 목소리의 기본 요소를 가르칠 필요는 없다. 하지만 교사가 이런 요소들이 있다는 것을 알고 있다면, 좀 다르게 읽을 수 있도록 도와줄 수도 있고 소리 내어 읽기가 훨씬 흥미로워질 것이다. 아이들에게는 그저 "실감 나게 읽어보자."에서 출발하자.

또한 좋은 문장을 함께 읽는 일은 단순히 작품의 내용을 공유하는 것에 그치지 않는다. 혼자 읽으라고 하면 그냥 넘기고 말았을 좋은 문장들, 이해 가지 않는 어휘나 문장들을 함께 나누며 가는 것이 좋다. 반에서, 모두 함께, 깊이 있게 곱씹는 문장들이 많아질수록 읽는 재미를 느끼고 뜻을 익히게 될 것이다. 아이들은 자연스럽게 '행간 사이를 읽으라(Read between the lines).'는 뜻을 알게 된다.

읽으면서 인상 깊은 장면 뽑고, 따라 쓰기

좋은 책은 따라 읽고 싶고, 따라 쓰고 싶은 문장들이 참 많다. 저절로 눈이 가거나 손이 가는 것은 당연한 일이다. 낭독극을 하기 위해 따라 쓰는 일도 좋지만 낭독극을 하지 않더라도 좋은 문장을 따라 쓰고 읽는 일은 그것만으로도 가치가 있다. 한 작품 안에서도 아이들이 따라 쓴 글은 비슷한 듯 다르기 때문이다.

그러나 좋은 문장을 찾는 것보다 더 중요한 일은 그 문장을 찾은 까닭과 이유다. 인상 깊은 구절이나 좋은 문장을 나누는 일에 멈추면 안 된다. 그것이 왜 인상 깊었는지, 왜 좋은 문장이라고 생각했는지 꼭 이야기를 나눠보자. 짧은 문장 안에서도 아이들의 모습들이 고스란히 투영되기 때문이다. 같은 문장을 찾았다 하더라도 그 문장을 찾은 이유는 모두 제각각이다. 각각의 처한 상황과 안고 있는 고민이 다르기 때문이다. 삶이 제각각인 이유와 다르지 않다. 이렇게 아이들이 인상 깊은 장면을 뽑아 따라 쓴 문장들을 모아 낭독극 대본으로 엮으면 된다. 같은 작품을 여러 반이 함께 읽어도 모두 다른 대본을 만들어내는 것은 이 때문이다.

읽으면서 관련 시 찾기, 시 창작하기

여행에서 빼놓을 수 없는 재미는 가끔 휴게소에서 쉬어가는 일이다. 책을 읽는 일도 마찬가지다. 온작품 읽기가 흥미로운 이유 중 하나는 책을 읽는 도중에 서로 이야기를 나누며 쉴 만한 휴게소를 많이 만들 수 있기 때문이다. 책을 한 번에 끝까지 읽는 것도 의미가 있지만 함께 읽으면서 중간중간 그 의미와 상황을 나누는 일은 더 가치가 있다.

책을 읽으면서 인물에 대한 이야기를 해보자. 인물이 그렇게 행동한 이유는 무엇인지, 그렇게 말한 이유는 무엇인지, 인물이 억울한 상황에 놓였을 때, 어려운 일을 당당히 헤치고 일어섰을 때는 어떤 감정이었을지, 어떻게 말했을지 함께 나눠보면 책 속의 인물들이 점점 가깝게 다가올 것이다.

감정에 대해 충분히 이야기를 나누고 분위기가 고조되었다면 시집으로 눈을 돌려보자. 인물에게 해주고 싶은 말이나 인물이 처한 상황과 관련된 이야기를 시와 연결시켜보자. 왜 하필이면 시냐고? 시는 감정의 압축파일이기 때문이다. 따뜻하거나 차갑기도 하고 허무맹랑하기도 하다. 아이들의 감정을 누그러뜨리기도 하고, 부풀려 폭발시키기도 한다. 이런 시를 자주 접한 아이들은 시를 마치 '놀잇감'처럼 여기게 된다. 자신의 감정을 너무 잘 대변해주는 인형 하나를 얻게 되는 것이다.

아이들은 작품과 시를 왔다 갔다 하면서 책 안으로 더 깊이 파고든다. 관련된 시 찾기를 하다 스스로 시를 쓰게 해보자. 연과 행, 운율, 직유법, 은유법 등을 모르더라도 아이들은 아름다운 시를 써낸다. 작품을 읽다가 '시'라는 휴게소에 자주 들러보자. 놀 거리 나눌 거리가 풍성한 '시 휴게소'에 들러 우리반 작품 여행의 묘미를 마음 껏 느껴보자.

읽으면서 등장인물 관찰하기

책 속에서 다양한 인물을 만나는 일은 참 흥미진진한 일이다. 작가는 어떻게 그 많은 인물들을 모두 그럴듯하게 그려냈을까. 그럴듯한 인물들은 또 어쩌면 저리 짜임새 있게 어울려 표현되는 것일까. 아이들과 책 속 '인물 관계도'를 그려보자. 누구는 누구의 딸이고, 누구의 엄마이며, 누구의 이모다. 누구와 누구는 친하고, 누구와는 사이가 좋지 않다. 관계도를 그려보면 책을 펼치는 일이 훨씬 편해진다.

인물이 많고 이름조차 어려운 책을 중간에 이어서 읽을 때는 책 속으로 스며드는 데 다소 시간이 걸린다. 자동차를 움직이는 데 한참 동안 예열이 필요한 것과 같다. 관계도는 예열시간을 짧게 줄여주고 더 부드럽게 달리게 하는 윤활유 역할도 한다. 관계도를 보며 앞으로 전개될 상황을 쉽게 상상해볼 수도 있다.

관계도 위에 인물의 나이, 성격, 차림새, 말투 등 책에 드러난 부분과 상상으로 입힐 부분도 덧붙이면 인물 분석은 더 탄탄해진다. 탄탄해진 인물 분석은 낭독을 할 때 감정이입이 더 쉽도록 도와준다. 그 문장과 잘 맞는 감정이 만나 소리로 터져나올 때 몰입은 저절로 이루어지기 때문이다.

낭독극을 위해 인물 분석 시간을 따로 두는 것보다는 읽어가면서 인물에 대한 다양한 질문과 응답을 주고받는 것이 더 낫다고 생각한다. 인물들이 시간과 장소, 상황의 변화에 따라 어떻게 이야기하는지 잘 살펴보자. 중요한 상황에서 감정은 어떻게 변하고 있으며, 어떤 행동을 하고 어떤 말을 하는지 잘 들어보자. 이렇게 인물의 관계를 깊이 있게 생각하고 이야기 나누는 일이 중요하다. 그것만으로도 낭독극의 인물 분석은 충분하다.

낭독극 대본 만들기

낭독극 대본 만드는 일은 다소 까다로운 일이다. 낭독하는 아이들의 수준과 내용의 이어짐을 동시에 고려해야 하기 때문이다. 하지만 겁먹을 정도는 아니다. 그림책이나 단편동화는 낭독극 대본을 따로 만들지 않고, 있는 그대로 소리 내어 읽어도 좋다. 장편동화는 중요한 장면을 요약하거나 인상 깊은 장면을 따라 써서 모아놓으면 그냥 그것대로 대본이 된다.

물론 그대로 낭독극을 하기에는 뭔가 부족한 점이 있다. 그래서 글들을 전체적으로 모아놓고 흐름이 어색한 곳이 없는지 살펴보는 일이 필요하다. 그런 일들도 아이들과 함께 해보자. 이야기가 끊어져도, 넘어 뛰어도 누가 뭐라 할 사람은 없다. 또 줄거리의 모든 내용을 낭독극 대본에 담아야 할 필요도 없다. 우리가 중심에 둬야 할 부분은 '함께 대본을 만든다는 것'이다. 모두가 마음을 담아 낭독극 대본이라는 조각품을 깎고 다듬는 일이 가장 큰 의미가 있다.

낭독극 대본은 아이들과 함께 책을 읽으면서 만든 '우리반 요약본'이라고 생각하면 된다. 글을 하나로 모을 때는 각 모둠별로 또는 원하는 아이들끼리 컴퓨터실에서 직접 타자를 치면서 묶는 것이 좋다.

하지만 듣는 사람을 고려한 낭독극 대본은 필요하다. 모든 이야기를 담을 필요는 없으나 대본 위에 놓인 글들은 자연스럽게 이어지도록 구성하는 게 좋다. 아무리 좋은 문장이라고 할지라도 그냥 줄줄이 나열해놓은 것과 듣는 사람으로 하여금 이해가 되도록 부드럽게 이어 붙인 것은 차이가 있다. 구슬이 서 말이라도 잘 꿰어야 보배다.

낭독 역할 정하기

반 아이들에게 골고루 배역을 나누는 일은 쉽지 않다. 서로 하려고 해도, 안 하려고 해도 문제다. 누가 어떤 배역을 해야 할지 고르는 일은 심사숙고해야 하고, 다른 아이들도 대부분 수긍이 가는 선이어야 한다.

배역 정하기를 위해 오디션을 보기도 했다. 오디션을 볼 때는 자기 역할과 주고받기를 할 사람을 정해서 미리 연습해온다. 혼자 문장을 읽어 내려가면 아이의 실력을 판단하기 쉽지 않은 경우가 많다. 오디션을 보기 전에 꼭 이야기 해둘 것은 모든 배역에 대한 중요성을 언급해주는 일이다. 어떤 배역도 중요하지 않은 역할은 없다고 말해주어야 한다. 하지만 대부분 동감하지 않는 눈치다. 어쩔 수 없다. 그러나 낭독극을 해보면 한두 문장을 가진 아이라도 자기 역할을 어떻게 소화해내는지에 따라 다르게 해석되고, 다르게 평가받는다.

따라서 하고 싶은 배역을 한 가지만 정해서 연습해오지 않도록 해야 한다. 모두가 한 가지 역할만 고집하면 나머지 배역은 이미 볼품없는 역할로 전락하고 만다. 하고 싶은 배역을 두세 가지 정도 정해서 연습해오도록 하고 아이들과 함께 배역을 정하자.

배역을 다 정했어도 자기가 맡고 싶은 역할을 맡는 아이는 몇 명 되지 않는다. 주요 배역이 가진 문장이 매우 길면 역할을 둘로 나누기도 한다. 굳이 배역을 맡기 싫은 아이들은 시 낭송만 해도 좋다. 시 낭송도 싫다면 PPT 넘기는 일이라도 꼭 참여하도록 하자.

낭독극에서 중요한 것은 연기가 아니다. 많은 사람들이 조용히 내가 하는 말을 귀담아들어주는 시간을 갖게 하는 것이 중요하다. 설령 그 시간이 짧다고 해도 그 아이의 진심이 느껴지지 않는 것은 아니다. 함께 숨죽여 공유하는 짧은 시간에도 마음은 강렬하고 깊게 전달될 수 있다.

낭독 PPT 만들기

낭독극의 중심은 작품이다. 아이들이 아니다. 아이들은 중심이 되면서 중심이 되지 않는다. 그것이 낭독극의 가장 큰 장점이다. 낭독극 PPT는 작품 안의 중요한 삽화를 사진으로 찍거나 스캔해서 대본의 흐름에 맞게 보여주도록 꾸미면 간단하다. 별다른 효과를 넣지 않아도 좋다. 아이들의 목소리와 삽화만으로 좋은 낭독극이 만들어진다.

좀 더 극적인 모습을 원한다면 필요한 효과음이나 음향을 넣는 것도 좋다. 효과음이나 음향을 고르는 일도 아이들과 함께 해보자. 영화에 삽입된 음악들도 마치 영화와 음악이 하나처럼 어우러지며 감동이 배가 되듯이 낭독을 흔들지 않고 작품을 더 돋보이도록 돕는 배경음악은 극을 훌륭하게 완성시킨다. 그러나 작품의 분위기에 어울리는 음향을 고르는 일도 쉬운 일은 아니다. 극 전체의 흐름과 내용이 음향과 잘 어울려야 하기 때문이다. 이를 고르는 일도 아이들과 함께 해보자. 고학년의 경우에는 오히려 교사보다 아이들이 더 쉽게 알맞은 음향을 찾아내기도 한다.

다만 효과음이나 음향을 넣을 때는 따로 재생시키지 말고 PPT 장면에 바로 삽입하는 것이 좋다. PPT와 음향 시스템이 따로 돌아간다면 컴퓨터를 조정하는 사람이 더 필요하다. 또 시설 여건에 따라 낭독극의 주 화면을 자꾸 바꾸어야 하는 번거로움이 있을 수 있다.

PPT로 효과음이나 음향을 원하는 음량과 길이로 넣어 편집하기

낭독극 광고 포스터 만들기

광고 포스터는 있어도 그만, 없어도 그만이다. 그런데 그건 내 생각일 뿐 아이들은 무조건 만들고 싶어 한다. 특히 직접 그리고 싶어 하는 경우가 많다. 그러나 우리반 낭독극에서는 애써 그린 포스터를 쓰지 않았다. 아이들 스스로 만들어놓고 마음에 들어하지 않았기 때문이다. 그래서 책 표지를 스캔하고 학교 자료실에서 플로터(대형 프린터)로 뽑았다.

포스터를 만드는 이유는 단순히 '낭독극을 보러 와주세요.' 하는 광고를 위해서가 아니다. 그동안 낭독극을 준비한 아이들의 마음이 담긴다. 이런저런 작품을 함께 읽고 또 하나의 작품을 만들어냈다는 자부심과 낭독극에 대한 기대감이 함께 실린다.

미술시간을 이용해 포스터나 팸플릿을 만들면 된다. 책에 실린 삽화만 따로 보는 시간을 갖는 것도 책을 읽는 재미 중 하나다. 삽화는 그 책이 주는 분위기를 잘 담아내려고 노력하기 때문이다. 왜 그런 도구로 그림을 그렸는지, 왜 어두운 색으로만 그려졌는지, 화려하게 표현한 이유는 무엇인지 함께 이야기하면 또 다른 미술시간이 만들어진다. 그동안 읽었던 작품들의 삽화만 따로 모아 비교하는 것도 좋다. 작품을 읽은 뒤 삽화를 보며 정리하면, 이미 읽었던 이야기가 색다른 모습으로 다가오기도 한다.

낭독극 〈내가 나인 것〉
포스터

낭독극에 와줄 친구들 찾아보기

낭독극을 보고 싶어 하는 친구를 찾는 일은 어렵지 않다. 하지만 작품을 이해해줄 청중을 미리 찾아놓는 편이 낫다. 낭독극 날짜가 정해지면 연습을 하며 훌륭한 관객들을 찾아보자. 우리가 낭독극을 하기로 한 날 수업시간을 통째로 할애해줄 반이 있는지, 또 그 반이 낭독할 내용을 받아들일 만한 수준의 친구들인지는 중요하다.

연극의 주요 3요소는 희곡, 배우, 관객이다. 영화의 주요 3요소는 카메라, 스크린, 관객이다. 연극과 영화에 공통으로 들어간 주요 요소는 관객이다. 사실 영화보다 연극에서 관객은 더 중요하다. 그날 관객의 컨디션은 연극 무대 위 배우들에게 지대한 영향을 미친다. 다수의 관객 중 잘 웃어주는 몇 사람만 있어도 연극배우들은 무척 신난다. 방송국에 아줌마 부대가 있는 것도 같은 이유에서다.

낭독극을 보고 듣고 즐기고 싶어 하는 아이들과 선생님은 생각보다 쉽게 찾을 수 있다. 가까운 곳에서 좋은 작품을 편하게 즐길 수 있는 기회는 흔치 않기 때문이다. 또한 다양한 낭독극 참여와 관람을 통해 만들어진 좋은 관객은 점차 훌륭한 낭독자, 더 나은 관객으로 자리 잡아갈 것이다.

낭독극을 보러온
다른 반 친구들

낭독극 연습하기

낭독극 연습은 교실에서도 쉽게 할 수 있다. 앉은 자리 그대로도 가능하고, 책상을 뒤로 밀고 의자만 이어놓은 채 연습해볼 수도 있다. 주로 대본 읽기 연습을 먼저 하게 되는데 현재 상황을 잘 파악한 뒤 다른 사람과의 관계를 생각하며 읽도록 지도한다. 자기 대사만 보지 않고 전체적인 흐름을 함께 볼 수 있도록 해야 한다. 아이들이 온작품 읽기를 통해 전체적인 흐름을 잘 나눈 상태라면 크게 개입하지 않아도 좋다.

마이크를 사용한다면 미리 마이크 낭독을 연습하는 것이 좋다. 마이크 사용 시 주의할 점은 크게 두 가지다. 하나는 마이크를 켜고 끄는 일이다. 마이크를 제때 켜고 끄지 않으면 의도하지 않은 잡음들이 끼어들어 분위기를 어수선하게 만들기도 한다. 두 번째는 마이크가 돌아가는 순서를 정하는 일이다. 대부분의 학교에서 보유하고 있는 마이크 수는 그리 많지 않기 때문이다. 그래서 교실에 충분한 공간을 마련한 뒤 실제 낭독극 위치와 비슷하게 자리 배치를 하고 마이크가 원활하게 돌아가도록 장면에 따라 앉을 자리를 배치해보면 좋다.

실제 낭독극 할 장소가 교실이 아닌 다른 곳(강당이나 시청각실 등)이라면 그 장소에 직접 가서 여러 가지 시스템이 잘 돌아가는지 확인하는 일도 필요하다. PPT 화면이 잘리지 않고 나오는지, 효과음이나 배경음악의 소리 크기는 낭독 소리와 잘 어울리는지, 스탠드의 밝기나 마이크 상태는 괜찮은지 등 종합적인 리허설을 해보는 것이 좋다. 시스템이 안정되었다면 낭독과 함께 최종 리허설을 해보자. 어두운 조명과 효과음, 작품에 어울리는 배경음악은 낭독극을 한층 세련되게 이끌어준다.

낭독극을 코앞에 두면 점점 긴장감이 더해진다. 그러나 아이들은 연습을 통해 크게 긴장할 필요가 없다는 것도 금방 느낀다. 앉아서 실감 나게 소리 내는 일 외에 별다른 움직임이 필요하지 않기 때문이다. 낭독극을 연습하면서도 서로 쉽게 조언해주자. 어느 장면은 좀 더 강하게, 더 간절하게, 좀 힘을 빼고 하라는 식으로 말이다. 아이들끼리 부족하다고 생각하는 부분을 부드럽고 편하게 말하면서도 망설임 없이 칭찬하는 것도 잊지 말도록 하자. 결국 좋은 낭독극은 좋은 관계에서 나오기 때문이다. 이렇게 연습을 거듭하면서 긴장감은 차츰 누그러지며 긴장감이 비워진 자리에 작품은 더 깊이 있게 채워진다.

낭독극 하는 날

학년마다 상황이 좀 다르긴 하지만 낭독극은 준비 과정까지만 바쁘다. 그리고 정작 낭독극 하는 날 교사가 할 일은 별로 없다. 한 가지 할 일이 있다면 아이들을 잘 지켜보면서 마우스포인터로 PPT 화면을 바꿔주는 일뿐이다. 그것마저 낭독을 너무 어려워하거나 힘들어하는 아이에게 맡겨도 좋다. 물론 시스템 오류 등 예기치 못한 상황에 대비하고 있어야 한다. 더불어 관객들에게 낭독할 작품을 간단히 소개하거나 관람 예절에 대해 이야기해주는 일은 필요하다. 앞에서 언급한 대로 낭독극에서 관객의 역할은 큰 비중을 차지하기 때문이다.

낭독이 시작되었다. 낭독하는 아이들이나 교사나 관객들이나 모두 숨죽이는 시간이다. 즐겁고 재밌는 작품은 그 나름대로, 슬프고 아픈 내용의 작품은 또 그 나름대로, 아주 유명해서 다 아는 작품이거나 아예 모르는 작품일지라도 낭독극을 보러온 관객은 큰 흥미를 갖게 된다. 그 이유를 뭐라고 딱 꼬집어 말할 수는 없겠지만 낭독극이라는 새로운 형식과의 만남에 대한 기대감도 한몫을 하는 것 같다.

이어질 듯 끊어지고 끊어질 듯 이어지는 낭독의 순간순간은 모두에게 새로운 경험으로 다가온다. 조심스럽게 마이크를 건네고 상대방의 이야기를 듣고 내 호흡을 준비하면서 점점 작품 안으로 빠져들어간다. 웃긴 문장에서는 따라 웃고, 슬픈 문장 위에서는 눈을 씀벅거린다. 마음에 와닿는 문장에서는 낭독자와 관객이 함께 짧은 침묵을 공유하기도 한다. 많은 사람들이 한꺼번에 마주하는 순간의 침묵은 낭독이 주는 가장 큰 선물이기도 하다.

낭독극 이후 시간이 마련된다면 작품에 대한 이야기를 나누는 것도 좋다. 아울러 낭독극을 만드는 동안의 경험을 공유하거나 낭독극을 본 소감을 관객에게 들어보는 일도 가능하다. 이런 나눔의 시간은 낭독극을 하는 동안 팽팽하게 당겨져 있던 긴장의 끈을 살살 놓아주는 역할을 해준다.

이렇게 낭독극은 하나의 작품 안에서 혼자 읽으면 갈 수 없는 새롭고 다양한 길을 가볼 수 있도록 도와준다. 또한 반 전체가 잘 화합하여 마친 낭독극 이후의 우렁찬 박수 소리는 작품과 함께 오래도록 아이들 기억에 남을 것이다.

낭독극 평가하기

낭독극을 준비하면서, 또는 직접 해보면서 떠오른 생각들을 이야기해보면 좋다. 또 나와 친구에 대해 새롭게 알게 된 점도 말해보면 좋겠다. 낭독극을 하며 느낀 점이나 보완해야할 점도 생각해보자. 실제 낭독극을 마친 아이들은 이런 반응을 내놓았다.

- 이렇게 많은 사람들이 집중해서 내 얘기를 들어준 적은 처음이
  었어요.   – 정재현
- 낭독해서 읽으니까 작품이 살아서 움직이는 것 같아요. – 안수찬
- 뭔가 대단한 일 같지는 않지만 대단히 뿌듯한 일이에요. – 박성재
- 다른 아이들이 "우리도 해보고 싶다."라고 했을 때 가장 기분이
  좋았어요.   – 김우준

  책을 맛있는 음식에 비유하면 낭독극은 완성된 음식을 담아두는 그릇에 불과하다. 그릇보다 중요한 것은 음식이다. 하지만 이왕이면 음식과 잘 어울리는 그릇에 담는 게 좋다. 그러면 더 맛깔스러운 음식이 된다. 요리에 취미를 붙이면 자꾸만 예쁜 그릇에 눈이 쏠리는 것도 그런 이유다.

  '소리 내어 읽는다.'라는 뜻의 '낭독'에 간단한 형식을 더한 것이 낭독극이다. 낭독극에 더 많은 효과를 넣으려면 점점 신경 쓸 일이 늘어날 수밖에 없고, 결국 낭독극을 어렵다고 느낀다. 이렇게 다소 까다로운 낭독극 하나를 만들면 그만큼 얻는 가치는 크다. 하지만 굳이 처음부터 험난한 길을 선택할 필요는 없지 않은가. 마무리를 너무 어렵게 하지는 말자. 쉬운 낭독극으로 데뷔하자.

낭독극 만들 때 알아두면 좋은 것들

1. 암전이 되는 곳을 찾아라. 낭독극은 교실에서도 가능하지만 되도록 시청각실 등 완전한 어둠 상태가 가능한 곳에서 하게 되면 더욱 집중이 잘 된다.

2. 집게형 스탠드가 유용하다. 어둠 속에서 글을 읽는 것은 쉽지 않다. 장소나 주어진 여건 등에 따라 다르겠지만 집게형 스탠드(독서 등)를 이용하면 어두운 분위기를 유지하면서도 대본 읽는 데 큰 어려움이 없다.

3. 연기가 필요하다면 최소한의 연기만 넣자. 정지된 장면을 보여주기만 해도 좋다. 실제로 〈내가 나인 것〉에서 아들을 빗자루로 내려치는 장면은 엄마 역할을 맡은 아이가 빗자루를 높이 치켜든 채 대본을 읽은 뒤, 바닥을 내려치는 움직임으로 마무리했다. 정지 장면과 최소한의 움직임으로 낭독극은 더 집중된다. 낭독극이 익숙해지면 좀 더 긴 움직임을 넣도록 하자. 아이들은 교사가 원하지 않아도 자꾸 낭독극에 연기를 집어넣자고 말할 것이다. 연극으로 가는 길이 자연스럽게 열린다.

빗자루를 내려치는 장면

4. 교사도 함께 참여하자. 아이들처럼 대본의 일부분을 읽거나 시를 써서 함께 낭독해보자. 낭독극 하는 날 교사는 반의 구성원 중 한 사람일 뿐이다.

5. 우리반 연주자를 찾아보자. 효과음이나 음악을 직접 무대 옆이나 뒤에서 연주하는 방법도 좋다. 반 아이들이 가진 특장점을 최대한 낭독극에 활용하는 것이다. 모두 다 소리 내어 읽기에 참여하는 것도 좋지만 모두 다 읽는 일에만 집중할 필요는 없다. 누군가는 배경이 되어 묵묵히 중요한 역할을 맡아주는 것도 멋진 일이다. 이런 역할에 대한 의미도 함께 생각해볼 일이다.

6. 함께 소리 내어 읽는 방법들
① 다 같이 내용에 집중해서 읽는 방법
· 혼자(학생 또는 교사) 읽기- 고학년도 교사가 읽어주는 작품에 잘 집중한다.
· 몇 사람이 일부분씩 분담해서 차례대로 읽기
· 여러 사람이 다 같이 읽기

② 내용보다 소리 내기에 집중해서 읽는 방법
· 내 마음대로 돌아다니며, 내가 읽고 싶은 문장 골라 읽기
· 짝끼리 몇 문장씩 주고받으며 읽기
· 라인 게임으로 읽기
– 라인 게임은 영화 〈프리덤 라이터〉의 수업 장면에서 나오는 게임이다. 교실 중앙에 종이테이프를 붙여놓고 교사가 묻는 질문에 따라

라인에 가까이 다가서거나 제자리에 있으면서 의사표시를 하는 간단한 게임으로, 유튜브에 '라인 게임'이라고 치면 쉽게 찾을 수 있다. 낭독극을 연습할 때는 교실 중앙에 종이테이프를 붙이고 양쪽 벽에 반반씩 나누어 책을 들고 서서 자기가 소리 내어 읽고 싶은 문장을 라인 앞으로 걸어 나와 큰 소리로 읽는다. 다 읽으면 다시 뒤로 갔다가 또 읽고 싶은 문장이 있으면 앞으로 나오는 방법 등 다양하게 구성해보자.

7. 도움반 아이도 쉽게 참여할 수 있다. 다 같이 숨죽여 그 아이의 목소리와 호흡을 가까이서 크게 들을 수 있는 기회는 흔치 않다. 반에서 관심받지 않았던 아이는 잠시라도 많은 사람들에게 주목받는 경험을 하게 될 것이다. 그동안 듣지 못했고, 들으려 하지 않았던 친구의 목소리에 귀 기울이는 시간은 모두에게 소중하다.

저학년의 낭독극

1학년을 데리고 낭독회를 한다고 했을 때 많은 사람들이 의아해했다. 이제 한글 자모를 배우는 아이들이 책을 낭독한다는 것이 가능할까 싶은 데서 오는 물음이다. 더군다나 교육과정이 바뀌면서 한글 교육을 학교가 책임져야 하고 교과서엔 문학작품이 사라지고 알림장이나 숙제도 전혀 낼 수 없는 상황이었다.

1학년 아이들은 청각 지능이 발달되어 있어서 들려주는 것이 훨씬 유리하다. 스스로 소리 내어 읽는 것이 글자를 깨우치는 데도 효과적이다. 소리 내어 읽는다는 것은 '소리'라는 물질적인 것이 직접 뇌를 자극하는 활동이다. 그래서 글로 된 것을 인지하고 뜻을 파악하는 것보다 소리로 인지하는 것이 글의 내용과 느낌, 이야기의 분위기를 직접적으로 파악할 수 있는 더 효과적인 방법이다.

평소에 날마다 그림책을 읽어주는 활동을 하는데 어떤 책들은 아이들이 스스로 읽고 싶어 한다. 조금 잘 읽는 아이와 내가 '둘이 읽기'를 할라치면 서로 자기들이 하겠다고 나선다. 아직 한글 낱글자만 겨우 읽는 아이들이 대부분이지만 근거 없는 자신감에 충만한 아이들은 모두가 읽고 싶다고 아우성이다.

그래서 등장인물이 많아 아이들 모두 한두 문장씩 읽을 수 있는 《감기 걸린 물고기》(박정섭, 사계절)를 가지고 실감 나게 읽기를 해봤다. 아이들이 좋아하는 책이기도 하고 문장들이 짧아서인지 꽤 그럴싸하게 낭독을 했다. 그랬더니 아이들이 또 낭독을 하고 싶다고 성화였다. 이참에 '떠듬떠듬 낭독회'라고 이름을 정하고 1, 2학년 다섯 반이 함께 준비에 들어갔다. 판이 커졌다.

어떤 작품을 골라야 떠듬떠듬 한글을 읽는 아이들이 낭독을 쉽게 할 수 있을까 고민하다가 아이들과 함께 낭독하고 싶은 작품을 추리기로 했다.《알사탕》,《뭐 어때!》,《고구마구마》(사이다, 반달)를 고르고 연습에 들어갔다.

하나의 작품에 6~7명을 배치하고 모든 페이지와 모든 문장에 아이들 이름 스티커를 붙여, 읽는 연습을 했다. 글자를 잘 모르는 아이들도 워낙 하고 싶은 욕구가 커서 잘 읽는 친구한테 물어봐가며 글자를 익혀 실감 나게 읽었다.

아이들이 연습하는 동안 나는 3개의 작품을 PPT로 만들고 음악을 넣으면서 낭독공연이 되도록 준비했다. 2주 동안 한 권의 책을 소리 내어 읽다 보니 아이들은 자기가 읽을 부분이 아닌데도 거의 외우다시피 했다.

그리고 공연 때는 무대 위에 앉아서 독서등을 켜고 낭독을 했다. 부모님들도 보고 싶어 해서 오셨다. 3월에 입학한 아이들이 무대 위에서 그림책을 읽어내는 것 자체가 큰 인상을 남겼다. 부모님들이 짧은 소감을 적어 보내셨는데 아이들이 이 낭독회를 기회로 한글이 부쩍 늘었다는 이야기가 가장 많았다. 실제로 낭독회 이전에 비해 이후의 한글 실력은 눈에 띄게 발전했다. 일단은 아이들이 글을 읽는 것을 두려워하지 않았다.

2학기가 되자 낭독공연을 보여달라는 요청이 있어 아이들에게 낭독극을 한 번 더 하자고 했다. 그랬더니 아이들은 예전에 한 번 공연해서 연습할 필요가 없는 작품 대신 굳이 다른 책으로 하겠다고 했다. 모두들 읽을 분량이 많은 것을 달라고 해서 4개의 작품을 골랐다. 《진정한 일곱 살》, 《안돼 삼총사》(나카야마 치나츠, 웅진주니어), 《지각대장 존》, 《이상한 손님》(백희나, 책읽는곰)이었다.

아이들은 또 낭독공연을 준비했다. 1학기와는 비교가 안 되게 자신들이 알아서 연습했다. 어떤 대목은 다 같이 합창처럼 하자는 둥, 어떤 대목은 진짜 슬프게 읽으라는 둥 적극적이었다. 이번 공연을 하고 나면 아이들은 또 훌쩍 자라 있을 것이다.

저학년 낭독대본 만들기

낭독은 소리 내어 읽는 것을 말한다. 소리 내어 읽기는 논리적인 글말을 감정이나 느낌이 살아 있는 입말로 바꾸는 과정이기도 하다. 그래서 다소 건조하게 다가왔던 문장의 힘을 감성적으로 끌어올린다.

따라서 낭독할 만한 글말로 낭독을 할 때 그 가치가 훨씬 더 드러난다. 그림책은 낭독대본을 굳이 만들지 않아도 글말이 아주 정제되어 있으므로 바로 낭독할 수 있다. 그림책 중에서도 낭독해서 그 의미가 훨씬 커지는 문장들이 낭독으로 이어지면 더 좋다. 개인적인 생각이지만, 줄거리나 주제는 좋은데 인물의 말이나 글말이 낭독하기 썩 좋지 않을 때는 입말이 살아나는 연극이나 방송극으로 각색하는 것이 더 좋다고 생각한다.

중학년의 낭독극

교과서 속 작품으로 낭독극 만들기

교과서에 실린 작품 살피며, 재구성 기초 만들기

3, 4학년 교과서와 교육과정에서 온작품 읽기 또는 낭독극이 가능한 단원을 찾기 위해 가장 먼저 한 것은 교과서 뒷부분에 실린 작품을 살펴보는 일이었다. 실린 작품 목록을 보고 도서관에서 관련 서적을 찾아 읽어보았다. 3, 4학년 대상 동화책이라서 그런지 글자도 크고 글밥이 많지 않아 쉽게 읽어 내려갔다.

또한 교과서에 그 책들이 어떻게 제시되어 있는지 확인해보는 작업도 해나갔다. 개정된 3, 4학년의 교과서에는 그림책의 그림을 최대한 원본대로 실으려는 노력이 보이고, 시 단원의 경우에도 시집에 실린 모습대로 가져온 것이 많았다. 그러나 교과서가 가진 지면의 한계를 이해한다고 해도 역시나 본래 책을 온전히 보는 것(온작품 읽기)보다 나아 보이지 않았다. '한 학기 한 권 읽기'가 교과과정에 들어오는 큰 변화가 있었다고 해도, 교과서는 여전히 국어교육의 기능적 측면을 강조하고 있다.

다음은 교과서에 실린 작품 중에서 온작품 읽기나 낭독극을 해보고 싶은 작품을 추려본 것이다. 함께 나눌 만한 이야기가 있을 법한 것들로 정했다. 실제 선생님들이 반 아이들의 특성을 살피며 작품을 선정하면 더욱 좋겠다.

3, 4학년 1학기 교과서에 실린 작품 중에서 온작품 읽기나 낭독극에 적합한 작품

3학년에 실린 작품		4학년에 실린 작품	
3-1-가	3-1-나	4-1-가	4-1-나
《바삭바삭 갈매기》	《비밀의 문》	《산》	《생명, 알면 사랑하게 되지요》
《으악, 도깨비다!》	《아씨방 일곱동무》	《아침이 오는 이유》	《주시경》
《삐뽀삐뽀 눈물이 달려온다》	《프린들 주세요》	《나비를 잡는 아버지》	《나 좀 내버려 둬!》
《리디아의 정원》	《축구부에 들고 싶다》	《아름다운 꼴찌》	
	《만복이네 떡집》	《초록 고양이》	

함께 읽고 싶은 작품을 고르면서 동시에 진행한 일은 교과서를 세 가지 기준으로 나누는 일이다. 크게 '문학 관련 단원', '책 읽기와 연결 지을 수 있는 단원', '책 읽기와 거리가 있는 단원'으로 분류해보았다. 나누는 일은 금방, 누구라도 할 수 있다. 아주 간단하다.

3, 4학년 독서단원의 학습목표를 생각하며 읽을 책을 정하는 것도 좋은 방법이 될 수 있다. 3학년은 '끝까지', 4학년은 '꼼꼼히'라고 강조하고 있지만 주어진 목표일 뿐 각 학교나 그 반의 특성을 고려해서 책을 선택하는 것이 좋겠다.

교과서 단원 분류해보기

	구분	3학년 1학기(가, 나)	4학년 1학기(가, 나)
1	문학 관련 단원	1. 재미가 톡톡톡 8. 의견이 있어요 10. 문학의 향기	1. 생각과 느낌을 나누어요 2. 내용을 간추려요
2	책 읽기와 연결 지을 수 있는 단원	2. 문단의 짜임 4. 내 마음을 편지에 담아 5. 중요한 내용을 적어요 6. 일이 일어난 까닭 7. 반갑다 국어사전 9. 어떤 내용일까?	3. 느낌을 살려 말해요 4. 일에 대한 의견 5. 내가 만든 이야기 7. 사전은 내 친구 8. 이런 제안 어때요 9. 자랑스러운 한글 10. 인물의 마음을 알아봐요
3	책 읽기와 거리가 있는 단원	3. 알맞은 높임표현	6. 회의를 해요

독서단원 학습목표

3학년	책을 끝까지 읽고 중요한 내용이나 인상 깊은 장면을 말할 수 있다.
4학년	책을 꼼꼼히 읽고 중요한 내용이나 인물에 대해 말할 수 있다.

3학년 《리디아의 정원》 함께 읽고 낭독하기

3, 4학년 교과서 작품들 중 낭독하기 좋은 두 가지를 선정해보았다. 두 권 모두 3학년 교과서에 잠깐 소개된 책이지만 그림책인 《리디아의 정원》은 3학년 온작품 읽기로, 다소 글밥이 많은 《프린들 주세요》는 4학년 온작품 읽기로 해보면 좋을 것 같았다.

3학년 1-가에 실린 《리디아의 정원》은 주인공 리디아가 빵을 만드는 외삼촌 집으로 떠나고, 그곳에서 일을 하며 겪은 일들을 가족에게 편지로 전하는 것으로 이야기가 흘러간다.

이 책의 특이한 점은 시작부터 끝까지 모든 내용이 편지글로 되어 있다는 것이다. 그래서 3학년 교과서 속 '내 마음을 편지에 담아'라는 단원에 맞춰 '마음이 잘 드러나게 편지 쓰는 방법 익히기'를 하기에 좋은 소재이다. 그러나 교과서는 '편지의 기본 형식 익히기', '리디아의 마음을 나타내는 말 찾기', '뜻이 비슷한 낱말 찾기', '마음이 드러나게 편지 쓰는 방법 정리하기' 등 편지글을 정해진 틀 안에 맞게 익히는 데에만 중점을 두고 있다.

물론 교과서 속 책의 일부로도 성취기준을 익히는 데 부족함이 없다. 하지만 그림책 전체를 보면서 공부한다면 보다 풍성한 내용들로 수업에 활기를 불어넣을 수 있을 것 같다.

그림책 속 편지글에는 집을 떠나는 리디아, 기차에서의 설렘, 할머니와 엄마 아빠를 그리워하는 마음, 무뚝뚝한 외삼촌을 웃게 만들기 위한 노력 등이 잘 담겨 있다. 뿐만 아니라 다양한 대상에게 쓰는 높임법이 잘 나타나 있어 '3. 알맞은 높임표현' 단원의 성취기준을 달성하는 데도 더없이 좋은 소재가 될 듯하다. 더불어 아이들과 함께 편지글을 낭독해보자. 그러면 자신의 마음이 잘 드러나게 편지를 쓰는 방법은 자연스럽게 아이들 속에 녹아들 것이다.

《리디아의 정원》을 활용한 낭독 수업 구성

3학년 교과 관련 단원 및 지도 순서		성취기준(일부)	단원과 관련 있는 책 속 내용(●) 및 활용(○)
리 디 아 의 정 원	2. 문단의 짜임	[쓰기] 중심 문장과 뒷받침 문장을 갖추어 문단을 쓴다.	● 리디아의 다양한 편지글 읽어보기 ○ 짧은 편지글의 짜임을 보고 활용
	6. 일이 일어난 까닭	[듣말] 원인과 결과의 관계 고려하기	○ 리디아가 정원을 가꾸게 된 이유 등 내용 지도
	3. 알맞은 높임 표현	[문법] 높임법을 알고 언어 예절에 맞게 사용한다.	● 리디아가 웃어른께 쓴 편지글 ○ 높임말로 된 편지글 활용
	4. 내 마음을 편지에 담아	[쓰기] 읽는 이를 고려하며 자신의 마음을 표현하는 글을 쓴다.	● 리디아의 다양한 편지글 ○ 편지의 형식, 상황에 따른 리디아의 마음 변화
	5. 중요한 내용을 적어요	[듣말] 내용을 요약하며 듣는다.	● 리디아의 다양한 편지글과 그림들 ○ 그림책 내용을 간추리는 활동 ○ 낭독극 대본 쓰기 및 발표
	1. 재미가 톡톡톡	[읽기] 읽기 경험과 느낌을 다른 사람과 나누는 태도를 지닌다.	○ 낭독극 하기
	10. 문학의 향기	[문학] 재미나 감동 느끼며 작품 즐겨 감상하는 태도 [읽기] 읽기 경험과 느낌을 다른 사람과 나누는 태도 [문학] 시청각 등 감각적 표현에 주목하며 작품 감상	○ 작품 속에서 재미나 감동을 느낀 부분 찾기 ○ 낭독극 해보기 ※ 이 단원의 성취기준은 낭독극을 통해 모두 성취될 수 있을 것으로 생각한다.

4학년 《프린들 주세요》를 함께 읽고 낭독하기

3학년 1-나에 실린 《프린들 주세요》는 앤드류 클레먼츠라는 미국 동화작가의 작품이다. 7년간 교사생활을 했던 교사답게 학교생활을 재밌게 그려놓았다. 이 책은 닉이라는 엉뚱한 소년이 엄격한 그레인저 선생님을 만나면서 일어나는 학교 장면들이 중심이다. 닉은 '말은 바로 우리가 만드는 것'이라고 한 그레인저 선생님의 말에 아이디어를 얻어 '펜(pen)'을 '프린들(frindle)'이라는 새로운 낱말로 고쳐 부른다. 결국 많은 사람들이 따라 부르게 되면서 한바탕 소란이 일어난다. 이런 일로 선생님과 닉은 서로를 이해하고 인정하게 된다.

《프린들 주세요》는 교과서에서 '낱말의 뜻을 짐작하며 글 읽기' 부분의 활용 내용으로 짧게 소개되어 있다. 그러나 전체를 읽어보았다면 누구라도 3, 4학년 국어과목에서 활용도가 높다고 판단할 것이다. 그러나 글 읽기에 서툰 아이들에게는 글밥이 많아 다소 어려움이 있을 수 있으니, 3학년 2학기 혹은 4학년에 더 적합해 보인다.

《프린들 주세요》를 함께 읽으면 3, 4학년 국어교과서에 담겨 있는 '감각적 표현 알기', '높임 표현 사용하는 경우 알기', '마음을 담아 편지 쓰기', '일이 일어난 까닭 알기', '국어사전 관련 이야기', '내용 간추리기', '인물의 마음 알아보기' 등 많은 성취기준을 하나의 책으로 녹여내어 수업을 진행할 수 있을 것이라고 생각한다. 교과서 수업과 병행할 수 있는 이런 작품을 발견한다는 건 정말 기분 좋은 일이다.

《프린들 주세요》를 모두 읽으려면 다소 긴 호흡이 필요하기 때문에 교과서의 내용들을 읽는 시점별로 재구성하면 좋다. 예를 들어 책을 읽으면서 교과서를 함께 봐야 할 부분, 또는 책을 모두 읽고 나서 학습할 부분 등으로 나눠보는 것이다. 모두 읽은 뒤 또는 읽는 도중이라도 반 아이들의 특성을 고려하여 인상적인 장면이나 챕터를 골라 낭독극으로 꾸며보면 좋겠다.

《프린들 주세요》를 활용한 낭독 수업 구성

	4학년 교과 관련 단원 및 지도 순서	성취기준(일부)	단원과 관련 있는 책 속 내용(●) 및 활용(○)
프 린 들 주 세 요	1. 생각과 느낌을 나누어요	[문학] 작품을 듣거나 읽거나 보고 떠오르는 느낌 나누기	● 책 전체적 내용 ○ 작품 함께 읽기
	2. 내용을 간추려요	[듣말] 내용을 요약하며 듣기 [문학] 이야기의 흐름 파악하고 이어질 내용 상상하기	● 펜을 프린들로 부르기 시작하면서 벌어질 이야기 ○ 인상 깊은 장면이나 챕터를 골라 요약하고 이야기 상상해보기
	5. 내가 만든 이야기	[문학] 이어질 내용을 상상하고 표현하기 [쓰기] 쓰기에 자신감 갖고 자신의 글을 적극적으로 나누기 [문학] 재미나 감동을 느끼며 작품을 즐겨 감상하는 태도	● 책 전체적 내용 ○ 낭독극 대본 쓰기와 연결
	3. 느낌을 살려 말해요	[듣말] 적절한 표정, 몸짓, 말투로 표현하기 [듣말] 예의를 지키며 듣고 말하는 태도를 지니기	● 책 속 등장인물 대화 따라해보기 ○ 낭독극을 준비하며 실감 나게 읽고 다른 사람의 낭독 예의 지켜 듣기
	7. 사전은 내 친구	[읽기] 글에서 낱말의 의미나 생략된 내용 짐작하기	● 책 내용에서 '사전'은 이야기의 중요한 단서가 된다. ○ 사전 관련 이야기, 낱말 뜻 찾기
	10. 인물의 마음을 알아봐요	[문학] 작품을 듣거나 읽거나 보고 떠오른 느낌과 생각을 다양하게 표현하기 [듣말] 적절한 표정, 몸짓, 말투로 말하기	○ 낭독극 해보기 ※ 이 단원의 성취기준은 낭독극을 통해 모두 성취될 수 있을 것으로 생각한다.

교과서 밖 작품으로 낭독극 만들기

교과서 밖 작품으로 교과서 수업하기

교과서 안에 소개된 작품들보다 교과서 밖에 있는 작품으로 온작품 읽기를 하고 싶을 때도 많다. 사실 교과서는 하나의 기본 예시에 불과하다. 또한 성취기준과 목표를 달성하기 위해 더 적합한 소재를 써도 좋다는 것쯤은 누구나 알고 있다. 하지만 그러기 위해서는 생각보다 많은 시간과 노력이 필요하다. 온작품 읽기를 해오지 않은 아이와 부모를 설득해야 할 때도 있다. 혼자 하기에는 벅찬 일이다.

여기에 소개하는 책들은 3, 4학년 교과서에 나오지 않는 작품들이다. 교과서 밖에서 가져온 작품으로 함께 소리 내어 읽고 낭독극까지 이어지는 수업을 설계해보았다. 교과서 밖에 있는 작품을 교실 안으로 끌어들이기 전에 우선 지도서의 내용체계와 성취기준 배분 현황을 살펴보았다. 그중 문학 영역의 내용 체계는 전체 학년을 펼쳐보았다. 3학년은 저학년 아이들의 수준과 이어지고, 4학년은 고학년과 연결된다. 3, 4학년만 살펴보기보다 주변 학년을 고루 둘러보는 것이 작품 선정에 도움을 줄 것이다.

3, 4학년 국어 교과서에서는 교육과정의 학년군 설정의 취지를 살려 성취기준을 '중점 성취기준과 지속 성취기준'으로 분류해놓았다. 중점 성취기준은 해당 학년에서만 중점적으로 학습하는 성취기준을 뜻하고, 지속 성취기준은 2개 학년에 걸쳐 지속적으로 학습하는 성취기준을 일컫는다. 그중 문학 영역의 성취기준도 살펴보았다.

국어과 교수학습 내용 중 문학 영역의 내용 체계

핵심 개념	학년군별 내용요소		
	1, 2학년	3, 4학년	5, 6학년
문학의 본질			· 가치 있는 내용의 언어적 표현
문학의 갈래와 역사 문학과 매체	· 그림책 · 동요, 동시 · 동화	· 동요, 동시 · 동화 · 동극	· 노래, 시 · 이야기, 소설 · 극
문학의 수용과 생산	· 작품 낭독 감상 · 작품 속 인물의 상상 · 말놀이와 말의 재미 · 일상생활에서 겪은 일의 표현	· 감각적 표현 · 인물, 사건, 배경 · 이어질 내용의 상상 · 작품에 대한 생각과 느낌 표현	· 작품 속 세계와 현실 세계 비교 · 비유적 표현의 특성과 효과 · 일상 경험의 극화 · 작품의 이해와 소통
문학에 대한 태도	· 문학에 대한 흥미	· 작품을 즐겨 감상하기	· 작품의 가치 내면화하기

독서단원 학습목표

영역	성취기준	3학년	4학년
문학	시각이나 청각 등 감각적 표현에 주목하며 작품을 감상한다.	●	
	인물, 사건, 배경에 주목하며 작품을 이해한다.		●
	이야기의 흐름을 파악하여 이어질 내용을 상상하고 표현한다.		●
	작품을 듣거나 읽거나 보고 떠오른 느낌과 생각을 다양하게 표현한다.	●	●
	재미나 감동을 느끼며 작품을 즐겨 감상하는 태도를 지닌다.	●	●

3, 4학년 공통으로 해당되는 부분은 어떤 작품을 읽어도 성취기준 달성이 가능한 부분이라고 생각한다. 여기서 주목해볼 점은 3학년

에서만 강조하는 성취기준과 4학년에서만 강조하는 성취기준이다. 3학년은 저학년에서 이어지고, 4학년은 고학년으로 이어진다는 것을 염두에 둔 성취기준이므로 3, 4학년 작품을 선정할 때 아래 학습목표 체제와 함께 고려하면 좋다.

3-1 가, 나 문학 단원 학습목표 체제

단원명	단원 학습목표
1. 재미가 톡톡톡	감각적 표현의 재미를 느끼며 작품을 읽을 수 있다.
10. 문학의 향기	재미나 감동을 느낀 부분을 찾으며 작품을 감상할 수 있다.

4-1 가, 나 문학 단원 학습목표 체제

단원명	단원 학습목표
1. 생각과 느낌을 나누어요	시나 이야기를 읽고 생각이나 느낌을 나눌 수 있다.
5. 내가 만든 이야기	이야기의 흐름을 파악하며 이어질 내용을 상상해 쓸 수 있다.
10. 인물의 마음을 알아봐요	만화를 보고 생각과 느낌을 나타낼 수 있다.

온작품 읽기를 하면서 굳이 성취기준과 학습목표를 달성하는 병행 수업을 진행할 필요는 없다. 하지만 온작품 읽기를 하면 교육과정의 성취기준과 학습목표들을 대부분 섭렵할 수 있게 될 것이다. 그러니 설령 교과서 밖의 작품을 교실로 들여왔다고 하더라도 온작품 읽기와 교과서라는 바퀴를 따로 굴리는 것보다 수레바퀴처럼 동시에 굴리는 것이 훨씬 효율적이다.

3학년 《화요일의 두꺼비》 함께 읽고 낭독하기

러셀 에릭슨의 창작동화 《화요일의 두꺼비》는 '워턴'이라는 두꺼비가 추운 겨울에 딱정벌레 과자를 고모에게 배달하며 만난 모험담이자 우정을 그린 이야기이다. 배달 도중 두꺼비는 올빼미 집에 갇힌다. 올빼미가 자신의 생일 선물로 '두꺼비 특식'을 즐기려 했기 때문이다. 생일날을 기다리는 올빼미와 탈출을 꿈꾸는 두꺼비는 매일 밤 대화를 나누다가 결국 진정한 친구로 발전한다. 아이들과 책을 읽고 수업을 구상해보았다.

《화요일의 두꺼비》로 수업 구상하기

① 시적인 글의 짜임

한 줄이 20글자를 넘어가지 않아 산문이지만 시적인 느낌을 주는 글

② 사건의 진행 상황 살피고 중요한 '장면' 추려 보기

워턴의 결심→ 사슴쥐 구함→ 올빼미에게 잡힘→ 올빼미와 대화→ 탈출→ 여우에게 잡아먹히는 올빼미를 구해줌→ 올빼미의 진심을 알고 친구가 됨

③ 마음에 와닿는 문장 찾아보기, 그 까닭 이야기하기

전체보다는 부분을 나누어서 인상 깊은 구절 찾아 베껴 적어보기

④ 등장인물의 마음 변화 살피기

워턴이 딱정벌레 과자를 먹은 뒤부터 마지막까지 마음의 변화 과정 살피기,

올빼미 '조지'가 워턴을 먹이로 생각했다가 점점 마음이 변하는 과정 살피기

⑤ 워턴과 조지의 성격 알아보기

어떤 말과 행동에서 워턴과 조지의 성격을 짐작할 수 있을까?

⑥ 워턴과 조지의 성장 과정 추측해보기

그들은 어렸을 때부터 어떤 성장 과정을 거쳐왔을까?

⑦ 워턴의 배낭 속 상상해서 그리기

워턴의 배낭 속에는 무엇이 들어 있을까?

⑧ 워턴의 먹거리 조사

클로버 꽃차, 노간주나무 열매차, 개미알 샌드위치, 딱정벌레 과자 등

⑨ 오디오북 만들기

삽화와 이야기, 대본 낭독 녹음으로 꾸미기

⑩ 낭독극 만들기

삽화와 낭독, 그리고 효과음 넣어보기

《화요일의 두꺼비》라는 작품을 반 아이들과 낭독극으로 꾸미는 것은 약간 무리가 있을 수 있다. 이 작품은 주로 두꺼비와 올빼미 둘의 이야기에 집중되어 있기 때문이다. 하지만 장면을 나누어서 낭독자를 배분하면 괜찮다고 생각한다.

《화요일의 두꺼비》로 낭독극 만들어보기

① 사건의 진행 상황 살피고, 중요한 '장면' 추려보기

워턴의 결심→ 사슴쥐 구함→ 올빼미에게 잡힘→ 올빼미와 대화→ 탈출 → 여우에게 잡아먹히는 올빼미를 구해줌→ 올빼미의 진심을 알고 친구가 됨

② 중요한 장면별로 마음에 와닿는 문장 찾아 따라 적어보기

③ 따라 쓴 문장 모아서 대본 만들기

④ 대본 실감 나게 읽어보기

⑤ 낭독극 올리기

4학년《조커, 학교 가기 싫을 때 쓰는 카드》함께 읽고 낭독하기

《조커, 학교 가기 싫을 때 쓰는 카드》에는 독특한 선생님이 등장한

다. 새로운 담임선생님을 기다리는 아이들 앞에 나타난 것은 엉뚱하기 짝이 없는 할아버지 선생님. 그러나 선생님은 조커 카드와 함께 아이들에게 도서관의 책을 선물하며 아이들 마음을 하나씩 건드려 놓는다. 웃으면서 진심을 전해주는 이 작품은 잔잔한 울림을 선사한다. 아이들과 책을 함께 읽고 수업을 구상해보았다.

《조커, 학교 가기 싫을 때 쓰는 카드》로 수업 구상하기

① 사건의 진행 상황 살피기

챕터별로 제목 붙여보기, 주요 장면 진행 상황 살피기

② 마음에 와닿는 문장 찾아보기, 그 까닭 이야기하기

챕터별 인상 깊은 구절 찾아 베껴 적어보기

③ 위베르 노엘 선생님과 교장선생님의 성격 알아보기

어떤 말과 행동에서 노엘 선생님과 교장선생님의 성격을 짐작해볼 수 있을까?

④ 라인 게임으로 토의해보기

노엘 선생님 같은 분이 우리반 담임선생님이라면 학교에서 어떤 일이 벌어질까?, 나는 선생님을 어떻게 생각할까?, 다른 선생님들과 부모님들은 어떻게 생각할까?

⑤ 조커 만들기

집에서 쓰고 싶은 조커, 학교에서 쓰고 싶은 조커, 선생님과 교장선생님께 드리고 싶은 조커

⑥ 작가 탐색

작가 수지 모건스턴은 어떻게 이런 작품을 쓰게 되었을지 예상해보기, 수지 모건스턴의 다른 작품 살펴보기, 작가가 첫 페이지에 적은 문장 '조커들 중 가장 위대한 조커를 알고 있는 다비드 에르키에게'란 무엇을 말하는 것일지 생각해보기

⑦ 낭독극 만들기

《조커, 학교 가기 싫을 때 쓰는 카드》라는 작품은 등장인물이 다양하고 성격도 뚜렷해서 아이들과 낭독극을 해보기에 적합한 작품이다. 장면의 극적인 변화는 없지만 노엘 선생님과 함께 벌어지는 학교생활이 재밌게 그려진다.

《조커, 학교 가기 싫을 때 쓰는 카드》로 낭독극 만들어보기

① 사건의 진행 상황 살피고 중요한 '장면' 추려보기

가장 새로운 건, 조커→ 선생님의 선물→ 로큰롤 춤추는 법→ 수수께끼 교

장선생님→ 인생의 시련들 수업→ 뽀뽀는 세는 게 아니야→ 새로운 조커 놀이→ 인생을 위한 조커

② 중요한 장면별로 마음에 와닿는 문장 찾아 베껴 적어보기

③ 베낀 문장 모아서 대본 만들기

④ 대본 실감 나게 읽어보기

⑤ 낭독극 올리기

고학년의 낭독극

《푸른 사자 와니니》, 수없이 멋진 문장으로 완성하는 낭독극

《푸른 사자 와니니》를 처음부터 온작품으로 할 생각은 아니었다. 작가 초청으로 이현 작가가 온다고 해서 이현 작가 작품을 읽기 시작했다.《악당의 무게》(휴먼어린이),《플레이볼》(한겨레아이들),《짜장면 불어요》(창비),《푸른 사자 와니니》를 차례대로 한 달 동안 각자 읽었다.

《푸른 사자 와니니》의 한 살짜리 어린 사자 와니니는 몸집도 작고

사냥 실력도 뛰어나지 못해 무리에서 쫓겨난다. 떠돌이가 된 와니니는 살아갈 희망을 잃지만, 그동안 자기가 하찮게 여겼던 것들의 도움을 받으며 간신히 살아남는다. 와니니는 풀과 나무를 씹으며 배고픔을 이겨내고, 얕잡아보던 떠돌이 사자들과 친구가 되어 살아간다. 그리고 자기를 길러주었지만 쫓아내기도 했던 마디바 무리를 도와 위기에서 벗어나게 해주며 새로운 사자 무리의 왕이 된다.

작가가 오시는 날짜가 가까워져서 아이들에게 이현 작가에 대해 또는 작품에 대해 소감을 쓰거나 질문을 하는 학습지를 내주었다. 그런데 거의 대부분의 아이들이 《푸른 사자 와니니》에 꽂혔다. 5학년 아이들의 정서에 딱 맞는 작품이었던 것이다. 작가 이야기를 듣고 나서 더 매료된 아이들에게 이 작품을 온작품으로 천천히 같이 읽자고 했더니 좋다고 했다.

아이들은 와니니도 와니니지만 절름발이 수사자 아산테에 대한 호감이 아주 높았다. 버려지고 약한 것들끼리 서로 보듬으면서 아름다운 무리를 만들어가는 과정과 초원의 법칙들에 깊이 감동한 듯했다. 그렇게 작품을 다시 읽기로 한 것이 1학기 말쯤이었다. 아이들은 이미 5~6권의 온작품을 소리 내어 읽었기 때문에 소리 내어 읽는 것의 힘을 충분히 느끼고 있었고, 자신들이 좋아하는 작품을 소리 내어 읽음으로써 감동을 다시 느끼고 싶었던 것이다.

고민이 많거나 다른 일에 마음이 쓰이면 책을 읽어도 내용을 음미하기 어렵다. 눈에만 글씨를 담을 뿐 그 속뜻이 마음까지 와닿지 않는다. 그러나 한 글자 한 글자 직접 발음해가면서 소리 내어 글을 읽으면 느낌이 전혀 다르다. 마치 가까운 사람이 다독여주듯 자신의 목소리를 통해 스스로 위안을 받는다.

늘 읽던 책도 어느 순간 소리 내어 읽었을 때 문득 무게감이 있는 감동으로 다가오기도 한다. 그래서 좋은 문장이나 글귀들이 있는 책은 소리 내어 읽었으면 좋겠다는 바람을 갖고 있었다. 그런데 아이들이 바로 이 책을 온작품으로 읽고 나서 낭독극으로 꾸며보자고 했다.

낭독극을 할 때는 말 그대로 낭독할 만한 가치가 있는 작품 중에 낭독할 만한 문장을 고르는 것이 가장 중요하다. 그리고 연극대본처럼 말을 바꾸지 말고 책의 문장을 살려서 읽을 문장을 뽑는다. 낭독대본으로 만들 때도 대화체로 바꿔 연극처럼 하기보다는 줄거리가 이어지도록 신경 쓰며 의미 있는 문장들을 중심으로 대본을 만든다.

처음 해보는 낭독극이라는 것 때문에 책의 문장을 수없이 되뇌었다. '인간이 풍기는 초원 어디에도 없는 냄새', '맞바람에 냄새를 감추고', '살기 위한 사냥에는 죄를 묻지 않는다.', '누와 얼룩말이 비구름을 따라 간다.', '힘 있는 동물들은 반드시 약속을 지켜야 해요.', '상처 입은 무리를 버릴 거라면 용맹은 무슨 소용이 있을까.' 등 비교적 쉽지 않은 문장이나 해석이 쉽지 않은 문구들도 낭독대본을 수없이 되뇌면서 어떤 뜻인지 자연스럽게 알게 되었다. 아래의 대목에선 읽는 아이, 듣는 아이 관계없이 숙연해지기도 했다.

초원 어디에도 쓸모없는 것은 없었다. 하찮은 사냥감, 바닥을 드러낸 웅덩이, 썩은 나뭇등걸, 역겨운 풀, 다치고 지친 떠돌이 사자들……. 마디바가 쓸모없다고 여길 그 모든 것들이 지금껏 와니니를 살려 주고 지켜 주고 길러 주었다.

처음 해보는 낭독극이었기 때문에 형식이 멋지거나 완성도가 높진 않았지만 아이들에게 깊은 감명과 인상을 남긴 것은 틀림없다. 밥을 먹다가도 누군가가 책의 어떤 부분을 낭독하면 아이들은 자기가 맡은 부분이 아니더라도 바로 이어나갔다. 1년 후 스승의 날에 아이들이 찾아왔을 때도 《푸른 사자 와니니》 이야기를 할 정도였다.

《몽실 언니》, 장편동화로 낭독극에 도전하다

수업을 준비하며

5학년 한 해 동안 온작품 읽기에 푹 빠져 있던 아이들이 6학년이 되었다. 여전히 부족한 점은 많지만 대부분이 20권에 가까운 책을 읽으면서 글을 읽고 나누는 실력은 물론, 마음도 안정되어 있었다.

6학년이 되어 아이들과 읽은 책은 《아름다운 아이》(R. J. 팔라시오, 책과콩나무), 《불량한 자전거 여행》(김남중, 창비), 《몽실 언니》 세 작품이다. 이 중 《아름다운 아이》와 《몽실 언니》는 6학년 아이들이 소화하기 벅찬 장편소설이다. 하지만 아이들은 큰 어려움을 겪지 않았다. 온작품 읽기를 꾸준히 해온 덕분에 어느 순간의 산을 넘으면 책을 편하게 끝까지 읽을 수 있다는 것을 알고 있는 듯했다.

이 중 《몽실 언니》를 함께 읽으면서 낭독극을 해보기로 했다. 작년에도 《푸른 사자 와니니》, 《마당을 나온 암탉》, 《아빠 보내기》의 낭독극을 해본 터라 극을 함께 만드는 데 큰 어려움을 겪지 않을 것 같았다. 하지만, 장편소설은 또 달랐다. 수업시간에 진행된 《몽실 언니》 이야기는 다음과 같다.

《몽실 언니》 함께 소리 내어 읽기

《몽실 언니》는 대부분 함께 읽었다. 물론 몇 장(chapter)은 집에서 읽어오기도 했지만 주로 수업시간에 마이크를 주고받아가며 낭독했다. 일부분은 내가 읽어주기도 했다. 또한 '라인 게임'의 형식을 빌려 자기가 소리 내어 읽고 싶은 부분을 라인 앞으로 걸어 나와 읽기도 했다. '읽다'에 '함께'가 붙고 다시 '소리 내어'가 붙으니 책 속에 더 깊이 빠져들 수 있었다. 잘 이해가 안 되는 문장은 사이사이 서로 이야기를 나누며 함께 발맞춰나갔다.

읽으면서 인물 탐색하기

《몽실 언니》를 읽는 중간중간 인물 탐색을 해보았다. 주로 인물의 성격이 드러나는 말과 행동을 옮겨 적었다. 몽실이의 말과 행동은 너무도 순했지만 남을 이해하면서도 자신의 의지로 굳건히 살아가려는 모습이 잘 담겨 있었다. 특히 아버지를 버리고 간 친어머니를 용서하는 모습이나 친어머니의 아이와 새어머니의 아이 모두를 자기 동생이라고 하는 대목에서 아이들은 모두 감동할 수밖에 없었다.

아이들은 "몽실이는 어떻게 이런 말을 할 수 있지?", "어떻게 그런 상황에서 그렇게 행동했을까?" 궁금해했다. 인물들의 성격을 모두 파악하지는 못했지만, 주요 인물 중심으로 성격과 상황 파악을 한 뒤 몽실이를 중심으로 인물 관계도를 그려보았다. 책의 내용 중 인상 깊은 구절을 정리하면서 그 부분만을 다시 읽고 친구들과 토의하는 시간을 가졌는데 그때마다 인물 관계도를 꺼내 확인했더니 매우 유용하게 쓰였다.

읽으면서 단어 탐색하기

《몽실 언니》에는 1950년 전후 상황이 많이 제시되어 있으며, 그 당시에 쓰던 생활용어가 많이 나온다. 당시 주변 환경은 물론이고 몽실의 생활 모습과 주로 쓰는 용어도 잘 드러나 있다. 또한 작가 권정생 선생 특유의 순우리말 사용이 돋보인다.

책을 읽으면서 '산나물 죽', '고까옷', '새끼 끄나풀', '눈까풀이 씀벅거리다', '살대로 엮은 삿자리', '아궁이', '품팔이', '자북자북' 등등의 어려운 낱말을 찾고, 집에서 사전을 통해 뜻을 찾아보고 공유하는 활동을 했다. 학교 수업시간에 사전 찾는 활동을 따로 하지는 않았으며, 읽는 도중 아이들이 이해하지 못한 내용에 설명을 곁들여주는 형식으로 글의 이해를 도왔다.

읽으면서 작가 탐색하기

《몽실 언니》를 쓴 작가 권정생 선생의 생애와 그의 작품에 대해 알아보는 시간도 가졌다. 워낙 유명한 작가지만 그의 삶은 부와 명예와는 한참 거리가 있었다. 죽은 뒤 작품의 인세를 아이들을 위해 써달라며 남긴 유언은 작가의 가치관을 역력히 보여준다. 작가가《몽실 언니》를 집필하면서 생각하고 느낀 점이나 평소 생활도 인터뷰 영상을 통해 확인할 수 있었다. 책을 읽으며 그 책을 쓴 작가를 살펴보는 일은 매우 의미 있는 일이었다. 책을 더 깊이 있게 바라볼 수 있으며, 책을 읽고 싶은 동기를 더 크게 부여해주었다.

글 요약하고, 따라 써보기

《몽실 언니》는 분량이 길어 챕터가 많이 나뉘어 있기도 하지만 대부분 그냥 지나치기 힘든, 비중 있는 내용들로 구성되어 있다. 따라서 무슨 내용을 요약하고 어떤 문장을 따라 써볼지 고르는 일도 만만치 않았다. 그래서 처음엔 장별로 인상 깊은 장면을 뽑고 이야기 나누는 시간을 자주 가졌다. 책의 분량이 많아 요약하고 따라 써보는 일에 쉽게 지치면 대본 쓰는 일은 엄두를 내기 힘들 것 같아서였다.

책에 흥미를 느끼게 될 때쯤, 말로 표현하고 나누는 일에서 한 걸음 더 나아가 '내가 좋아하는 문장 찾아 따라 써보기' 활동을 했다. 길게 쓰지 않아도 좋으니 진심으로 감동받은 문장을 찾고, 정성껏 써보는 데 중점을 두었다. 다만 '왜 그 문장을 골랐는지'에 대한 까닭 나누기 활동은 꼭 진행했다.

긴 호흡의 책일수록 한 가지 활동이 많으면 금방 지루해질 수 있다. 요약하고 따라 쓰기는 대본작업할 때 더 집중할 수 있으니 아이들의 반응을 살피며 진행해보자.

관련 시 찾기, 시 쓰기

관련 시 찾기는 인물이나 장면에 어울리는 시를 시집에서 찾는 일이다. 아이들은 이 시간을 가장 즐거워한다. 자기가 다른 친구들보다 인물과 상황에 더 알맞은 시를 고르기 위해 눈을 부릅뜬다. 시를 찾으면 그 시에 대해 함께 이야기를 나눈다. 비유적인 표현, 효과적인 표현, 운율, 행과 연, 시의 눈 찾기 등의 활동도 함께 해본다. 그러나 이런 형식적인 내용이 시 이야기의 중심이 되지는 않는다.

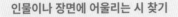

인물이나 장면에 어울리는 시 찾기

관련 시 쓰기는 시 찾기 활동 뒤 직접 시를 창작해보는 활동이다. 인물에게 주고 싶은 시나 장면을 이야기하는 시 등 자신의 감정과 의미를 실은 시를 자유롭게 쓰면 된다. 그렇게 쓴 시를 다 같이 보면서 어떻게 고치면 더 좋은 시가 될지, 어떤 단어로 대체하면 좋을지 등 합평하는 시간을 가져보았다. 시에서 '눈처럼 빛나는 문장'은 무엇인지, '이 문장이 있어서 시를 시답게 하는 문장'은 무엇인지 서로 이야기를 나누다 보면 어느새 시를 보는 눈이 달라져 있다.

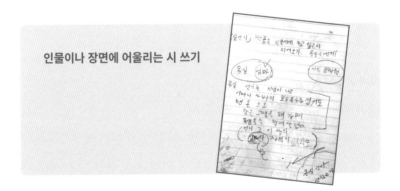

인물이나 장면에 어울리는 시 쓰기

낭독극 대본 만들기

《내가 나인 것》의 낭독극 대본은 대체로 수월하게 만들어졌는데《몽실 언니》의 대본 만들기는 힘든 작업이었다. 등장인물이 많은 만큼 사건도 많고 중요한 역사적 사실도 함께 엮여 있어서 아이들이 어떤 장면을 대본으로 골라야 할지 어려워했다. 한편 대본으로 사용하고 싶은 문장이나 장면들이 너무 많아서 힘들다고도 했다. 하지만 그것 은《몽실 언니》가 그만큼 아이들에게 깊이 다가와 있다는 증거였을 것이다.

대본 만들기는 글 요약하기 활동과 이어지도록 했다. 모둠별로 뽑 은 장면을 반 전체가 함께 보며 "어떤 장은 꼭 대본에 들어갔으면 좋 겠다.", "이 장면은 삭제해도 좋을 것 같다." 등등을 이야기했다. 전체 장마다 제목을 칠판에 적고《몽실 언니》를 처음부터 간략히 이야기 한 뒤 대본에 꼭 넣고 싶은 부분을 골라보았다.

그렇게 총 23개의 장 중 14개가 채택되었으며 다섯 모둠(4~5명 씩)이 14개의 장을 다시 2~3개씩 나누어 맡아 대본 형식으로 바꾸 었다. 대본 형식으로 쓸 때는 꼭 필요한 해설 부분은 넣되, 대화만으 로 이야기가 이어질 때는 상황 설명의 해설을 빼고 대화 글만 이어 붙이는 식으로 진행했다. 그 후 컴퓨터실에서 워드 작업을 통해 대본 을 만들었다. 나는 각 모둠의 대본을 이어 붙이고 내용이 좀 더 부드 럽게 이어지도록 수정했다.

더불어 대본 사이사이에 친구들의 시를 넣기로 했다. 직접 고르거 나 쓴 시를 대본의 어느 부분에서 낭송하면 좋을지 논의하고 정해보 았다. 대본 표지와 때, 곳, 나오는 이들도 넣었다. 그렇게 하나의 대본 이 완성되었다. 그리고 낭독극 이틀 전까지도 대본 수정을 거듭했다. 대본을 소리 내어 읽어보니 더 좋은 생각들이 났던 것이다.

토론하기, 광고 만들기

낭독극을 준비하면서 인물의 삶에 대해 더 깊이 알아보기 위해 토론을 자주 했다. 우리반에서는 주로 라인 게임의 형식을 빌려 의견을 묻고 답했다. 아이들은 생각보다 라인 게임을 좋아했다. 움직이면서 의사 표현을 하니까 쉽고 재밌게 느껴지는 것 같았다. 토론 주제 중에서 '나라면 전쟁 중에 몽실이처럼 난남이를 키웠을까?'라는 내용이 나왔던 적이 있다. 대부분의 아이들은 '나도 키울 것이다.'라는 의견을 냈지만 '나는 못 키울 것 같다.'라는 아이들도 자신의 의견을 조리 있게 말해주어 뜻깊은 토론시간이 되었다.

국어교과의 '면담하기' 단원과 연결 지어《몽실 언니》를 읽은 소감과 인상 깊은 구절 말하기, 낭독을 준비하며 느낀 점 등을 간단한 영상으로 만들어보았다. 아이들이 면담 대상자가 되어 질문에 답하는 형식이었다. 교과서에서 면담하기의 절차와 방법을 배우고 나니 훨씬 수월하게 만들 수 있었다. 광고 만들기 단원에서는 '통일' 공익광고 만들기를 했는데 간단한 광고임에도《몽실 언니》와 연결되니 더 가치 있는 수업이 되었다.

음악·미술·사회시간과 손잡기

낭독극의 장점은 연극처럼 많은 무대효과가 들어가지 않는다는 점이다. 하지만 적절하게 삽입된 배경음악과 효과음은 낭독하는 사람과 듣는 사람 모두를 작품에 더 집중할 수 있도록 돕는다. 그래서 음악시간을 이용해 낭독극의 배경음악과 효과음 넣기를 해보았다.

배경음악은 주로 몽실의 슬픈 장면을 떠올리게 하는 것들이었다.

효과음은 '인민군 여자와 몽실이가 밤에 이야기를 나누는 장면'에 쓰일 귀뚜라미 소리, 전쟁 장면을 떠올리게 하는 총소리, 폭탄 떨어지는 소리 등이었다. 배경음악과 효과음 찾기를 대수롭지 않게 생각했는데, 직접 낭독극 PPT에 삽입해보니 효과가 몇 배나 살아나 아이들은 낭독에 더 큰 힘을 얻게 되었다.

인민군 여자가 밤하늘의 별을 보며 불렀던 노래 〈찔레꽃〉(1942년, 백선아)은 실제 그 당시 유행했던 곡으로 유튜브에서 찾아 아이들과 함께 불러보았다. 아이들은 촌스럽고 따라 부르기 부끄럽다고 했지만 "불러보자!"며 몇 번 부추겼더니 곧잘 따라 불렀다. 단순히 노래를 배우는 것이 아니라 시대의 이야기와 그 당시 사람들의 마음이 담긴 노래이므로 함께 불러본다는 것 자체가 뜻깊은 일이라는 설명을 덧붙여주었다.

낭독극을 미술시간에 접목시킬 수도 있다. 《몽실 언니》의 삽화는 모두 이철수 판화가의 작품으로 되어 있다. 작품의 이미지와 판화가 잘 어울려서 우리도 도전해보고 싶었다. 하지만 1주일에 2시간밖에 안 되는 미술시간으로는 버겁다는 생각이 들었다. 그래서 6학년 교과서 내용과 발맞춰가기로 하고, 삽화 그리기와 추상작품 만들기를 했다. 삽화 그리기는 보고 따라 그리기, 상상해서 그리기 등 자유롭게 그릴 수 있도록 했다. 추상작품 만들기는 미술교과의 추상화 그리는 방법을 먼저 공부한 뒤 집에서 안 쓰는 장난감이나 옷 등 재활용품으로 《몽실 언니》와 관련된 작품 만들기를 해보았다. 장난스럽고 이상한 작품들이 나올 것 같았는데 아이들은 생각보다 멋진 작품을 만들고 의미를 부여했다.

추상작품 만들기

헌옷으로 몽실이 동생 난남이를 만들어서 포대기로 들쳐 업었다.

난남이를 따뜻하게 안아주고 싶은 마음을 표현했다.

전쟁이 없는 나라를 꿈꾸며 만든 작품이다.

몽실이가 강한 신체를 갖기를 원하는 마음으로 만든 '몽'

《몽실 언니》는 광복 이후 상황을 보여주고 있는데, 다음과 같은 역사적 사실들이 이야기의 배경으로 나온다. 사회시간에 이런 사실들을 함께 나누어보아도 좋다.

- 6·25 발발: 지난 6월 25일 새벽에 일어난 전쟁은 북한의 인민군이 더 강했는지 국군은 남으로 남으로 후퇴만 하고 있다고 했다.
- 인천상륙작전: "미국 해병들이 바다로 올라와서 삼팔선 중간을 막아버렸대."
- 휴전협정: 지난 여름, 휴전협정이라는 것이 마무리되었다. 그러나 그 지긋지긋한 삼팔선은 없어지지 않고 다만 이름만 휴전선으로 바뀐 채 본래대로 돌아오고 말았다.

《몽실 언니》를 읽기 시작하면서 문재인 대통령과 김정은 위원장의 남북정상회담이 성사되었다. 정전협상이 논의되고 있다는 보도가 나오면서 온작품 읽기는 더 흥미진진해졌다. 이 덕분에 아이들은 《몽실 언니》를 더 깊이 이해하고 그 의미에 대해 생각해볼 수 있었다.

사회교과의 근대사를 《몽실 언니》와 연결해서 공부하려고 계획했었는데 이야기는 자연스럽게 6·25 전쟁으로 이어졌다. 책을 읽는 동안 4·19 혁명, 5·16 군사정변, 5·18 광주 민주화 운동 기념일이 다가오면서 더욱 생생하게 역사를 배울 수 있었다.

낭독극 연습하기

대본 낭독은 그동안 인물분석이나 상황파악을 줄곧 해온 탓에 훨씬 수월하게 진행되었다. 처음에는 낭독을 꺼리던 몇몇 아이들도 연습이 진행되자, 자신도 어떤 인물을 맡아보고 싶다고 요청해왔다. 급기야 대본에 없던 장면을 새롭게 넣어야 해서 대본 수정을 두 번이나 거쳤다. 새롭게 넣은 장면 중 하나는 몽실이와 북촌댁이 야학 학교에 가는 장면이다. 그중 최선생이 인생에 대해 말하는 멋진 문장을 자신이 꼭 낭독해보고 싶다면서 대본을 삽입해달라는 것이다. 그리고 나니 또 다른 아이가 의용군 아이가 꼭 나왔으면 좋겠다고 했다. 그래서 부득이 논의를 거쳐 의용군 이야기가 나오는 장면을 삽입하게 되었다. 낭독극 하는 날이 가까워진 상황에서, 대본 수정은 쉬운 일이 아니었다. 하지만 《몽실 언니》를 대하는 아이들의 눈빛은 더욱 진지해 보였다.

낭독극 하는 날

· 낭독극 일시: 2018년 6월 4일, 월요일 3교시
· 낭독극 장소: 본교 시청각실
· 낭독극 제목: 책 《몽실 언니》

낭독극은 시청각실에서 이루어졌으며 책 《몽실 언니》를 요약한 대본을 낭독하는 동시에 장면에 따라 아이들이 찾은 시 혹은 쓴 시를

낭독했다. 관객들 중에서는 내용을 이해하지 못하거나 지루해서 낭독극 내내 몸을 비꼬는 아이들도 있었다. 하지만 대부분의 관객과 낭독자들은 놀라운 집중력을 보여줬다. 낭독극이 진행되는 동안 아이들의 입을 통해 몽실이가 다시 살아나 슬픔도 잊고 아픔도 치유되는 것 같았다.

낭독이 끝난 뒤에는 국어시간에 만든 '통일' 공익광고 영상을 함께 봤다. 무겁게 가라앉은 감정이 재밌는 패러디 광고 영상으로 다소 밝아진 느낌이 들었다. 한 달 남짓 《몽실 언니》와 함께한 시간들을 낭독극을 통해 마무리했지만 시간이 흘러도 나와 아이들 마음속에는 몽실 언니의 따뜻한 마음이 잔잔하게 살아남아 있을 것이다.

낭독극 이후

많은 아이들이 낭독극 소감에 좋은 의견을 남겼지만 딱 한 줄만 소개하고 싶다.

> 낭독극은 계속되어야 한다.

낭독은 단순히 글을 소리 내어 읽는 것이 아니다. 책 속에 잠든 좋은 어휘와 문장이라는 씨앗을 그 아이가 가진 호흡으로 터뜨려 가꾸고 꽃을 피우는 일과 같다고 생각한다. 이렇게 피어난 꽃은 또 어딘가에서 튼튼한 씨앗을 품고 다시 꿋꿋이 살아나갈 것이다. 우리반 아이의 짧은 소감문처럼 이 교실 저 교실 온작품을 낭독하는 소리가 널리 퍼지길 기대해본다. 방방곡곡 학교 지붕이 아이들의 낭독으로 들썩거리는 모습을 상상해본다.

온 작품을 만났다 낭독극이 피었다

1판 1쇄 발행일 2019년 3월 11일
1판 4쇄 발행일 2023년 4월 24일

지은이 박지희·차성욱

발행인 김학원
발행처 휴먼어린이
출판등록 제313-2006-000161호(2006년 7월 31일)
주소 (03991) 서울시 마포구 동교로23길 76(연남동)
전화 02-335-4422 **팩스** 02-334-3427
저자·독자 서비스 humanist@humanistbooks.com
홈페이지 www.humanistbooks.com
유튜브 youtube.com/user/humanistma **포스트** post.naver.com/hmcv
페이스북 facebook.com/hmcv2001 **인스타그램** @human_kids

편집 박민영 **디자인** 민진기디자인
용지 화인페이퍼 **인쇄** 삼조인쇄 **제본** 해피문화사

ⓒ 박지희·차성욱, 2019

ISBN 978-89-6591-363-4 03370